KB220207

죽으러 온 예수

죽이러 온 예수

죽으러 온 예수
죽이러 온 예수

김경집 지음

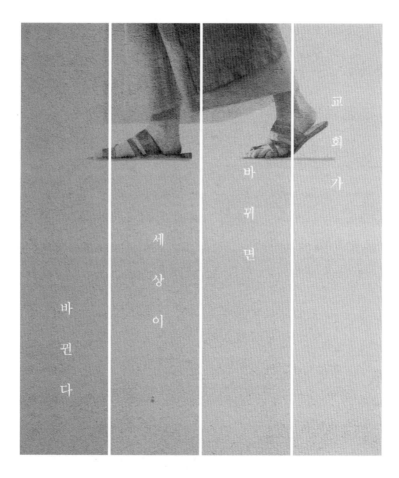

교회가

바뀌면

세상이

바꾼다

새물결플러스

차례

2부 사회_ 깨어 있는 사회에 미래가 열린다

일러두기 이 책에서 성경의 인용은 『공동번역성서』를 따랐다. 가톨릭교회와 개신교회가 다른 어투의 성경을 사용하는 현실 속에서 공통의 텍스트로 삼기에 이만한 것이 없기 때문이다. 『공동번역성서』는 1965년에 개최된 제2차 바티칸공의회의 정신에 따라 신·구교가 협력하여 번역하고 함께 사용하고자 한 성경이다.

죽으러 온 예수,
죽이러 온 예수

재의 수요일, 우리는 이마에 재를 바른다. 그것은 머리에 재를 이는 것이다. 재를 인다는 것은 내가 죽었음을 상징한다. 내가 죽었다. 슬픈 일이다. 그러나 부활의 희망은 그 죽음을 슬픔이 아니라 극상의 기쁨으로 만든다. 내게서 죽은 것은 "과거의 나", 즉 어리석고 탐욕스러우며 진리와 정의를 외면한 삶이다. 부활은 그것을 버리고 새로운 삶으로 거듭나는 것이다. 재를 바르면서도 그저 형식적인 행사에 그치면 단지 관념으로의 부활만 고대할 뿐 정작 나를 죽이는 건 외면하는 것이다. 죽음이 없으면 부활도 없다!

루가의 복음서 9:28-36은 예수님의 죽음에 대한 모세와 엘리야의 대화를 보여준다.

영광에 싸여 나타난 그들은 예수님께서 멀지 않아 예루살렘에서 이루시려고 하시는 일 곧 그의 죽음에 관하여 예수와 함께 이야기를 나누고 있었다(루가 9:31).

그것은 부활의 예고이면서 동시에 죽음에 대한 엄중한 예고다. "예수님께서 예루살렘에서 이루실 일" 가운데 클라이맥스는 부활이다. 그러나 이 대목은 "곧 세상을 떠나실 일"을 말한다. 부활의 대전제는 죽음이다. 과연 나는 그 죽음을 기꺼이 받아들이는가?

예수님은 결국 "죽으러 오신" 것이다. 세상에! 죽으러 태어난 존재가 있는가? 물론 모든 생명은 죽는다. 그러나 일부러 죽기 위해 태어나지는 않는다. 그런데 예수님은 죽으러 오셨다. 왜 죽어야 하는가? 우리의 죄를 대신하여 보속하기 위해서? 그건 신학적 수사다. 당신의 죽음은 죽음의 의미에 대한 새로운 해석과 모범이다. 내가 예수님을 믿는다는 건 예수님의 삶을 따른다는 것이다. 그것은 관념으로 받아들이고 입으로 외는 것이 아니다. 누구나 죽음을 꺼린다. 그런데 예수님은 기꺼이 죽음을 택했다. 그 죽음을 모르다가 어쩔 수 없이 받아들이는 것도 어려운데 이미 그 죽음을 알면서 산다는 건 얼마나 힘겨울까. 그런데 나는 "과거의 나"조차 죽이지 못한다. 사순절의 의미는 단순히 고통을 체감하고 공감하는 것이 아니라 나의 죽음을 연습하는 것이다. 탐욕과 거짓과 허영의 나를 죽이는 시간이다.

또한 예수님은 "죽이러" 이 세상에 오셨다. 같은 복음서에서 당신은 "나는 이 세상에 불을 지르러 왔다"(루가 12:49)고 외치신다. 스스로 죽지 못하니 죽이러 오신 것이다.

> …너희는 구름이 서쪽에서 이는 것을 보면 곧 "비가 오겠다"고 말한다. 과연 그렇다. 또 바람이 남쪽에서 불어오면 "날씨가 몹시 덥겠다"고 말한다. 과연 그렇다. 이 위선자들아, 너희는 하늘과 땅의 징조는 알면서도 이 시대의 뜻은 왜 알지 못하느냐?(루가 12:55-56)

이 말이 비단 바리사이파 사람들과 사두가이파 사람들에게만 해당하는 질책일까? 나는 이 대목을 교회가, 신자들이 무거운 마음으로 읽어야 한다고 믿는다. 교리가 어쩌고 신학이 어쩌고 하면서 정작 시대정신은 외면한 채 억압받는 백성과 유린당하는 정의를 직시하지 못한다. 그러니 가난한 사람들, 억압받는 사람들을 껴안을 수 없다. 신자들이 거리 집회에서 불의의 권력에 저항하는 것까지는 차마 무어라 말하지 못하지만 수도자들에게는 대놓고 그런 시위에 나가지 말라고 말하는 고위 성직자들에게 묻는다. 과연 이 구절을 아무런 거리낌 없이 읽을 수 있을까? 분명히 성경의 그 구절 앞에는 작은 제목으로 "시대를 알아보아라" 하고 써 있다. 그런데 교회는 시대정신을 알아보기는커녕 알면서도 외면하고 심지어 신자들과 수도자들에게 눈가리개를 차라고 요구한다. 부끄러운 일이다. 교회와 신자는 시대정신을 어둡게 하고 약자의 고통을 외면하는 어리석고 뻔뻔한 세상을 죽여야 한다.

예수님처럼 "죽이기" 위해서는 먼저 자신을 죽여야 한다. 예수님은 그런 모범을 보이셨다. 예수님이 죽이고자 하신 것은 우리의 위선과 탐욕 그리고 불의에 대한 야합이다. 예수님의 전 생애는 바로 그런 언행으로 일관된다. 그러니 기존의 종교 지도자들에게는 눈엣가시일 수밖에 없었다.

　　시대정신을 외면하는 종교 지도자는 죽임을 당할 수밖에 없다. 그러나 그들에게는 교회의 권위와 신자들의 맹목적 순종과 존경의 장막 때문에 자기 거울이 없다. 그들은 신학적으로 자신들이 온전히 교회를 보호하고 있다고 여길 것이다. 내가 개인적으로 학자 출신의 주교들이 줄지어 나오는 것을 그다지 탐탁지 않게 여기는 건, 그들로서는 알게 모르게 교조적일 성향이 강할 여지가 많기 때문이다. 그러면서 교회를 보호하기 위해서라는 소아적 호교론에 빠져든다. 신학적 해석은 그들만의 전유물이 아니다. 그리고 신학적 해석이 능사가 아니다. 정말 중요한 것은 사랑의 실천이다. 그 사랑의 실천은 시대를 알아보고 예수님의 죽음과 나의 죽음을 일치시키며 "죽이러 오신" 예수님의 메시지를 무거운 마음으로 받아들이는 데서 시작한다.

　　"흙수저"라는 말이 나온 걸 주목해야 한다. 이전에도 젊은이들은 이미 절망을 느끼며 희망이 조금도 보이지 않는다고 여겨 스스로 목숨을 끊기도 했다. 우리나라에서만 매일 7명의 청년이 자살하고 있다. 절망과 체념은 그들이 생명마저 놓게 만들었다. 그런데 그 청춘들 상당수는 자신의 역량이 미치지 못한 까닭이라고 스스로를 탓

한다. 하지만 이제 그들은 왜 자신들이 절망하고 고통을 "받아야 하는지"를 정의하기 시작했다. 그건 "못난 부모"에게서 태어났기 때문이다. 그 인식이 "흙수저"라는 절망의 유행어를 낳았다. 그 인식이 이미 보편적 동의를 획득했다는 뜻이다. 그 흙수저들이 더 이상 견디기 어려울 때 지금처럼 혼자 감내하고 세상을 포기할 것 같은가? 두려운 마음으로 직시해야 한다. 내 자식은 아니라고 애써 안심할 일이 아니다. 우리 모두의 자식들이다.

부활을 제대로 맞기 위해 제대로 죽어야 한다. 무지도 탐욕도 비겁도 왜곡도 모두 죽여야 한다. 신자도 사제도 교회도 모두 죽어야 한다. 그래야 부활이 가능하다. 죽으러 오셨고 죽이러 오신 예수님께 부끄러운 "하느님 자녀"이어서는 안 될 일이다. 시대를 읽어야 한다. 시대를 알아보고 죽음의 용기로 시대정신을 실천해야 한다. 불의와 착취의 사회악을 죽여야 한다. 그러기 위해 나를 죽여야 한다.

잘 들어라. 너희도 회개하지 않으면 모두 그렇게 망할 것이다(루가 13:5).

가슴이 찢어질 듯 아프고 부끄러워할 일이다. 부활은 공짜가 아니다. 교회가, 신자가 그리고 더 나아가 이 시대와 우리 사회가 부활하기 위해서는 먼저 제대로 죽어야 한다. 그걸 찾아내 죽여야 한다.

부끄러운 일이지만 사회가 교회를 걱정하는 세상이다. 지금 교회는 불의를 못 본 척하고 합당하지 않은 세습을 자행하며 사회적으로 지탄받는 일들을 저지르면서도 쉬쉬한다. 많은 신자가 무조건 자기 교회나 목회자에게 충성하는 것이 올바른 신앙인 양 착각하며 절대적 수호자를 자처하고 나선다. 그릇된 것은 비판하고 고쳐야 한다. 자기 식구라고 감싸기만 하는 게 참된 신앙은 아니다. 거짓과 불의를 옹호한다면 설교 혹은 강론이라 해도 선동이나 범죄라 할 수 있다. 거기에 "아멘, 할렐루야" 하고 외치는 신자들은 철저하게 반성해야 한다.

흔히들 정치, 경제, 사회 등의 문제에 교회가 개입해서는 안 된다고 말한다. 하지만 그렇다고 해서 입을 다물고 있는 것이 교회의 역할은 아니다. 물론 교회가 쓸데없이 나서서 세속적 권력을 탐하는 것은 경계해야 한다. 하지만 삶의 각 영역에서 이루어지는 불의와 비인격성마저 모른 척하는 게 참된 교회의 모습은 아니다. 속된 말로 "낄 때 끼고 빠질 때 빠져야" 한다는 말이다. 그런데 지금은 아쉽게도 적절한 "타이밍"이나 상황에 관한 기본적 인식조차 부족한 것이 교회의 모습이다.

굳이 예언서까지 들먹이지 않더라도 복음서에 기록된 예수님의 말씀과 행동에 비추어 보면 지금의 교회와 신자들이 하느님의 뜻과는 너무 멀리 떨어져 있다는 사실을 알게 된다. 열심히 교회에 충성하는 것은 좋다. 하지만 성직자가 진정한 목회자인지 거짓 제사장인지 구별 못 하고 무조건 따르는 것은 참된 신앙이 아니다. 그런 태도 자체가 하나의 미신이다. 그런 신자들의 기도는 일종의 "부적"(spell)과 같다.

예수님은 단순히 하느님 나라를 선언적으로만 선포하러 오신 것이 아니다. 예수님은 몸소 그 실천을 보여주러 오셨다. 복음서는 그 모든 사건의 기록이다. 하지만 그걸 수백 번 읽은들 무슨 소용인가? 당시의 부패한 종교 권력에 대한 예수님의 비판과 저주를 지금의 교회 및 신앙과 무관하다고 여긴다면 모두 헛일이 되고 말 것이다.

우리가 살아가는 세상은 지금 심각한 경제적 불균형, 양극화, 청년들의 절망과 좌절, 상류층의 탈선과 부패, 온갖 불공정과 비리, 인간 존엄성의 파괴, 환경과 생태의 무참한 비극 등 수많은 문제로 몸살을 앓고 있다. 어그러진 세상을 고쳐서 단 한 뼘이라도 더 낫게 만들어야 한다. 그것이 바로 우리 신앙인의 책무다. 성경을 올바른 눈으로 읽고 뜨거운 심장으로 받아들인다면 자연스레 그 책무를 자각하게 된다. 교회와 신자가 그런 진실에 한 걸음씩 다가가며 삶을 변화시키면 세상의 절반이 바뀔 수 있다. 이는 하느님의 자녀로서 갖는 특권이자 의무다.

예수님은 죽으러 오셨다. 그리고 거짓과 탐욕에 물든 우리를 죽이러 오셨다. 우리는 당연히, 그리고 기꺼이 그 죽음을 받아들여야 한다. 복음의 빗줄기는 그제야 비로소 메마른 이 땅을 촉촉하게 적실 것이다. 그 일의 책임자가 바로 우리라는 말이다. 그러니 더 늦기 전에 바뀌어야 한다. 우리가 바뀌면 세상의 절반이 저절로 변화할 수 있으니 하느님의 자녀 한 사람과 그들로 이루어진 공동체가 얼마나 소중한가? 그것이야말로 지금 우리와 교회에 요구되는 시대정신이 아니겠는가?

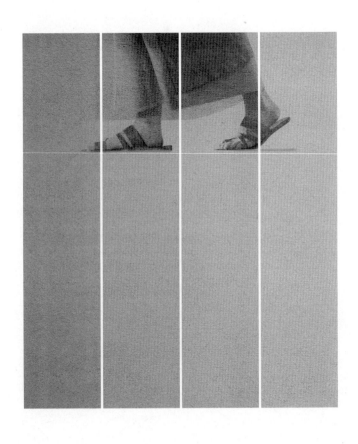

1부

인간

사랑이 없으면 아무 소용이 없다

01

사람아,
너 어디 있느냐?

"사람"(아담)은 하느님의 당부를 어기고 금지된 열매를 따 먹었다. 그
것은 욕망, 곧 뱀의 꾐대로 선과 악을 알게 해준다는 능력에 대한 욕
망 때문이었다. 그런데 일단 일을 저지른 뒤 처음 알게 된 것은 자신
이 알몸이라는 사실이었다. 이는 부끄러움을 상징한다. 아담은 하느
님을 피해 동산 나무 뒤에 숨는다. 하지만 하느님은 그를 부르신다.
"네가 어디 있느냐?"(창세 3:9)

무엇을 부끄러워하는가?

돈이 지배하는 세상이다. 몇 해 전 우리는 이 나라에서 제일 잘 나가
는 기업의 고위직 임원이 받은 문자를 확인하며 놀랐다. 그 문자의 발
신인들은 모두 사회에서 내로라하는 자리를 하나씩 차지하고 있는

사람들이었다. 언론계, 학계는 말할 것도 없고 법조계와 국정원 등에 속한 공무원들도 빠지지 않았다. 심지어 청와대의 참모까지…. 그야말로 어느 곳 하나 빠지지 않고 "착실하게" 정보를 제공하며 온갖 아부와 아첨을 아끼지 않는 모습은 놀라울 지경이었다.

무엇을 위해서 그랬는지는 물을 것도 없었다. 모두가 스스로 돈의 노예가 되기 위해 안달이었다. 그러니 그 기업이 청와대보다 더 위에 있다는 말도 별 거리낌 없이 나온다. 하기야 그런 식으로 모든 정보를 알아서 갖다 바치면 가만히 앉아서도 사회 전체를 손아귀에 두고 주물럭거릴 수 있을 것이다. 그런데 여기서 놀라운 점은 그런 낯뜨거운 행태가 발각되어도 누구 하나 부끄러워하지 않는다는 사실이었다. 기업인들은 물론이거니와 거기에 선을 대려고 온갖 정보를 제공했던 공무원들까지 말이다.

아담은 그래도 지식(혹은 지혜)에 대한 갈망이라는 그럴듯한 이유가 있었다. 그리고 적어도 부끄러움을 알았다. 그러나 이 아귀들은 오로지 돈에 대한 갈망 때문에 그런 패악질을 아무 부끄러움 없이 태연하게 저질렀다. 그들이 정말 돈이 없을까? 그렇지 않다. 그들은 서민들이 평생 노력해도 모을 수 없는 재물을 쥐고 있는 자들이다. 그런데도 인간의 욕심은, 특히 돈에 대한 욕망은 끝이 없다. 그런 까닭인지 그들은 더 악착같이 매달린다.

소위 엘리트 집단인 그들이 열심히 공부해서 그런 자리를 차지한 목적은 무엇이었을까? 애초에 돈이 목적이라고 밝히는 기업인들이 그러는 것은 차라리 이해하기 쉽다. 하지만 잘나가는 기업에 충성을 맹세하며 거기서 떨어지는 빵 부스러기라도 얻으려 한 자들은 모두 사회의 부패를 비판하고(언론계), 악을 척결하며(법조계), 진리를 가르치고(학계), 국가를 위해 헌신해야 하는 자리(고위공직)에 있는 자들이었다.

아담은 비겁하지만 솔직했다. "당신께서 저에게 짝지어주신 여자가 그 나무에서 열매를 따 주기에 먹었을 따름입니다"(창세 3:12). 이 말은 반쯤은 당당하고 반쯤은 부끄러운 듯하다. 이렇게 말하는 아담은 얼마나 후회스러웠을까? 그러니 동산 나무 사이에 숨었고 무화과나무 잎을 엮어서 두렁이를 만들어 알몸을 감출 수밖에 없었다. 그러나 그 "사람"의 후손들은 뻔뻔하게 죄를 저지르면서도 죄책감이 없고 솔직하지도 않다.

돈이 없으면 제대로 사람 구실을 하기 어려운 세상이다. 물론 가난이 죄는 아니다. 하지만 가난하면 불편하다. 아니, 이제는 가난한 사람이 불편을 넘어 모욕과 절망을 절실히 느껴야 하는 세상이다. 그러니 누구나 어느 정도의 돈은 마련하며 살아야 한다. 다만 돈은 정당한 방식으로 공정하게, 그리고 정의로운 절차를 통해 얻어야 한다. 대다수 사람은 그렇게 열심히 산다. 그러나 우리 사회에서 힘 있고 명예를 누리는 자들 중 상당수가 불의한 야합을 통해 부당한 방식으로 필요 이상의 돈을 축적해놓고 산다. 그들은 이미 돈의 노예다.

"사람"은 금지된 열매를 먹은 죄로 영원히 낙원에서 추방되었다.

그러나 이 나라에서 세상을 썩은 시궁창으로 만드는 추잡스러운 짓을 "아낌없이" 저지름으로써 다른 이들을 절망시키고 분노하게 한 자들은 여전히 그들만의 낙원에서 떵떵거리며 살아간다. 추방은 그들의 몫이 아니라 애먼 약자와 서민의 몫이다. 완전히 적반하장이다. "사람"은 부끄러워했는데 "그 사람들"은 부끄러움조차 없다. 하느님은 "사람"을 낙원에서 추방했지만 그의 부끄러움을 가엽게 여겨 끝까지 지켜줄 것을 약속하셨다. 그러나 아무리 인자하고 사랑 넘치는 하느님이라도 후안무치한 "그 사람들"의 악행과 지나친 탐욕은 쉽게 잊으실 것 같지 않다.

사랑은 약자에게 향한다

신명기는 히브리인들이 이집트에서 탈출한 이후 광야에서 40년을 지낸 시점에 설교를 통해 광야 시대에 태어난 새로운 세대에게 하느님의 율법을 상기시켜주는 내용을 담고 있다. 하느님의 약속과 가르침이 일목요연하게 정리되어 기록된 신명기는 구약 사상의 고갱이라고 불리기도 한다. 예수님이 광야에서 사탄의 유혹을 물리치실 때 신명기를 인용하는 장면에서도 신명기의 진수를 느낄 수 있다.

그런데 신명기에서 특별히 우리의 시선을 끄는 대목은 약자의 보호와 관련된 규정들이다. 예를 들어 다음과 같은 말씀은 약자에 대한 배려를 강조한다.

맷돌은커녕 맷돌 위짝도 저당 잡힐 수 없다. 그것은 남의 목숨을 저당 잡는 일이다(신명 24:6).

그 사람이 지극히 가난한 자일 경우 너희는 그가 잡힌 담보물을 덮고 자면 안 된다. 해 질 무렵이면 그 담보물을 반드시 돌려주어야 한다. 그러면 그는 그 옷을 덮고 자리에 들며 너희에게 복을 빌어줄 것이다. 가난하기 때문에 품을 파는 사람을 억울하게 다루어서는 안 된다. 너희 나라 너희 성문 안에 사는 사람이면 같은 동족이나 외국인이나 구별 없이 날을 넘기지 않고 해 지기 전에 품삯을 주어야 한다(신명 24:12-15).

밭에서 곡식을 거둘 때에 이삭을 밭에 남긴 채 잊고 왔거든 그 이삭을 집으러 되돌아가지 말라. 그것은 떠돌이나 고아나 과부에게 돌아갈 몫이다(신명 24:19).

또한 "너희는 주머니에 크고 작은 두 다른 저울추를 가지고 있어서는 안 된다"(신명 25:13)라는 말씀은 계산을 정직하게 하고 부를 편취하지 말아야 한다는 가르침을 전해준다. 이것이 바로 정의의 개념이다.

삼성 미래전략실의 장충기에게 아부하며 청탁의 문자를 보냈던 자들은 우리 사회의 강자들이다. 그들 가운데는 이른바 "갓물주"라

불리는 건물주들도 제법 있을 것이다. "을"의 슬픔이나 고통보다 "갑질"에 익숙한 자들이 더 많을 것이다. 그리고 그들 가운데 기독교 신자도 있을 것이다. 과연 그들이 신명기를 제정신으로 읽을 수 있을까? 아니, 읽기는 할까? 하느님의 가르침은 "오직 사랑"이다. 그것은 예수님의 복음 정신이기도 하다. 사랑은 나보다 잘나고 힘세고 돈 많은 자에게 아부하고 굽실거리며 그를 위해 불의하고 부당한 일까지 자청해서 수행하는 행태와는 거리가 멀다. 사랑은 나보다 못한 사람, 약한 사람, 병든 사람을 따뜻하게 품고 보듬고 함께 살아가는 모습에서 드러난다. 그런 사랑의 흔적은 하나도 없이 오직 탐욕에 싸여 패악질을 마다치 않으면서 성당이나 교회를 백날 다니면 뭐하겠는가?

부끄러운 걸 부끄러워해야 한다

소설가 박완서 선생은 1974년에 발표한 단편 소설 『부끄러움을 가르칩니다』에서 도시 소시민의 속물성을 솔직하게 그려낸다.

한국전쟁 때 서울로 피난 와 기지촌 근처에 살면서 집안 부양을 위해 양공주가 되라고 압박하는 어머니, 도저히 그럴 수 없어서 부농에게 시집가지만 아이를 낳지 못한다고 이혼하고 대학 강사와 결혼한 나. 세속적 욕망을 초월한 사람이라 여겼지만 그 실체에 환멸을 느끼고 다시 이혼한 뒤 이후 사업가와 세 번째 결혼을 한 것도 잘사는 것이 꿈이라는 그의 솔직함이 오히려 좋다는 생각에서였다.

오랜만에 만난 중학교 동창들은 그녀가 세 번이나 결혼한 사실을 경멸하면서도 얼마나 잘살고 있는지가 궁금하다. 부끄러움이 많은 아이였던 그녀는 짐짓 세 번의 결혼을 당당하게 말하지만 사실은 부끄러움을 잊게 한 삶과 세월의 시고 고된 곡절들이 씁쓸하다. 그러나 그건 주인공뿐 아니라 잘살고 있는 듯한 동창들도 마찬가지라는 걸 알고 씁쓸한 만족을 느낀다.

아무리 삶이 피폐해도 어찌 엄마가 자기 딸에게 양공주가 되라고 강요한단 말인가? 부끄러운 일이다. 딸은 다행히 부농과의 결혼으로 그 부끄러움에서 벗어날 수 있었다. 하지만 결혼은 실패였고 이혼이 거듭되었다. 이혼이 손가락질당하던 시절이었으니 그것만으로도 넘치게 부끄러운 일이다.

그러나 정작 부끄러운 것은 그런 이력이 아니다. 친구의 삶이 그런 이혼과 결혼의 반복임을 알고 속으로 고소해하면서 아예 드러내 놓고 조롱하는 동창들의 허위의식은 또 얼마나 부끄러운 것인가? 이른바 중산층의 허위의식을 담담하게 고발한 박완서 선생은 그렇게 소소한 일상의 일에서 빚어지는 부끄러움의 떨켜들을 치우지 않고 그대로 내놓는다.

그런데 "그 사람들"에게는 일말의 부끄러움조차 사치가 된 듯하다. 사실 그 잘난 사람들만 비난할 일이 아니다. 겉으로는 인상을 찌푸리면서도 마음 한편에 그들에 대한 부러움과 시기심을 조금이라도 지녔다면 그 자체가 부끄러운 일이다. 하느님이 "사람"에게 어디 있느냐고 물으셨을 때 그는 두려워하고 부끄러워했다. 그런데 우리는 이제 그런 부끄러움조차 잊은 지 오래다. "사람"의 맏아들 카인이 동생 아벨을 죽였을 때 하느님은 그에게 "네 아우 아벨은 어디 있느냐?"고 물으셨다. 이에 그는 오히려 "제가 아우를 지키는 사람입니까?"(창세 4:9)라고 되물었다. 죄책감도 없고 부끄러움도 없다. 카인의 모습이 바로 지금 우리의 모습이다. 돈줄을 쥔 대기업에 아부하는 자들의 모습만은 아니다. 정도의 차이만 있을 뿐 우리도 근본에서는 비슷하지 않은가?

부끄러움을 부끄러워하며 살아야 한다. 그것이 재기의 시작점이다. 나도, 사회도, 세상도 탐욕과 악을 물리치고 제대로 된 모습을 보여야 한다. 그래야 하느님의 자녀로서 살아간다고 말할 수 있지 않겠는가!

02

사랑은
측은지심이다

물이 그 주인을 만나니 발그레 볼이 붉어지더라.

18세기 영국 케임브리지 대학교에서 "물이 포도주로 변한 가나의 기적에 관한 영성적 의미를 논하라"는 종교학 시험 문제에 한참 머리를 쥐어짜던 학생이 쓴 답안이다. 그 학생은 바로 바이런(George Gordon Lord Byron, 1788-1824)이었다. 산문을 요구하는 논제에 시인이 운문으로 답한 셈이다. "가나 혼인 잔치의 기적"을 읽을 때마다 바이런이 떠오르는 건 "발그레해진" 물이 품었던 수줍은 환희와 공감의 연대 때문이다. 내게 이 사건이 각별한 이유는 예수님이 최초로 베푸신 기적이어서라기보다는 이후의 모든 기적에 담긴 "측은지심"이 상징적으로 압축된 예고편이기 때문이다.

갈릴래아 가나에서 혼인 잔치가 열렸다. 어느 곳 어느 때건 혼인

만큼 기쁨이 가득한 축제는 별로 없다. 잔치도 성대하고 초대받은 손님들도 마냥 행복하다. 잔치가 열리고 손님들이 찾아온다. 요즘 졸부나 어설픈 중상류층들이 즐겨 찾는, 장식 꽃값만 몇천만 원을 호가하는 화려한 혼인 예식은 아니었다. 우리네도 예전에는 혼인을 거의 신부의 집에서 치렀다. 마당에 차일을 치고 일가친척들과 동네 이웃들이 모여 혼례를 지켜보고 행복을 기원하며 마음껏 먹고 즐겼다. 가나의 혼인 잔치도 그와 비슷했을 것이다.

예수님도 어머니와 제자들과 함께 그 잔치에 초대받으셨다. 거기에 초대받은 이들은 고관대작이나 부자들이 아니라 하루하루 힘겹게 살아가는 민초들이었을 것이다. 그런 이들에게 혼인 잔치는 혼주와 신혼부부에게 축하하고 축복하는 자리이면서도 모처럼 마음껏 먹고 마시며 춤추고 노래할 수 있는 축제의 공간이었을 것이다.

어렸을 적에 부모님이 친척집 결혼이나 환갑 등 잔치에 가시면 대문 앞에서 기다렸던 기억이 난다. 돌아오시는 부모님의 손에 들린 먹을 것들에 대한 기대 때문이었다. 명절 아니곤 맛볼 수 없는 떡이며 과자 따위의 여러 먹거리가 곱게 싸여 왔다. 그도 그럴 것이 예전에는 잔치 음식 장만을 넉넉하게 했다. 없이 살던 시절이어서 그게 버거운 줄 알면서도 찾아온 손님들을 빈손으로 돌려보낼 수 없다는 마음 때문이었다. 하물며 식민지 유다의 민초들은 우리가 어렸을 때보다 훨씬 더 피폐한 삶을 살았을 것이다. 혼인 잔치는 과도한 노동에 시달리던 그들에게 축제인 동시에 삶의 활력을 충전할 수 있는 날이기도 했

사랑은 측은지심이다

을 것이다.

잔치에 음식과 술은 필수다. 혼주는 자식의 혼인을 기뻐하며 찾아온 손님들에게 고마운 마음으로 아낌없이 음식을 준비했을 것이다. 없는 살림이긴 마찬가지여서 어쩌면 빚을 냈을 수도 있지만 그날만큼은 마음껏 대접하고 싶은 게 인지상정이다. 그런데, 그런데! 술이 떨어졌다.

여기서 우리는 그 혼주를 읽어야 한다. 기적은 그다음의 일이다. 살림이 넉넉한 혼주라면 예상보다 훨씬 넉넉하게 술을 마련했겠지만 살림이 빠듯한 혼주는 대략 인원에 맞춰 술을 준비할 수밖에 없었을 것이다. 어쩌면 그마저도 힘겨웠을 수 있다. 그래도 혼사의 기쁨을 만끽하며 찾아온 손님을 극진하게 대접하느라 바빴을 것이다. 그런데 술이 거의 떨어져 갔다. 혼주의 마음은 얼마나 콩닥거렸을까! 사정도 모르고 양껏 마셔대는 손님들이 야속하기도 했을 것이다. 하지만 그보다는 힘든 노동과 바쁜 일상에서 잠시 벗어나 잔치의 기쁨을 만끽하는 손님들에 대한 미안함이 컸을 듯하다. 같은 처지니 이심전심이고 심심상인의 공감이 있을 터…. 그래도 술독은 이제 거의 바닥을 드러내고 있으니 이러지도 저러지도 못하는 마음이 속으로 얼마나 숯처럼 탔을까.

그 혼주의 마음을 먼저 읽은 건 마리아였다. 지인의 잔치에 초대받았으니 그녀도 손님이었다. 그런데 술이 떨어져 가는 걸 알았다. 혼주의 기색이 조바심과 불안으로 점점 변하는 것을 알아챘을까? 아마도 그랬을 것이다. 혼주의 안타까운 마음에 공감하며 손님들이 모처럼 즐기는 잔치 분위기가 시무룩해질 것을 안쓰러워한 마리아는 마지못해 아들 예수에게 말한다. "포도주가 없구나"(요한 2:3). 그 말이 쉬웠을까? 아닐 것이다. 아들의 존재와 능력은 알지만 어찌 그런 하찮은(?) 일에 아들을 끌어들일 수 있겠는가? 게다가 그렇게 되면 여기서 첫 번째 기적이 일어날 것을 아는데 모양새가 빠지지 않겠는가? 그런 고민이 읽힌다.

그러나 결국 어머니는 아들에게 그렇게 말했다. 혼주와 손님들의 안쓰러움에 대한 연민과 공감이 크지 않았다면 모른 척하고 넘어갔을 일이다. 아들인 예수님은 처음에 "여인이시여, 저에게 무엇을 바라십니까? 아직 저의 때가 오지 않았습니다"(요한 2:4) 하며 반문하셨다. 하지만 결과적으로는 그 청을 거절하지 않으셨다. 이때 명분이나 대의를 운운했다면 그는 결코 그런 하찮은 일에 나서지 않았을 것이다. 그러나 예수님의 소명은 하느님의 참된 자녀 됨의 본질이 사랑의 실천임을 깨닫게 하는 것이기에 그 청을 거절하지 않으셨다. 그렇다. 사랑의 본질은 공감과 측은지심의 실천이다. 그게 가나 혼인 잔치의 깊은 의미다.

언제부터인가 서민들은 늘 힘든 시절을 겪어나가고 있다. 권력자들과 부자들이 자신의 이익에만 탐닉하니 서민들의 삶은 잘 개선되지 않는다. 사회의 변두리로 내몰린 사람들은 그저 힘에 굴종하며 연명을 간청할 뿐이다. 그러나 세상의 힘 있는 자들은 그들을 추락 직전의 삶에서 건져낼 생각은커녕 한 웅큼 남은 것까지 흡혈귀처럼 빨아낼 궁리만 한다. 그들에게는 잠시 잔치에 찾아가 시름을 미뤄두고 함께 즐길 기회도, 여력도 없다. 그렇게 세상이 멍들어가는데 우리는 자신을 위한 기도와 "하늘에 있는" 하늘나라에만 몰입한다. 아직은 내가 피해자가 아니라는 안도감에만 감사할 뿐 허물어진 채 가까스로 울음을 참고 사는 이들은 외면해버린다.

프란치스코 교황은 "가난의 원인은 돈이라는 물신을 사람의 자리에 앉힌 경제 체제 때문"이라고 당당하게 말했다. 물론 모든 가난이 단순히 경제 체제의 문제인 것만은 아니다. 그러나 잘못된 탐욕의 체제가 분명히 존재한다면 비판하고 저항하며 맞서 싸워야 한다. 교회가 진정 성경의 가르침을 따른다면 지금 우리의 모습은 어찌 설명될 수 있을지 성찰해야 할 때다. 우리는 측은지심의 공감 능력부터 회복해야 한다.

03

인간을 인간으로
대하는 것이 사랑이다

밥 먹을 때 똥 이야기가 나오면 누구나 낯을 찌푸린다. 당연한 반응이다. 그러나 사랑하는 아이 앞에서는 반응이 달라진다. 정상적인 엄마와 아빠는 밥을 먹는 식탁 옆에서 갓난아이가 똥을 싸도 전혀 화를 내거나 인상을 쓰지 않는다. 왜 그럴까? 사랑하기 때문이다. 같은 똥이지만 부모에게는 달리 보인다. 사랑하면 식탁 옆에서 아이가 똥을 싸도 예쁘기만 하다. 어지간한 허물도 너그럽게 이해하게 하는 것이 사랑의 힘이다.

우리 사회에서는 똥보다 못한 일들이 연이어 벌어진다. 재벌가 총수 내외나 그 자녀들의 상상을 초월한 "갑질"과 일탈도 끊이지 않고 터져 나온다. 권력층이나 재력가들의 추악한 민낯도 날이 갈수록 고스란히 드러난다. 어이가 없어서 화조차 나지 않을 때도 잦다. 어제오늘 일이 아니기 때문이다.

그러나 그런 패악은 시민들을 잠시 분노하게 할 뿐 사법적 징벌이 제대로 내려지는 경우는 거의 없다. 시민들은 "무전유죄 유전무죄"가 버젓이 현실이 되는 정경유착의 더러운 거래를 뜬 눈으로 바라볼 수밖에 없다. 범법 행위가 발각된 상류층 사람들은 어쩌다 혹은 재수 없게 걸려들었을 뿐이라고 생각하는 듯하다. 또한 잠시 지나면 시민들의 분노도 빨리 끓은 냄비처럼 빨리 식을 것이라고 기대하는 것 같다. 사실 지금까지 그들은 불가피하게 법정에 서더라도 엄청난 수임료로 선임한 대형 로펌의 변호사들이 "전관예우"라는 명분으로 자신들을 지켜줄 것을 알기에 별걱정을 하지 않았다. 돈이면 정승도 부린다는 말이 남의 이야기가 아니기 때문이다.

너희가 모범을 보여라

"직원"이란 단순히 일을 시키고 그에 따른 급여를 주는 피고용인에 불과하지 않다. 직원은 돈을 받은 만큼 고용인에게 굴복하고 헌신하며 어떤 굴욕도 감수해야 하는 노예가 아니다. "갑"과 "을"의 관계의 바탕은 "구매"가 아니라 엄연한 "계약"이다. 계약은 일방적으로 갑이 좌지우지하는 것이 아니라 쌍방의 합의에 따라야 한다. 그리고 그 계약은 반드시 합리적이고 인격적이어야 한다.

그러나 불행히도 이 나라의 천박한 재력가들은 직원을 마치 돈으로 산 노예처럼 부린다. 욕설은 물론이고 폭력도 서슴지 않으며 심지어 범법 행위까지 태연하게 강요한다. 회사에서 공식적인 직위에 있지 않으면서도 단지 경영자의 가족이라는 이유 하나만으로 회사의 직원들을 마음대로 부려먹으며 사람대접을 하지 않는 부류의 인간들도 있다. 부모가 부모의 역할을 제대로 하지 않으니 그 모습을 보고 자란 자식들도 인간의 역할을 제대로 하지 못한다. 자신보다 약한 사람을 마음대로 짓밟아도 된다고 여기는 자는 그 누구라 해도 인간의 자격조차 없는 사람이다.

어떤 기업은 노동조합을 허용하지 않는 것을 자랑스러워하면서 그 전통(?)을 깨뜨릴 수 없다고 공공연하게 떠든다. 노동자들을 기계처럼 부려먹으면서도 그들에게 정규직 일자리를 보장하기는커녕 노동자들이 조합을 결성할 기색만 보여도 모든 수단을 동원해 틀어막는다. 물론 강성일변도로 갈등을 첨예화하거나 현실을 외면하고 지나친 요구를 내세우면서 시민의 불편을 볼모 삼아 해결이 어려운 파업을 일삼는 노동조합은 비난받아 마땅하다. 그러나 기본적으로 노동자는 약자다. 강자의 횡포에 저항할 수 있는 노동자의 단결권은 헌법이 보장한다. 그런데 그 권리를 원천적으로 부정하며 어떤 싹수만 보여도 온갖 술수와 위력을 동원해 무산시키는 일을 서슴지 않는 사람들이 있다.

이때 심지어 다른 노동자들이 동원되기도 한다. 그 노동자들은 다른 노동자들을 탄압해야 회사에서 인정받을지 모른다. 하지만 그들은 자신이 과연 어떤 모습으로 비칠지 알고 있는 것일까? 강자들에게는 "없는 것들끼리" 싸우게 하는 게 가장 손쉽고 편리한 방식이라지만, 사람의 기본 권리를 억압하는 데 다른 사람을 이용하는 것만큼 비겁하고 치사한 게 없다. 사람을 사람으로 대우하지 않을 것이라면 무엇 때문에 사람을 고용한다는 말인가? 물론 답은 정해져 있다. 자기 앞에 더 큰 이익을 남기기 위해서다.

"존재하되 드러내지 않는다"(*Esse Non Vederi*)라는 말을 모토로 삼는 스웨덴의 발렌베리(Wallenberg) 가문은 5대에 걸쳐 150년이 넘는 시간 동안 기업 운영을 이어왔다. 그들은 우리나라 재벌들처럼 무조건 자녀에게 기업을 물려주지 않는다. 그들은 "사회와 함께하는 책임감"이라는 계승의 원칙에 따라 자녀들에게 어렸을 때부터 공동체 의식을 가르친다. 또한 겸손과 검소함을 평생 간직할 태도로 익히게 한다. 그 가문의 아이들은 부의 세습을 당연하게 여기지 않는다. 검소하게 생활하며 다른 이들과 함께 어울려 사는 삶을 천천히 배워간다. 그 아이들은 저택이 아니라 일반 시민들이 살아가는 집과 크게 다르지 않은 집에서 살며 어지간한 집안일은 스스로 해결한다. 형제자매의 옷을 물려 입는 것도 기본이다. 그런 환경이라면 특권의식이나 물질만능주의가 아이들에게 스며들기 어려울 것이다.

물론 발렌베리 가문은 여전히 세습 기업의 형태를 유지하고 있다. 하지만 모든 가족이 기업의 경영에 참여하는 것은 아니다. 금융과 산업의 두 부분으로 나누어 두 명의 후계자만이 최고경영자직을 이어받는다. 따라서 다른 가족들의 암투나 불필요한 개입, 그로 인한 갈등이 생기지 않는다. 그런 위험 요인 자체가 없다고 볼 수 있다.

후계자의 요건은 매우 엄격하다. 지망자는 자신의 능력을 스스로 입증해야 한다. 그는 혼자 힘으로 명문대학을 졸업해야 하는데 해군 사관학교에 입학해 군 복무를 마치는 것이 불문율처럼 전해진다. 해군 장교로 복무하면서 강인한 정신력과 애국심을 기를 수 있기 때문이다. 그렇게 성장한 후계자는 하루에 12시간 이상의 업무를 소화하는 강인함을 발휘한다. 스웨덴의 평균 노동 시간을 고려하면 그들의 노동 강도는 엄청나다. 제대 후에는 필수적으로 세계 금융의 중심지에 진출하여 국제적 감각을 터득하고 실무 경험을 쌓아 국제 금융의 흐름을 익힌다. 적어도 그런 절차를 거쳐야 후계자로 지목받을 수 있는데 기본적인 준비 기간만도 최소한 10년 이상이다.

발렌베리 가문이 두 명의 후계자를 선정하는 건 균형의 토대인 적당한 견제와 보완을 통해 기업이 건실하게 운영되도록 하기 위해서다. 그들은 기업 수익의 85%를 법인세로 냄으로써 이익을 사회에 환원한다는 원칙을 고수한다. 그러니 시민들은 특권 대신 책임을 선택하는 이 가문을 존경할 수밖에 없다. 시민들의 굳건한 신뢰를 바탕으로 이 가족 기업은 심지어 스웨덴의 자긍심 그 자체라고 평가되기도 한다.

스웨덴 GDP의 30% 이상을 감당하는 발렌베리 가문이 국가적 자긍심과 신뢰의 대상이 되는 것은 바로 그들의 노블레스 오블리주(noblesse oblige) 정신 때문이다. 발렌베리 가문의 사업은 스웨덴뿐 아니라 세계 경제에서도 꽤 큰 비중을 차지하지만 그 가족 구성원 중 누구도 스웨덴의 100대 부자에 들지 못한다. 그들이 사적으로 보유한 주식과 재산 총액은 고작 1,000억 원을 넘지 않는다. 기업 수익의 대부분이 "크누트 & 앨리스 발렌베리 재단"으로 들어가는 특이한 구조 때문이다. 재단은 그 돈으로 다양한 공익사업을 벌인다. 스톡홀름 경제대학, 상공회의소, 도서관, 천문대, 박물관 등 수많은 공공 기관과 시설이 이 재단의 도움을 받고 있다. 그런 투자 덕택인지 스웨덴의 기초과학 분야 노벨상 수상자들 대부분은 발렌베리 재단의 후원을 받았다고 평가받기도 한다. 이처럼 스웨덴의 장기적 발전을 추구하는 발렌베리 가문은 노동자의 가치를 중요하게 생각하며 사회의 안정적인 발전을 최우선 과제로 삼는 기업 철학을 고수해가고 있다.

인격의 상실은 곧 인간 상실이다

모든 기업이 발렌베리 그룹처럼 될 수는 없다. 그러나 최소한 인간으로 갖춰야 할 기본적 도리와 인격성은 외면하지 말아야 한다. 노동자들을 학대하고 착취하며 마음대로 부려먹을 것이 아니라 그들의 도움을 받아 그들과 함께 일궈낸 결실이 바로 기업의 수익이라는 사실을 늘 기억하고 고마워해야 한다. 아무리 권력이 세고 돈이 많고 학식이 뛰어나도 인격을 갖추지 못하면 인간으로서의 자격이 없다.

　높이 올라갈수록 겸손하고 관대해져야 하는 것은 사회적 도덕률이다. 하지만 우리나라는 점점 더 강자에 아부하고 약자에 잔인한 사회가 되어가는 것 같다. 양극화가 심화할수록 그런 경향 역시 더욱 심각해질 것이다. 그런 문화가 관습처럼 굳어지면 돌이킬 수 없다. 우리는 그런 위험을 경계해야 한다.

교회에서도 마찬가지다. 교회에도 "그 잘난" 사람들이 많다. 그들의 존재를 교회의 자산으로 여기는 성직자들도 어렵지 않게 찾을 수 있다. 그들은 그 잘난 사람들에게 겸손과 관용, 덕성을 가르치기는커녕 그들의 눈치를 살피기에 바쁘다. 언제 그들의 도움이 필요할지 모르기 때문이다.

하지만 그런 태도는 이미 교회의 존재 이유를 부인하는 것이다. 밖에서는 아무리 높고 돈이 많더라도 교회 안에서는 모두가 "형제요 자매"다. 교회는 복음을 전하고 실천하는 못자리일 뿐이다. 그래서 교회는 잘나고 돈 많고 높은 사람들에게 특별히 따끔하게 가르쳐야 한다. 법 이전에 교회가 그 역할을 해야 한다. 교회는 그런 의미에서 그들을 가르칠 수 있는 마지막 보루다.

백날 사랑을 떠들어도 최소한의 조건인 "사람을 사람으로 대하는 것"조차 실천하지 못한다면 사랑이건 복음이건 실컷 떠들어대도 우이독경이고 공염불일 뿐이다. 자식의 똥은 결코 더럽게 여기지 않는 부모의 마음처럼 다른 사람에게 그 사랑의 부스러기라도 베풀고자 하는 마음을 가져야 한다. 그게 복음 정신이다.

사랑이 없으면 나는 아무것도 아닙니다(1고린 13:2).

인간을 인간으로 대하는 것이 사랑이다

해마다 성탄이 다가오면 나는 복음서에서 성탄의 이야기를 찾아 읽는다. 그런데 그 이야기에는 늘 멈칫하게 되는 대목이 있다. 바로 베들레헴 여관의 이야기다. 보통 성탄절 하면 아기 예수님을 멀리서 찾아온 동방박사들이나 목자들을 먼저 떠올린다. 그리고 성탄 때마다 구유 경배 예절을 행하면서 마치 나도 그중 하나인 양 착각(?)한다. 그런 희망과 동참의 갈망을 탓할 일은 아니다. 나 역시 그런 밝은 눈과 따뜻한 심장을 지닌 사람이면 좋겠다. 멀리서도 예수님의 강생을 깨닫고 먼 길 마다치 않으며 기쁘게 찾아가 경배할 수 있으니 말이다.

나는 여관방을 차지하고 있었다

그러나 내 모습은 거기에 없다. 슬프지만 그게 현실이고 진실이다. 나는 그럼 어디에 있는가? 나는 베들레헴 여관에 먼저 와 있던 투숙객 가운데 한 사람이다. 부지런히 길을 나선 사람들은 일찌감치 여관에 도착해 방을 얻었을 것이다. 벌써 숙박비를 지불했으니 하룻밤을 편히 쉴 자격이 충분하다. 그러나 함께 길을 가는 사람의 몸이 불편하다면 어떨까? 불편한 사람을 팽개치고 가지 않는 한 그의 속도에 맞춰 이동할 수밖에 없다. 여관에 늦게 도착한 요셉과 마리아의 처지가 그랬다.

만삭의 아내와 함께 먼 길을 걸어야 하니 얼마나 자주 가던 길을 멈췄을까. 요셉의 마음은 또 얼마나 불안하고 안쓰러웠을까. 걸음을 옮기는 것조차 힘겨운 아내를 업어줄 수도 없다. 기껏해야 옆에서 손을 잡아주거나 부축하는 것 외에는 방도가 없으니 더 안타깝다. 그들은 그렇게 먼 길을 힘겹게 걸어 마침내 여관에 도착했다. 뉘엿뉘엿 해가 지고 어둠이 드리우는 시간. 하지만 몸은 천근만근이고 마음은 아내의 상태에 온통 집중된 요셉에게 방이 허락되지 않는다. 난감한 일이다.

아마도 요셉과 마리아가 여관에 들어섰을 때 이미 방을 차지하고 있던 사람들은 어떤 기척을 느꼈을 것이다. 그중에는 궁금하기도 하고 무료하기도 해서 방문을 열어 밤늦은 시간에 찾아온 손님이 누구인지 확인하는 사람도 있었을 듯하다. 그런데 그렇게 찾아온 손님은 만삭의 배를 힘겹게 움켜쥔 여자와 안절부절못하는 남자가 아닌가? 여자의 배를 보니 곧 출산이 가깝다. 방이 없다는 여관 주인의

39
우리는 누구인가?

말에 난감해하는 두 사람의 모습을 본 투숙객들의 마음은 어땠을까? 누가 봐도 안쓰럽고 걱정스러웠을 것이다.

그러나 그 누구도 자신의 방을 산모에게 양보하지는 않는다. 각자가 정당하게 얻은 방이고 일찌감치 움직인 덕분에 차지한 공간이다. 물론 어려운 처지에 처한 사람을 보면 측은지심이 생기는 법이니 다들 고민은 했을 법도 하다. 하지만 그 양보의 주체가 내가 아닌 다른 사람이길 바라지 않았을까? 그렇게 서로 미루다가 민망하고 미안해서 슬그머니 방문을 닫았을지도 모른다. 마음은 편치 않았겠지만 말이다.

여관 주인도 투숙객들과 크게 다르지 않은 듯하다. 한 눈으로 봐도 출산이 임박한 산모의 모습이 딱하다. 그러나 이미 방을 잡은 손님들에게 방을 비우라고 말할 수도 없다. 마구간을 받아들일 손님도 있을 것 같지 않거니와 돈 문제도 걸린다. 그러나 지금 막 들어온 사람들로서는 마구간이라도 감지덕지 받아들일 수밖에 없을 것이다. 그렇다면 약간의 돈이라도 받아낼 수 있다. 그러니 여관 주인으로서는 굳이 다른 손님에게 방을 양보하라 할 일도 없다.

그렇게 모두 잠이 들었다. 그런데 그 시간에 아이가 나왔다. 초산이었으니 쉬운 출산이 아니었을 것이다. 예수님이니까 쉽게 태어나도록 배려받았을 것이라는 이야기는 따질 가치도 없다. "사람의 아들"로 세상에 오신 예수님은 다른 사람과 똑같은 방식으로 태어나셨을 것이다. 조용한 출산이었을 리 없다. 아무리 피곤하다 해도 진통 소리에 잠을 설치지 않은 사람은 없었을 것이다.

그런데 그 출산은 마구간에서 일어난 일이 아닌가! 누구든지 얼른 방문을 열고 뛰어나와 이렇게 말했어야 한다. "세상에! 어찌 이런 곳에서 아이를 낳는다는 말입니까? 미안합니다. 아까 방을 양보해드렸어야 했는데. 어쨌거나 우선 산모와 아이를 방으로 옮깁시다." 그러나 아무도 방문을 열지 않았고 그 누구도 그런 제안을 하지 않았다. 이처럼 예수님은 세상 사람들의 외면 속에서 태어나셨다. 요한의 복음서는 다음과 같이 말한다.

말씀이 곧 참 빛이었다. 그 빛이 이 세상에 와서 모든 사람을 비추고 있었다. 말씀이 세상에 계셨고 세상이 이 말씀을 통하여 생겨났는데도 세상은 그분을 알아보지 못하였다. 그분이 자기 나라에 오셨지만 백성들은 그분을 맞아주지 않았다(요한 1:9-11).

엉뚱하게도(?) 멀리서 동방박사들과 목자들이 찾아왔다. 마태오 복음서는 "동방박사들"이, 루가의 복음서는 "목자들"이 찾아왔다고 말한다. 이는 각 복음서의 출처인 교회 공동체가 서로 다르기 때문이다. 동방박사는 "왕"으로 오신 예수님을, 목자는 "예언자"로 오신 예수님을 지향하는 뜻을 나타내준다. 마르코 복음서에는 아예 예수님의 탄생 이야기가 나오지 않는다.

나의 모습은 어디에 있을까? 우리는 쉽게 우리 자신이 동방박사나 목자 중 한 사람이라고 착각한다. 예수님을 믿는 사람으로서 그러고 싶은 마음은 충분히 이해한다. 그러나 사실 우리는 여관에 함께 묵었던 그 사람들 가운데 하나일 뿐이다. 우리는 예수님이 탄생하시는 자리에 함께 있었으면서도 고개를 돌린 여관의 투숙객들과 같은 사람들일 뿐 아니라 요한 복음서가 말하는 예수님을 외면한 세상 사람들에 속한다.

심각한 문제는 지금도 자신이 그런 사람들 가운데 하나라는 사실을 모르거나 부정하는 사람이 많다는 사실이다. 나는 교회에 다니니까, 예수님을 믿으니까 그 정도의 대접은 받을 수 있다고 여긴다. 그러나 과연 내가 그 복음에 따라 철저하게 살고 있는지, 성탄의 진정한 의미를 온전히 가슴에 새기고 실천하며 살고 있는지 스스로 물어보면 두렵고 떨린다.

아기 예수는 어디에 있는가?

교회 공동체의 일원이 된다는 것은 기쁜 일이다. 그러나 그것만으로 면책이 된다고 생각하면 오산이다. 오히려 그것은 복음의 은총을 받았으면서도 정작 삶으로 실천하지 않고 사회적 불의에 대해 외면한다면 더 큰 비난과 질책을 받을 수 있음을 의미한다. 알고도 하지 않는 건 더 큰 죄악이기 때문이다.

교회 공동체의 일원으로서의 나의 모습은 복음서 곳곳에 나타난다. 그 모습은 예수님을 만나서 삶이 바뀌고 세상을 올바른 눈으로 바라보게 되는 민중의 모습이 아니다. 오히려 기득권과 배타적 선민의식에 사로잡힌 율법학자들의 모습이다. 나는 바리사이파 사람일 뿐이다. 또한 오늘날 교회 지도자들의 상당수는 불행히도 사두가이파의 모습이다. 그게 우리의 현재 모습이다.

우리나라 사람들이 아주 좋아하는 고전 가운데 하나는 생텍쥐페리(Antoine de Saint-Exupéry, 1900-1944)의 『어린 왕자』다. 사람들은 지금의 삶이 맑고 따뜻하며 순수하다고 느껴지지 않을 때 그 책을 꺼내 든다. 그 책의 주인공도 어리고 그 책을 처음 읽었을 때의 나도 어렸다. 그때의 나는 지금보다 맑고 따뜻하며 순수했다. 그러나 시간은 되돌릴 수 없다. 지금은 책을 읽으며 "나도 그때는 그랬어"라고 위로하는 것이 전부다.

우리는 그 책의 이름을 무조건 "어린" 왕자라고 번역한다. 그러나 그에 해당하는 프랑스어(petit)나 영어(little)에는 "어리다"와 "작다"라는 뜻이 함께 담겨 있다. 저자인 생텍쥐페리 자신도 "작은" 왕자를 의도했다. 우리는 칠레의 위대한 시인 네루다(Pablo Neruda, 1904-1973)의 시처럼 "나였던 그 아이"가 지금 어디 있는지 물어야 한다. 네루다보다 한 걸음 더 나아가 "나였던 그 아이"가 "나인 그 아이"를 만나고 있는지 물어야 한다. 삶과 신앙은 모두 "나였던 그 아이"가 "나인 그 아이"를 통해, 혹은 함께 "나일 그 아이"로 나아가는 것이다. "아기 예수님"의 모습이 전하는 메시지가 바로 그것이다.

불교에서 나누는 가장 멋진 인사는 "성불하세요"라고 단언할 수 있다. 그만큼 자기 안에 있는 불성을 발견하고 키우며 완성하라는 것이 불교의 가르침이다. 내가 곧 부처님이라는 인식은 우월감의 표출이 아니라 부처님처럼, 그리고 부처로 살아야 한다는 교훈을 말해준다. 그런 핵심이 쏙 빠진다면 3천 배, 3만 배를 한들 형식적 주술 행위에 불과할 수밖에 없다. 그리고 그런 원리는 기독교에서도 크게 다르지 않다. "아기 예수님"은 늘 우리에게 처음의 상태를 상기시켜 주고, 그런 삶을 추구하도록 이끌어준다.

대림절은 단순히 예수님의 탄생을 기다리는 시간이 아니다. 다시는 예수님의 탄생을 외면하거나 모르고 지나가는 어리석음을 되풀이하지 않기 위한 자각과 성찰의 시간이다. 적어도 그 시간만이라도 정신을 똑바로 차리고 세상을 올바른 시선으로 바라보아야 할 기회다.

예수님의 탄생은 2,000여 년 전 베들레헴에서만 일어난 일회적 사건이 아니다. 언제고 예수님은 세상에 태어나신다. 처음에 마구간에 태어나신 것처럼 세상의 가장 가난하고 힘없는 곳으로 찾아오신다. 연례행사처럼 성탄절 즈음만 불우이웃을 찾아 마음을 전하는 것에 그칠 일이 아니다. 그런 이들이 살아가는 조건을 개선해야 하고 사회의 구조적 모순을 바로잡아야 한다. 우리의 탐욕을 거두고 불의에 눈 감는 비겁을 버려야 가능한 일이다.

나는 예수님이 탄생하신 현장에 함께하면서도 정작 내 자리를 내드리지 않았고 그 옆에서 시중을 들지도 않았다. 그저 내가 먼저 차지한 따뜻한 방을 고수할 뿐이었다. 지금도 나는 여전히 내 방을 지키고 앉아 있다. 이러면서 성탄 운운하는 게 부끄럽고 두렵다.

지금 예수님은 어디에서 태어나실까? 화려한 저택은 분명히 아니고 평당 몇천만 원 하는 아파트도 가능성이 작다. 소박한 듯 그러나 사실은 아름답게 꾸며진 성당과 교회의 구유도 기대하기 힘들다. 그분은 지금 가장 가난하고 힘없고 약한 이들이 있는 곳에서 태어나실 것이다. 그것이 마구간에서 예수님이 태어나신 의미이고 복음이다.

그런데도 우리는 여전히 높은 곳, 돈 많은 곳, 잘난 사람들이 모여 있는 곳만 바라본다. 성탄절이 되어도 정작 예수님이 태어나시는 마구간, 곧 험하고 어렵고 가난하고 힘없는 이들이 모인 곳은 바라보지 않는다. 심지어 그들이 유린당하며 인간의 존엄성마저 짓밟히는 걸 보면서도 외면한다. 우리는 오히려 무관심으로 그 폭력에 가담하는 것은 아닌지 두려운 마음으로 살펴야 한다.

내 영혼이 주님을 찬양하며
내 구세주 하느님을 생각하는 기쁨에 이 마음 설렙니다.
주께서 여종의 비천한 신세를 돌보셨습니다.
…권세 있는 자들을 그 자리에서 내치시고
보잘것없는 이들을 높이셨으며
배고픈 사람은 좋은 것으로 배불리시고
부요한 사람은 빈손으로 돌려보내셨습니다(루가 1:46-53).

예수님의 탄생 예고를 품고 엘리사벳을 방문한 마리아가 놀라운 예언을 듣고 올려드린 찬미가 지금 우리에게 무슨 의미인지 곰곰이 성찰하는 성탄을 맞자. 예수님을 받아들이지 않고 방을 굳게 지킨 투숙객도, 예수님을 적대시한 사두가이파나 바리사이파도 되지 않기 위해서 차가운 들판으로 나가 힘든 이들을 힘차게 안고 따스한 체온이나마 나눠야겠다.

05

본질적인 것은
단순하다

"부족하니 깨닫는다." 몇 해 전 히말라야 안나푸르나 서킷에 참여하면서 절감한 사실이다. 고산지대에서 가장 두려운 건 고산증이다. 해발 3,000미터를 넘어서면서부터 숨이 가쁘고 조금만 움직여도 금세 힘에 부치더니 4,500미터가 넘으면서는 한 걸음 옮기는 것도 버겁다. 절대 산소량이 부족하니 숨 쉬는 것 자체가 쉽지 않다.

산소의 부족은 생각마저 차단한다. 생각한다는 게 많은 산소를 소비하는 일임을 처음으로 실감했다. 절대 부족과 결핍을 전신으로 느낀 적은 없었다. 사는 게 늘 피곤하고 힘들다 보니 욕망의 결핍을 인식하면서 살기는 하지만 그걸 몸으로 느끼는 일은 별로 없다. 하지만 그 고지에서는 그게 고스란히 몸으로 전해온다.

그저 높이에 따라서만 그 결핍이 정해지는 것은 아닌 모양이다. 내 몸 안이 부족하면 몸 밖의 것에 부족함을 느낀다. 결핍을 모르면

채움도 모른다. 고도가 높아질수록 갈증도 훨씬 더 심해진다. 땀을 흘려서만 그런 건 아닌 것 같다. 산소 부족 때문에 물이 더 필요한 듯하다. 물이 산소와 탄소의 결합물인 것을 화학방정식으로는 배웠지만 물에 산소가 있다는 것을 몸으로 느낀 적은 없었다. 일상에서 느끼지 못하던 것을 거기서는 하나하나 다 겪어야 한다. 무감한 것들이 무엇인가를 깨닫기만 해도 삶의 양태가 달라질 수 있다는 사실도 자연스레 깨닫게 된다.

넘치는 건 욕망의 감옥이다

그런 상황에서는 극단적으로 단순해져야 한다. 몸의 움직임도 최소한으로 단순화시켜야 하고 사고도 극단적으로 단순하게 작동되게끔 해야 한다. 발걸음은 이미 거기에 순응해서 지면에 가능한 한 가까이 발을 붙이며 이동하게 된다. 조금만 발을 높이 들어도 그만큼 숨이 가쁘다. 결핍은 모든 것의 단순화를 요구한다.

　그 상황에서는 오로지 "단순함" 그 자체에 대해서만 몰두해야 한다. 극단적 단순함이다. 마음 같아서는 배낭도 집어 던지고 싶다. 시계를 찬 팔도 더 힘든 듯하여 재빨리 시계를 풀어 배낭에 넣는다. 그래도 등보다 팔에서 느껴지는 가벼움이 살갑다. 물에 산소가 있으니 그거라도 마시면 조금 낫겠지만 무게 때문에 딱 필요한 만큼만 담아온 물을 마음껏 마시는 것조차 호사다.

최소한의 열량을 제공해줄 식량과 물이 있으면 충분하다. 그러나 산소가 부족하면 모든 게 버겁고 힘들다. 일상에서 얼마나 많은 것들이 불필요한데도 내 몸에, 내 머리에 매달려 있었을까? 반드시 생존에 필요한 것들도 아니다. 우리는 언어조차 필요 이상으로 낭비한다. 온갖 수사와 논리로 치장하기 바쁘다. 그래서 정작 본질을 놓치는 경우는 또 얼마나 많은가? 생각하는 것조차 단순화시켜야 한다. 쓸데없는 잉여물을 이고 지고 살아가는 건 아닌지 새삼 돌아보게 된다. 자연에는 낭비란 없다.

고산지대에서 흔히 보이는 키 작은 솜다리꽃(에델바이스)인들 큰 잎, 큰 꽃을 마다할까? 그러나 솜다리꽃은 그런 잎과 꽃이 없음을 안타까워하거나 다른 꽃을 부러워하지 않을 것이다. 그걸 결핍이라 여기지도 않을 것이다. 현재의 자기 상태가 가장 이상적이고 합리적임을 알기에 그는 나름대로 풍족하다. 물론 그것은 진화의 결과이겠지만 꽃에게 생각할 능력이 있다면 그걸 단순히 진화의 결실이라고만 여기지는 않을 것 같다. 그러니 스스로 합리적 존재라고 자랑하는 인간은 얼마나 허구적인가?

결핍의 반대말은 "충분"이 아니라 "불만족"이다. 아마도 행복의 반대말은 불행이 아니라 지속적 욕망일 것이다. 결핍의 과잉 역시 문제가 될 수 있다. 그렇다고 적절한 과잉이 있고 또 알맞은 결핍이 있을까? 고산병 증세는 문명 세계에 사는 사람들이 겪어야 하는 통과의례와 같다. 저지대인의 폐와 심장의 사소함을 느끼게 하는 의식이다.

그 통과의례를 겪으면서 그간 누렸던 과잉을 덜어내고 결핍을 감내함으로써 균형을 갖추도록 하려는 자연의 섭리가 거기에 있다.

또한 그것은 단순화의 과정이다. 이 단순화의 과정을 통해 비로소 삶의 본질을 깨닫는다. 그렇다면 본질은 단순한 것이다. 불필요한 곁가지들을 잘라내야 나무의 전체 모습이 드러난다.

단순함이란 이기(利器)의 결핍이 주는 원초적 감흥이다. 전적으로 내 몸에서 느껴지는 그 원초적 감흥은 결코 편리한 기계의 힘으로 대체할 수 없다. 그런 점에서 결핍은 회복 탄력성의 단초이기도 하다. 부족하지 않으면 회복할 필요를 느끼지 않기 때문이다. 누구나 정신과 물질의 조화가 필요하다는 사실을 인식은 하지만 자기 입장을 포기하거나 양보하지 않는 반복적 대립을 반복할 뿐이다. 그것은 뫼비우스의 띠처럼 풀 수 없는 문제 같다. 결국 완전한 물질적 결핍, 가장 본질적인 생존의 조건인 산소의 결핍을 겪어야 내 몸의 바닥뿐 아니라 생각의 바닥에까지 다다르면서 무엇을 회복해야 하는지 짚어낼 수 있다.

공감은 단순함에서 온다

산소의 부족 때문에 도저히 밥을 넘길 수 없는 건 다른 이들도 비슷하기에 조금은 위로를 받는다. 나만 뱃멀미를 겪고 다른 사람은 멀쩡하면 몇 배로 힘들지만 다른 이들도 비슷하면 고통이 덜어진다. 아니,

그보다는 공감의 위로가 고통을 덜어주는 것처럼 다른 이들도 힘들어하는 게 위로가 되는 것이다!

다음날 새벽 출발을 위해 일찌감치 잠자리에 들겠다던 청년들이 이내 돌아온다. 도저히 숨이 차서 잘 수가 없단다. 은근히 불안했다. 그런데 청년들은 라운지에 삼삼오오 모여 앉아 TV를 본다. 나오는 거라곤 인도 드라마들뿐이다. 인도어를 모르는데도 뭐가 그리 재미있는지 계속 킬킬댄다. 아마도 사람 사는 것이 어디나 다 비슷하기 때문일 것이다. 또한 그들은 디테일을 보는 것이 아니라 본질의 핵심을 파악하는 능력을 지니게 된 듯했다.

그 모습을 바라보면서 나는 라마승들의 독경 소리를 떠올렸다. 그들의 글이나 말을 하나도 아는 게 없는 나로서는 그 소리를 알아들을 수 없는 게 당연했다. 그런데도 그 독경의 내용이 공명을 일으키는 것은 단순히 그들의 표정이 진지하기 때문만은 아니었다. 낯선 언어가 주는 생경함도 있었지만 살아 있는 생명체가 낼 수 있는 가장 경건하고 진지한 소리라는 점에서 느낌이 남달랐다. 심지어 감동이 밀려오기까지 했다.

어쩌면 그건 가장 단순한 종교심의 체험일 것이다. 설령 그게 종교심이 아닌들 또 어떠랴. 신심이면 족하다. 티베트 언어를 모르고 불경을 모른다고, 또 라마승에게 대독하게 한다고 해서 종교적이지 않은 것은 아니다. 그들의 독경 소리는 종교의 요체를 깨닫게 하는 신비한 힘을 지녔다.

종교와 정치에 관한 어떤 판단과 신념은 제 나름의 권리와 자유다. 하지만 최소한의 기본적 인식 틀은 다른 사람들과 공유해야 한다. 너무나 자명한 거짓과 선동이 릴레이처럼 이어지는 걸 보면서도 오히려 그것을 옹호하는 세력들을 보면 안타깝다. 그리고 그 대부분이 나이 든 사람들과 종교인들이라는 게 답답하다. 대형교회 목사들은 아예 설교 시간에 대놓고 그것을 미화하기까지 하는 걸 보면 아연할 뿐이다. 일부 신부들도 정도의 차이가 있을 뿐 비슷한 사람들이 적지 않다.

무엇보다 미래를 살아갈 우리 젊은이들의 힘겨움과 분노에 대해 최소한의 공감을 가지고 있다면 그렇게는 할 수 없을 것이다. 나이 든 사람들의 복고적 퇴행 사고는 결국 인권과 정의를 무시하더라도 약간의 경제적 이익을 얻을 수 있었던 시대에 대한 집착일 뿐이다. 또한 종교인들의 그런 행태는 복음적 가치는 외면한 채 속세의 수구 권력에 기생하던 행태를 버리지 못했기 때문이다.

나는 분명히 말한다. 누구든지 어린이와 같이 순진한 마음으로 하느님 나라를 받아들이지 않으면 결코 거기 들어가지 못할 것이다(마르 10:15).

어린아이는 단순하고 직관적이다. 이것저것 따지거나 셈하지 않는다. 이해관계 따위는 개입할 여지가 없다. 욕망의 과잉이 없기 때문이다. 그런데 우리는 여전히 셈하고 욕망한다. 교회와 성직자들마저 그러고 있다. 겉으로 보이는 물질에 대한 절제가 전부가 아니다. 진리와 정의, 그리고 인격적 삶에 대한 이해와 공감이 전제해야 한다. 그런 울림이 있어야 본질을 그대로 느낄 수 있다. 울림이 바로 공명이고 공감이다. 그것 역시 결핍이 주는 선물이다. 가득하면 울리지 않는다. 단순해질 일이다. 더 단순해질 일이다.

물론 단순함에 대한 과도한 집착도 이미 단순에 대한 배반이다. 모든 강박은 단순함을 배척한다. 단순함은 완벽한 정제(精製)다. 복음은 그 정수다. 그렇다고 단순함이 수수방관이나 방조는 아니다. 진정 단순하기 위해서는 뛰어난 직관과 영감으로 무장해야 한다. 그것은 응축이며 일종의 방정식이다.

단순함을 획득하기 위해서는 끝없이 자신을 단련해야 한다. 그것은 21세기의 혼탁한 대한민국을 살아가는 시민으로서, 신자로서 지녀야 할 중요한 덕목이다. 단순함이란 자명한 건 덜어내고 핵심적 의미만 남기는 것이다. 의미마저 상실되면 단순이 아니라 무지와 몰지각이 된다. 우리는 청년들에 대한 공감과 안타까움은 전혀 없이 퇴행을 저지르게 하는 탐욕을 늘 경계해야 한다. 나이가 들어갈수록 더욱 그렇다. 나잇값이라도 제대로 해야 한다. 자릿값이라도 제대로 해야 한다.

몇 해 전 급성심근경색으로 쓰러져 수술을 받고 나니 당분간 히말라야로 다시 떠날 수는 없겠다는 생각이 든다. 하지만 해발 5,500미터의 고개를 오르며 절감한 그 단순함은 늘 마음에 깊이 새기고 싶다.

06

비판은
최고의 대안이다

자신을 비판하는 소리를 달가워하는 사람은 드물다. 남이 하는 칭찬
도 서너 번 들으면 지겹게 되니 꾸짖거나 꼬집는 말을 듣자마자 발끈
하는 것도 당연한 듯하다. 높은 자리에 올라갈수록 그런 비판은 더 불
편해진다. 하기야 높은 자리에 있는 사람을 비판하는 일은 본래부터
불편하고 부담스럽다. 괜히 혀 잘못 놀려 손해볼 까닭이 없다고 여기
는 순간 비판 의식은 봄눈처럼 사라진다.

확실히 높은 자리에 있는 사람들은 그런 비판이 불편한 듯하다.
언젠가 고위직에 있는 이들을 대상으로 한 강연에서 비판적인 발언
을 했더니 참다 못했는지 한 참석자가 벌떡 일어나 "당신들 같은 좌
파진보 지식인들은 비판만 일삼지 정작 대안을 제시하는 것을 본 적
이 없소"라고 소리쳤다. 얼마나 마음에 들지 않았으면 소리를 질렀을
까? 꽤나 불편했던 모양이다.

그러나 나는 속으로 '당신 잘 걸렸어. 그렇지 않아도 그렇게 말하는 사람들에게 꼭 해줄 말이 있는데' 싶어서 되물었다. "당신이 생각하는 대안은 무엇인가요?" 그는 기다렸다는 듯 대답했다. "관념적이고 추상적인 말로 비비 꼬지 않고 직접적이고 구체적으로 실행할 수 있는 계획과 로드맵을 제시할 수 있을 때 그것이 대안이라고 생각합니다." 그 정도의 대답이면 충분하지 않느냐는 눈치였고 내가 하는 말은 그런 정의에서 많이 벗어나지 않았느냐는 어투의 질책이었다.

비판은 최초의 대안이다

나는 그런 식의 대응을 전혀 예측하지 못한 것이 아니었다. 어쩌면 빤히 예상되는 반응이었다. 문제는 그의 설명이 "비판적 대안에 대한 논리적 대응"은 아니라는 점이다. 구체적 실행만이 대안이라는 건 좁은 소견이다. 나는 이에 관해 다음과 같이 말했다. "비판이 최초의 그리고 최고의 대안입니다. 아무리 훌륭한 계획이나 제도도 허물이 없을 수 없습니다. 또한 아무리 좋은 의도와 의지를 갖고 임해도 막상 실행되는 과정에서 그것과 어긋나는 일이 발생합니다. 그러나 당사자들은 그것을 보지 못하는 경우가 많습니다. 허물이 생겨도 그것은 '어쩔 수 없는 것, 혹은 그 과정에서 불가피하게 수반되는 것'쯤으로 여기게 됩니다. 사람은 누구나 어느 정도의 인지부조화 성향을 갖습니다. 외부의 시선이 필요한 건 바로 그 때문입니다. 당사자는 보지 못하는 것을 외부자는 볼 수 있습니다. 바둑이나 장기를 둘 때 훈수 두는 사람의 입장과 마찬가지입니다. 그것을 제때 지적하지 않으면 호미로 막을 것을 가래로도 막을 수 없게 됩니다. 당신은 그런 경험이 한 번도 없었습니까?"

그런 경험이 없었느냐는 질문에 그는 잠깐 움찔했지만 쉽게 물러서지 않았다. "하지만 실무를 겪지 않았으면서 옆에서 지적하고 비판하는 건 누구나 할 수 있습니다." 그 사람은 실무를 경험해야만 그에 대한 비판이 정당하다고 여기는 게 틀림없었다. "밥을 지은 사람만 밥맛을 평가할 수 있나요?" 그래도 그는 물러서지 않았다. "그건 범주의 오류입니다. 사례가 다르지요." 범주의 오류라? 아마도 그는 아무 데나 그런 식의 논리를 끌어들여 상대를 눌러버렸을 것이다. 그가 차지한 자리의 힘이 그만큼 컸다.

그러나 나는 논리의 문제로 시비할 생각은 없었다. "왜 사외이사에게 돈을 지급합니까? 그저 자기편 사람 심어서 쉽게, 그리고 원하는 방식으로 의결하기 위해서인가요, 아니면 사안을 집행하기 전에 그 분야의 전문가인 외부인에게 문제점을 지적받아 수정하기 위해서인가요?" 내 대답에 그도 조금은 물러섰다. "그야 후자지요." 일단 부분적 동의는 받았다. 물론 대답은 그렇게 하지만 그는 그런 의미의 사외이사 제도를 좋아하지는 않을 것이다.

"비판은 '비판을 위한 비판'이거나 내가 잘났다고 뻐기는 게 아니라 당사자가 미처 모르는 것을 지적하고 더 나은 가능성을 찾아내는 것입니다. 문학비평의 경우는 그 이상입니다. 비평가는 심지어 작가 자신도 인식하지 못한 문제를 문학의 큰 틀에서 찾아내 분석하고 평가합니다. 물론 비평가와 작가는 어느 정도의 긴장 관계를 유지합니다. 하지만 이른바 '주례사 비평'과 같은 하나 마나 한 비평에 익숙해져 그 맛에 빠지면 큰 허물의 가능성을 묵살하게 되고 끝내 짬짜미의 유혹에서 벗어나지 못하고 맙니다. 그게 실패의 지름길이지요."

사람들은 자신에 관해, 혹은 자신이 속한 영역에 대해 비판을 받으면 불쾌해한다. 반면 달콤한 칭찬에는 우쭐해진다. 예를 들어 기업의 이사들은 오랫동안 자신의 업무에서 좋은 평가를 받고 승진해온 사람들이다. 그들은 어느 정도 전문가의 수준에 올라 있다. 그런데 그런 자산을 가진 사람들을 단지 "말 잘 듣는 하수인"쯤으로 부린다면 어떨까? 이사들의 존재가 무의미해질 것이다. 기업들은 최고경영자의 판단을 보완하고 그의 방식이나 계획이 실패할 경우를 대비하고 예방하기 위해 이사들을 선임한다. 그러나 모든 임면권을 쥐고 있는 최고 권력자에게 문제를 따질 수 있는 조직 문화가 우리에게 있는가?

비판을 들을 줄 알아야 한다

예수님은 끊임없이 그릇된 것에 대해 비판하는 말씀을 하셨다. 당시 사회에서 예수님은 "일개 재야인사"에 불과했다. 반면 제사장들이나 율법학자들은 권력을 쥔 사람들이었다. 세속적 통치력을 쥔 로마인

들과 그 부역자들도 마찬가지였다. 그러나 예수님은 조금도 굴하지
않으셨다.

> 너희 같은 눈먼 인도자들은 화를 입을 것이다. 너희는 "성전을 두고
> 한 맹세는 지키지 않아도 무방하지만 성전의 황금을 두고 한 맹세는
> 꼭 지켜야 한다"고 하니 이 어리석고 눈먼 자들아, 어느 것이 더 중
> 하냐? 황금이냐? 아니면 그 황금을 거룩하게 만드는 성전이냐? 또
> 너희는 "제단을 두고 한 맹세는 지키지 않아도 무방하지만 그 제단
> 위에 있는 제물을 두고 한 맹세는 꼭 지켜야 한다"고 하니 이 눈먼
> 자들아, 어느 것이 더 중하냐? 제물이냐? 아니면 그 제물을 거룩하
> 게 만드는 제단이냐?(마태 23:16-19)

물론 예수님은 비판하는 사람들의 자질에 관해서도 경고하셨다.

> 잘 들어라. 너희가 율법학자들이나 바리사이파 사람들보다 더 옳게
> 살지 못한다면 결코 하늘나라에 들어가지 못할 것이다(마태 5:20).

그러나 바리사이파 사람들과 율법학자들은 끝내 그 비판을 받아
들이지 않았다. 보잘것없는 일개 재야인사의 비판쯤은 무시해도 좋을
일이었다. 그들에게 그 비판은 자신들의 권위를 손상시키는 소리일
뿐이었다. 과연 지금의 우리 사회는 어떤가? 세속의 권력자들도 교회

의 권력자들도 크게 다르지 않은 듯하다. 온갖 수단과 방법을 동원해 비판하려는 입에 재갈을 물리고 온갖 불이익을 강제함으로써 다시는 대들지 못하게 한다. 그러면 그 주변 사람들마저 비판할 엄두를 내지 못하게 된다. 부끄러운 일이다.

내 비판에 발끈했던 그 고위직 인사도 끝내 물러서지 않았다. 물론 그 자신도 그 자리에 오르기까지 수많은 경험을 했을 것이다. 그건 분명히 인정한다. 그러나 그는 "대안 없는 비판"에 관해서는 끝내 짓눌러야 한다는 확신을 가지고 있는 듯했다. "좋아요. 그 정도는 인정한다고 칩시다. 하지만 대안을 제시하지 못하는 비판이 무슨 의미나 가치가 있습니까?"

그가 의도하는 혹은 의미하는 "대안"이라는 것은 어떤 구체적 방안과 대책을 말한다. 그게 아니면 비판만 하는 게 허망하다고 느껴지는 것이다. 사실 논쟁이 이쯤까지 왔으면 거의 한계에 다다랐다고 볼 수 있다. 그러나 한계의 턱을 넘어야 비로소 토론과 논쟁의 의미와 가치가 살아난다. 어설프게 미봉할 일이 아니다.

"대안을 구체적 방식과 제안으로만 여기시는군요. 그럴 수 있으면 최상이겠지요. 만약 구체적 행동을 원하시는 것이라면 저와 자리를 바꾸시지요. 그렇다면 제가 그 자리에서 실행하겠습니다. 물론 선생께서 더 잘하시겠지만, 적어도 지금 지적하고 비판하는 것에 대해서는 아마도 제가 더 잘할지도 모릅니다. 거듭 말씀드리지만 비판이 최초의 그리고 최상의 대안입니다. 걸핏하면 '대안 없는 비판' 운운하는 사람의 속내는 '그런 소리 지껄이지 마라, 나는 아주 불편하고 불쾌하다, 내가 너보다 더 힘이 세니 닥치고 있어라'와 크게 다르지 않을 것입니다. 당신은 그런 방식으로 모든 비판을 봉쇄하는 것이고 결국 그것은 조직에 독이 될 것입니다. 문제점에 대해 비판하면 최소한 경청할 자세부터 일단 갖추시기 바랍니다."

들을 귀

다행히 그분은 내 말의 진의를 이해했고 나도 그의 의견을 수용했다. 덕분에 강연은 기대했던 것 이상이었다. 그렇게 서로 치열하게 맞붙고 거침없이 의견을 피력해야 서로 이해하고 수정하고 보완할 수 있다. 적어도 비판할 때는 "계급장 떼고" 붙을 수 있는 관대함이 서로에게 필요하다. 그게 바로 수평 사회의 기본이다. 듣기 싫다고 귀를 닫을 것이 아니라 문제점에 관해 진지하게 논의할 때 그 문제가 불러일으킬 큰 불상사를 예방하고 더 나은 방안을 미리 마련할 수 있다. 그게 비판의 힘이다. 비판을 막고 가둘 때 그 조직과 사회는 머지않아 파탄 나고 만다.

그런데 비판의 말을 부정하는 분노와 억압이 가장 많이 작용하는 곳 중 하나가 바로 교회다. 교회 안에는 교회가 성스러운 곳, 하느님이 계시는 곳으로서 거기서 봉사하는 성직자들은 신성한 교회의 주관자라는 인식이 강할 뿐 아니라 영적인 영역에 적용되는 판단의 기준은 세속의 기준과 달라야 한다고 생각하는 이들이 많다. 그러다 보니 알게 모르게 교회에 대한 비판과 감시는 느슨해진다. 설령 비판하더라도 어디 감히 성직자에게 대드냐거나 왜 교회 얼굴에 먹칠을 하느냐 하는 신자들의 따가운 시선을 피하기 어렵다.

심지어 그런 경우 교회에서 제명당하는 일도 벌어질 수 있다. 회사의 대표나 회장을 비판한다고 해도 그렇게 즉각적으로 직원을 해고하기란 쉽지 않은 일이다. 그런데도 태연하게 그런 만행을 자행하니 교회의 자정 능력은 사그라들고 교회 지도자들의 타락과 부패는 심화할 뿐이다. 설교나 강론 때마다 "들을 귀"를 그토록 강조하면서 정작 본인들은 귀가 아예 없는 모양새다. 비판을 거부하고 억압하는 교회는 복음서에서 그토록 비난받는 사두가이파 사람들이나 바리사이파의 모습 그 자체다. 부끄러움부터 배워야 한다.

비판의 힘이 현실에서 장점으로 드러나려면 먼저 그 비판을 수용할 수 있는 혜안과 겸손함이 필요하다. 할 일이 없어서 비판하는 게 아니다. 애정이 없으면 비판도 없다. 고까워서, 상대의 화를 돋우기 위해 비판하는 게 아니다. 아까운 시간과 에너지를 들여 비판의 목소리를 높이는 건 더 나은 미래를 위한 충정의 행동이다. "들을 귀"를 갖추는 덕성과 수양을 쌓아야 한다. 그래야 미래가 산다.

07

겁과 비겁 사이

겁은 부끄러운 게 아니다

나는 겁이 많다. 겉으로는 의연한 척하지만 늘 두렵고 긴장되는 마음으로 살아간다. 사전적 의미로서의 겁(怯)은 무서워하는 마음, 또는 그런 심리적 경향을 뜻한다. 경험하지 않은 것에서 오는 낯섦에 대해 기대를 품으면 설렘이 되지만 두려움이 앞서면 겁이 된다. 종이 한 장 차이다.

겁은 때론 불필요한 만용에 빠지지 않게 하고 신중하게 대처하게 함으로써 뜻하지 않은 위험으로부터 우리를 지켜주는 역할도 하니 마냥 나쁘다고 볼 수만은 없다. 그러나 "겁"이라는 낱말 앞에 접두어로 "비"(卑)라는 말 하나가 붙어 비겁(卑怯)이 되면 어떨까? 이 역시 종이 한 장 차이다. "겁이 많다"에 "비열하다"는 의미가 덧붙으면 비루, 비열, 비굴과 통하는 말이 된다.

비루는 행동이나 성질이 너절하고 더러움을 뜻한다. 비열은 하는 짓이나 성품이 천하고 졸렬함을 뜻한다. 비굴은 용기나 줏대가 없이 남에게 굽히기 쉬운, 특히 자신보다 힘이 센 자에게 의탁하거나 재산이 많은 자에게 아부하며 자신을 낮춰 스스로 열등함을 인정함으로써 상대의 기분을 맞추려는 모습을 말한다. 좋은 뜻이라곤 눈을 씻고 봐도 찾을 수 없다.

겁이 있다는 건 부끄러운 일만은 아니다. 어쩌면 겁은 인간의 생존에 필수적인 요건이었을 것이다. 예로부터 인류는 새로운 것, 모르는 것을 처음 접할 때 오래 지켜보고 자세히 관찰한 뒤에 그것이 안전을 위협하는지, 도움이 되는지 분별해야 목숨을 부지할 수 있었을 테니 말이다. 그러므로 누군가를 겁이 많다고 비난하는 것은 옳지 않다.

비난받을 건 겁이 아니라 비겁이다. 물론 나도 지금까지 살아오면서 비겁을 겁으로, 겁을 비겁으로 혼동하거나 의도적으로 뒤섞어 쓰면서 나 자신의 모자람과 힘없음을 감춘 적도 많다. 사실 그런 경험은 많고 적음의, 즉 정도의 차이가 있을 뿐 누구나 어느 정도는 공유하지 않을까 싶다.

살면서 우리는 많은 일에 대해 여러 이유로 겁을 먹고 두려워한다. 그리고 겁나는 상황을 몇 번 직간접으로 경험하면서 적당히 스스로와 타협하면서 자신도 모르는 사이에 비겁의 영토로 넘어간다. 그러니 늘 깨어 있어 경계해야 한다. 정작 두려워해야 할 대상은 응당 맞서 싸워야 할 것을 외면하는 비겁이다. 우리는 비겁을 부끄러워해야 한다.

어쩌면 우리의 매일의 삶은 "빵 냄새"에 혹하고 "윤기 흐르는 쌀밥"에 흔들리며, 싸워야 하는 것들과 싸우기보다 주저앉아 무릎 꿇고 타협하는 일의 연속일지도 모른다. 하지만 그게 꼭 비겁의 몫이라고 말할 수는 없다. 가족을 위해 현실과 타협하거나 경쟁 사회에서 살아남기 위해 흔들리는 때도 많기 때문이다. 그건 본질적으로 겁의 영역일 수도 있다. 그러나 어느 순간 영토를 넘어—그 영토는 경계선이 모호해서 식별이 잘 안 되기도 한다—다시 돌아오지 못하면 그때는 비겁의 신민이 된다.

비겁의 목적은 사실 자질구레한 것들이다. 사람들은 높은 자리, 두둑한 지갑, 멋진 자동차, 화려한 식사 따위들에 굽신거리며 자신을 판다. 웃음을 팔고 몸을 파는 것은 차라리 정직한지도 모르겠다. 그것은 생존을 위한 최후의 방도인 경우가 많기 때문이다. 우리의 매일매일도 그런 것들로 가득하지 않은가?

비겁을 경계하라

진짜 비겁한 사람은 힘을 가졌으면서도 약자에게 잔혹하게 구는 사람이다. 그는 자신의 무력함을 감추기 위해 자기의 모든 것을 바치고 심지어 양심까지 팔아서 얻은 권력으로 겉모습을 치장하고 위세를 부리면서 득의만만해 한다. 도스토옙스키(Fyodor Mikhailovich Dostoevsky, 1821-1881)의 『카라마조프가의 형제들』 중 "대심문관" 편에 나오는 추기경이 바로 그런 대표적 인물일 것이다.

잔인한 종교재판과 마녀사냥이 휩쓰는 16세기 스페인의 세비야에서는 무고한 사람들이 무수히 죽어나간다. 그런데 "신의 영광"을 위해 자행된 그 학살의 현장에 예수가 나타난다. 사람들은 그를 알아보았다. 대심문관인 늙은 추기경도 그를 알아보았다. 대심문관은 예수를 민중들로부터 떼어놓기 위해 감옥에 가둔다. 그리고는 한밤중에 어두운 감옥으로 찾아간다.

대심문관은 예수를 세 번 시험하지만 예수는 그의 말에 넘어가지 않는다. 이에 대심문관은 예수에게 다음과 같이 말한다. "당신은 민중에게 천상의 빵을 약속했지만 우리는 지상의 빵을 약속했소. 민중은 우리가 준 빵과 자신들의 자유를 맞바꾸었소." 물질로 복종을 얻어낸 권력자들에게 진정한 자유를 설파하는 예수는 불편한 존재일 뿐이다. 그것은 비겁을 넘어 야만에 가깝다. 욕망은 인간의 본성이 지상에서 이룰 수 있는 온갖 역사적 모순을 한데 모이게 한다. 그것이 바로 비겁의 영토에서 발행되는 여권이다.

그러나 진짜 비겁한 자는 그 여권을 흔들며 지배하는 자, 바로 그 대심문관이다. 그는 예수에게 "당신은 어째서 우리를 방해하러 온 거요?"라고 묻는다. 그리고 다음과 같이 말한다. "모든 것을 당신 스스로 교황에게 인수했으니 이제는 모든 것이 교황의 소유요. 이제는 제발 이곳에 찾아오지도 말고 방해하지도 말고 꺼지시오. 영혼의 자유보다 빵이 더 중요하며 지상의 유토피아를 건설하려면 권력과 기적에 복종해야 하는 것이오."

그는 교묘하게 약점을 파고들어 사람들의 목줄을 죄며 자신의 권위를 지켜낼 궁리뿐이다. "우리는 당신의 유혹을 손질해서 기적과 신비와 권력을 반석으로 삼았소. 그러자 사람들이 몹시 기뻐했으니 그렇게 가르치고 행하는 우리가 옳은 것 아니요? 어서 나가시오. 그리고 다시는 오지 마시오. 앞으로 절대 찾아와서는 안 되오. 절대로, 절대로!" 이는 "우리는 당신을 거부하고 악마를 따르겠소" 하고 말하는 것과 무엇이 다를까?

결국 비겁이란 악마를 따르는 것과 같다. 그런데 막강한 힘을 가진 대심문관인 추기경은 자신이 비겁의 총수이면서도 가장 옳고 정의로운 존재로 위장한다. 그는 비겁의 울타리 안에 사람들을 끌어들인다. 반대로 사람들은 거기에 의탁하면서 자신의 비겁을 돈독한 신앙이라는 착각으로 분칠한다. 이처럼 비겁은 늘 인지부조화를 유도한다. 그래서 비겁한 자들이 겉으로는 당당해 보인다. 그들은 스스로 마땅히 해야 할 바를 용감하게 수행한다고 착각한다. 자신이 비겁에 빠지면서도 그걸 인정하지 못하는 건 바로 그런 착각을 스스로 만들어내기 때문이다.

불의에 눈 감지 않기

사람에게 욕망이 없다면 그건 살아 있는 것이 아니다. 하지만 그릇된 욕망은 가려낼 줄 알아야 제대로 욕망을 실현하며 누릴 자격이 있는 사람이다. 나는 늘 내 안의 수많은 욕망이 서로 다투고 갈등하는 채로 살아간다. 그러나 내 욕망을 실현하기 위해 비겁해지거나 권력에 아부하고 싶지는 않다. 그것은 내 욕망을 포기하기 때문이 아니라 비겁과 아부의 무게가 내 욕망의 진짜 가치보다 더 무거울 수는 없기 때문이다. 물론 늘 갈등하는 욕망이 버겁고 귀찮을 때도 있지만 어쩌면 나는 바로 그 갈등 속에서 살아 있음을 느낀다.

우리는 인류 역사에 유례를 찾기 힘든 촛불혁명을 통해 무능과 비겁, 그리고 무지의 대통령을 자리에서 몰아냈다. 비겁의 화신인 그 전직 대통령은 헌법재판소의 준엄한 심판을 받았으면서도 끝내 잘못을 인정하거나 사과하지 않았다. 그의 욕망은 오로지 권력을 향했다. 그는 자신을 두른 후광의 원천인 선친의 미화에만 관심을 둘 뿐 시민의 삶이나 민주주의, 정의에 관한 어떤 이해나 공감도 보여주지 않았다. 진실은 은폐하고 거짓으로 눙쳤다. 심지어 진실을 말하는 사람들을 윽박지르며 뻔뻔하게도 사회 위기를 조장하는 세력으로 매도했다. 국정을 농단하는 일도 별일 아니라고 고집한 사람이니 무엇을 더 바랄 수 있을까?

그러나 거기에 빌붙어 권력을 누리고 제 잇속만 챙긴 부역자들은 여전히 그 세력을 유지하고 있다. 척사현정(斥邪顯正)은 고사하고 쫓겨난 여성 대통령이 불쌍하다느니 헌법재판소의 판결이 부당하다 느니 하면서 무모한 언사를 남발하는 사람들을 보면 절망스럽다. 하기야 그런 지경에 이르도록 입을 꾹 다문 교회의 한심한 모습도 별반 다르지 않다. 우리는 모두 위선의 탈을 벗어야 한다.

이 위선자들아, 너희는 하늘과 땅의 징조는 알면서도 이 시대의 뜻은 왜 알지 못하느냐?(루가 12:56)

시대를 알아보지 못하는 것, 그것 자체가 큰 죄악이다. 불의를 보고도 고개를 돌리는 사람, 혹은 시대의 화두 자체가 무엇인지 아예 모르는 사람들이 있다. 그들은 자신들이 시대를 망칠 뿐 아니라 미래 세대에 죄를 저지르는 줄을 깨닫지 못한다. 한 사회의 구성원으로서 모든 시민이 가정에서 배운 예의, 도덕, 배려 등의 가치와 학교에서 배운 민주주의, 정의, 연대 등의 가치를 실천해가는 것이 항구적인 시대정신으로 자리 잡아가고 있지 않은가? 그런 가치들이 억압을 받아 망가지고 왜곡되면 비판하고 저항하며 맞서 싸우는 것이야말로 지금 우리에게 요구되는 복음 정신의 실천이다.

겁은 조금 있어도 괜찮지만 비겁은 허용하지 말아야 한다. 그래야 다시는 불의가 고개를 들지 못한다. 그래야 우리의 다음 세대들이 미래를 제대로 살아갈 수 있다. 그걸 잊으면 안 된다.

08

용기와 두려움

나는 용감한가?

씩씩하고 굳센 기운을 "용기"라 부른다. 두려움 없이 의연하고 불의에 분연히 맞서 싸울 때 우리는 용기가 무엇인지를 알게 된다. 플라톤(Platon, 기원전 428?-347?)의 대화편 『라케스』는 라케스와 니키아스가 젊은이들에게 창술을 가르치는 것이 과연 옳은가 그렇지 않은가에 관해 토론하는 장면으로 시작한다. 그 토론에 끼어드는 소크라테스(Socrates, 기원전 470?-399)는 용기에 관한 흔한 생각의 허점을 절묘하게 파고든다.

소크라테스는 그들이 토론하는 창술 교육에 관해 묻는다. 두 사람은 대답하면서 용기란 전쟁에서 물러나지 않는 것이라고 말한다. 그러나 소크라테스는 과연 그것이 참된 용기인지 되묻는다. 상황이나 처지에 대해 고려하지 않고 무조건 칼을 빼 들고 "돌격, 앞으로!" 하는 행위가 과연 용기일까? 그 판단은 자칫 상황을 악화시키고 부대를 전멸시킬 수 있으며 나아가 국가를 위태롭게 할 수도 있다. 따라서 그것은 참된 용기가 아니다.

플라톤의 『프로타고라스』에서도 소크라테스는 가장 지혜로운 사람이 가장 용기 있는 사람이라는 결론을 끌어낸다. 이에 프로타고라스도 밀리지 않고 용기 있는 사람이 대담한 사람이라는 주장과 대담한 사람이 용기 있는 사람이라는 주장을 구별해야 한다고 말한다. 또한 그와 마찬가지로 앎이 대담함을 증진한다는 것으로부터 앎이 용기를 증진한다는 결론이 당연히 도출되는 것은 아니라고 지적한다. 그러자 소크라테스는 "용기 있는 사람들은 두려워할 때 추한 두려움을 두려워하지 추한 대담함에 대담하게 굴지 않는다"라고 말한다. 진정한 용기를 가진 사람이라면 부끄럽고 추한 일을 꺼려 멀리하고, 그런 일에 부끄러운 줄도 모른 채 덤벼들지 않는다는 이야기다.

아름다운 용기가 필요한 일에 대담함을 보이는 사람이 진정 용기 있는 사람이다. 따라서 무서워해야 할 것과 무서워하지 말아야 할 것을 분별하는 지혜에서 참된 용기가 비롯하는 법이다. 플라톤도 이 대화를 통해 진정한 앎 없이 대담한 사람은 용기 있는 것이 아니라 정신 나간 사람이라고 덧붙인다. 곧 가장 지혜로운 사람이어야 가장 용기 있는 사람이 될 수 있는 셈이다.

그런 점에서 본다면 가장 비겁한 사람은 앎과 삶이 일치하지 않거나 의도적으로 그 관계를 왜곡하는 자다. 법과 정의와 민주주의를 가르치면서 정작 불의나 불법의 자행에는 눈을 감은 채 독재와 반민주적 작태를 부추기는 자들이야말로 가장 비겁한 사람들이다. 또한 곡학아세를 일삼거나 자신의 이해관계를 먼저 셈하여 여론을 조작하는 자들이야말로 총칼로 약자를 짓밟는 자들보다 야비하고 비겁하다고 말할 수 있다.

그런 예를 찾으려면 멀리 갈 것도 없다. 4대강 사업을 떠올려보자. 아름다운 산천을 파헤쳐야만 이 나라가 살아날 수 있을 것처럼 떠들어대며 토건족들의 주머니를 채워주면서 그들이 떨어뜨려주는 부스러기를 탐했던 알량한 학자들이 있었다. 또한 환경영향평가나 다른 기초적 절차를 깡그리 무시하면서 사업을 밀어붙인 고위관료들은 정작 정권이 끝나고 그 사업이 얼마나 한심하고 무식한 짓이었는지 드러난 뒤에도 입을 꾹 다물고 나 몰라라 한다. 이보다 비겁한 일이 또 있을까? 그들의 폭주를 막아야 할 감사원도 다르지 않았다. 정권이 바뀌기 전에는 아무 문제 없다는 보고서를 내놓았던 감사원은 정권이 바뀌자 4대강 공사가 온갖 비리로 얼룩졌다고 뒷북을 쳤다. 지식만으로 가득찬 비겁한 자들이 그 지식을 권력 삼아 득세하는 사회는 불의하고 비겁해질 수밖에 없다.

비겁과 두려움을 구별하라

영국의 국립묘지에는 소위 계급으로 전사한 귀족들의 무덤이 가장 많다고 한다. 전쟁이 일어나면 귀족 가문의 자제들이 앞다투어 입대 원서를 제출하기 때문이다. 초급 장교로 임관하는 그들은 전장에 나가서 용감하게 앞장서다 저격을 당하거나 후퇴할 때 끝까지 남아 있다 마지막에 퇴각하는 모범을 보이는 경우가 많다. 이런 전통은 배가 침몰할 때 선장을 비롯한 선원들이 가장 나중에 배에서 탈출하는 전통과도 무관하지 않다.

노블레스 오블리주, 즉 높은 신분에 따르는 도덕상의 의무를 스스로 지키는 이런 전통이 그들의 귀족제도를 오래도록 떠받쳐온 기초다. 그러나 우리는 어떤가? 권력과 부와 명예와 쾌락을 소유한 자들은 자신뿐 아니라 자녀들까지 군 복무를 외면한다. 그들은 가능한 한 의무는 이행하지 않으면서 모든 수단을 동원해 자신들의 권리는 극대화하는 짓을 마다치 않는다. 그들이 바라는 것은 "노블레스 노(no)-오블리주"뿐이다. 그런 자들이 용기를 말할 자격이 있을까?

베르길리우스(Publius Vergilius Maro, 기원전 70-19)는 "때로 용기는 정복자의 마음까지 움직이게 한다"고 했다. 또한 공자(孔子, 기원전 551-479)는 "의를 보고 행하지 않음은 용기가 없음이다"(見義不爲無勇也)라고 했다. 그러나 우리가 먼저 새겨야 할 말은 마크 트웨인(Mark Twain, 1835-1910)의 충언이다. 그에 따르면 "용기는 두려움을 느끼지 않는 것이 아니라 두려움에 대한 저항이자 극복이다."

흔히들 용기의 반대말은 비겁이라 생각한다. 우리는 비열하고 겁이 많은 것을 비겁이라 부른다. 그런데 아리스토텔레스(Aristoteles, 기원전 384-322)는 『니코마코스 윤리학』에서 중용을 논했다. 중용은 모자람도 치우침도 없는 상태다. 용기는 비겁과 만용의 중용 상태다. 중용의 관점에서 볼 때 비겁은 용기가 부족하고 결여된 상태다. 그런 점에서 비겁은 용기의 반대말이 아니라 만용의 반대말이다. 비겁함은 꼭 해야 할 일을 하지 않는 것으로서 특히 그 내용이 비열한 것일 때를 가리킨다. 그것은 단순한 두려움과는 다르다.

두려움과 비겁은 다르다. 정조(正祖, 1752-1800)는 두려움을 알아야 크게 실수하지 않는다고 했다. 그리고 "두려움을 아는 것"이란 스스로 정한 약속을 파기하지 않으며 스스로를 조절하여 그것을 지켜내는 것이라 규정했다. 아마도 그는 아버지인 사도세자의 죽음을 지켜보고 오랫동안 세손 생활을 이어가면서 누구보다 긴장하며 살아갔을 것이다. 그럼에도 아니, 어쩌면 너무 긴장하며 살았기 때문에 사람이 늘 긴장하며 살 수는 없고 스스로 정한 규율을 지키지 못하기가 쉽다는 사실을 깨달았는지도 모른다. 그래서 그는 두려움을 알며 살아야 한다고 스스로 다짐했다. 그리고 눈에서 벗어나지 않는 곳에 자기관리를 북돋워줄 문구를 걸어놓았다.

그런 의미에서 두려움은 삶의 조건인지도 모른다. 인간이 두려움을 모른다면 제 명을 다 누릴 수 없다. 통증이 없다면 몸을 마구 다루게 되어 온갖 병에 노출되기 쉽다. 통증이 없을 때 몸이 쉽게 망가져 죽음에 빨리 이르는 것처럼 두려움이 없을 때 인간은 치명적인 위험조차 인지하지 못하게 된다. 그러나 과도한 두려움은 자신감을 사라지게 하거나 비겁한 태도의 원인이 될 수 있다. 따라서 두려움을 통제하고 극복하는 것 역시 중요하다.

인간이 가진 두려움의 원천은 죽음에 대한 공포다. 모든 것이 한순간에 끝날 수 있다는 이 근원적 두려움은 때론 인간을 겸손하게 만들기도 한다. 하지만 그것을 악용하면 인간을 가장 비열하게 만들 수도 있다. 나치 독일은 그것을 정치적으로 교묘하게 악용했다. 나치의 선전을 담당했던 괴벨스(Paul Joseph Goebbels, 1897-1945)는 두려움이 사람을 겸손하게 만든다며 국민을 공포정치로 몰아넣었다. 하지만 그의 선전술은 교묘했다. 단순히 공포만으로는 국민을 설득하는 데 한계가 있다는 사실을 알았기 때문이다. 그는 적의 위협을 실제보다 과장하여 두려움을 불러일으키면서도 이길 수 있다는 희망을 함께 불어넣어 주었다. 그는 알 수 없는 두려움과 공포가 인간의 마음속에 있다는 사실을 깨닫고 민중의 심리를 악용한 것이다.

괴벨스는 사실 로베스피에르(Maximilien-François-Marie-Isadore de Robespierre, 1758-1794)의 실패를 거울로 삼았다. 로베스피에르가 이끄는 자코뱅 당은 1793년 프랑스 국민공회를 장악하고 공포정치를 시행했다. 사회 전체에 공포감을 조성하여 정권을 유지하고 창출하는 방법으로 권력을 장악했다. 그러나 임계점을 넘어가면 공포에 떨던 국민은 그 공포를 이겨내지 못하고 외려 강하게 저항한다. 로베스피에르의 죽음은 그 결과였다. 이에 반해 괴벨스는 두려움을 분노와 증오로 분출하게 했다. 나치 치하에서 상당수의 독일인이 유대인 학살에 자연스레 동의한 것은 바로 그런 분노와 증오를 통해 자신들의 두려움을 포장하고 싶은 심리를 교묘하게 이용했기 때문이었다.

올바른 두려움을 아는 것이 용기의 시작이다

앞서 정조의 예를 들어 말할 때 언급한 것처럼 두려움에 부정적인 의미만 있는 것은 아니다. 이에 관해 "용기가 생명을 위험한 지경으로 몰고 갈 수 있듯이 두려움이 때로는 생명을 지켜줄 때도 있다"는 레오나르도 다 빈치(Leonardo da Vinci, 1452-1519)의 말은 정곡을 찌른다.

두려움은 생명만 보존해주는 것이 아니다. 예를 들어 불의의 편에 서서 일하면서도 양심의 불꽃이 완전히 꺼지지 않은 사람이 있다고 하자. 그는 물론 때때로 자신을 합리화하며 자기가 하는 일이 전혀 불의하지 않다는 착각에 빠질 수도 있다. 하지만 인간으로서 지닌 최소한의 양심은 가책을 일으켜 향후 있을 역사의 심판에 관한 심각한 고민으로 이어질 수 있다. 불의의 편에 서서 정의를 압살하는 일에 앞장서는 모습이 앞으로 어떻게 평가받을지 두렵다면 뻔뻔하게 그 일을 계속하지는 못할 것이다. 따라서 그런 두려움은 그의 인격을 최후의 순간에 건져낼 수 있는 유일한 밧줄이 된다.

앞서 말했듯이 인간의 근원적인 두려움은 죽음에 대한 공포에서 비롯한다. 유한한 삶에 대한 두려움은 욕망의 무한성을 포기하게 한다. 그래서 짧은 삶에 관한 스스로의 판단과 타인의 평가에 조심스러울 수밖에 없다. 그것이 바로 유한성이 가져오는 두려움의 순기능이다. 그런 점에서 두려움은 긍정적이기도 하다.

종교나 교회가 보수적이어도 문제가 없으려면 최소한의 조건을 담보해야 한다. 곧 종교나 교회가 건강해서 사회적 정의와 인간 존중의 보루가 되어 있어야 한다는 것이다. 그러나 오히려 사회적 비난의 대상일 때는 보수의 기치를 내걸 것이 아니라 그 자신이 개혁되어야 할 악이 되었다는 사실을 자각해야 한다. 가톨릭 성직자들의 성 추문(과연 외국의 일로만 치부할 수 있을까?)이나 개신교 대형교회 목사들의 세습, 그리고 불교계의 주지 임명권을 둘러싼 폭력 사태 등에 대해 종교계는 과연 스스로 죄를 고백하고 용서를 구하고 있는가? 용기가 있을 때만 가능한 일이다.

또한 신자들은 그런 적폐와 부조리에 대해 날카롭게 비판하고 저항하는가? 내 일이 아니면 굳이 나설 것 없다고 여기거나 그래도 종교인들이 대중보다는 깨끗하지 않냐고 태연하게 되묻고 있지 않은가? 용기에는 반드시 올바른 지식이라는 근거와 균형 잡힌 판단력이 필요하다. 그냥 허공에 주먹질하고 머리끈 동여맨다고 되는 게 아니다. 우리 종교는 저 종교보다는 그래도 조금 낫다고 너스레 떠는 것만큼 어리석은 일도 없다. 모든 신자는 교회의 구성원으로서 권리와 의무를 함께 지닌다. 과연 우리의 의무는 무엇인가? 맹목적 순종인가? 아니다. 그럴 수는 없다! 무엇이 두려운가?

고든 리빙스턴(Gordon Livingston)은 『두려움은 서둘러 찾아오고 용기는 더디게 힘을 낸다』(리더스북, 2013)에서 "바보들은 꿋꿋하게 어리석음을 추구한다"고 말하며 다음과 같이 지적한다.

국가가 정책적으로 사람들을 고문하면서까지 인간의 권리를 유보하는 것은 최근의 현상입니다. 참혹한 국가적 재앙을 겪은 후 그 두려움 때문에 생긴 현상이지요. 두려움을 정치적으로 이용하는 자들은, 겁을 먹은 유권자들의 두려움을 더욱 부추깁니다.

우리는 두려움의 경건성을 박탈하고 타락한 두려움을 악용하는 자들에게 무릎 꿇지 않기 위해서라도 두려움의 실체를 직시해야 한다. 두려움 자체에 대한 두려움에 떠는 자는 두려움의 진정한 가치를 모른다. 우리는 우리 안에 두려움을 엉뚱하게 왜곡하는 본성이 숨어 있다는 사실도 직시해야 한다. "사람들은 흑사병을 이야기할 때는 두려움과 전율을 느끼지만 알렉산더와 나폴레옹처럼 파괴하는 자를 말할 때는 열광적인 흠모를 드러낸다"는 칼릴 지브란(Kahlil Gibran, 1883-1931)의 지적은 바로 그런 허점을 매섭게 꼬집는다. 두려움을 어떻게 인식하고 조절하느냐에 따라 겸손하고 진실하게 살아가는지, 아니면 불의에 굴복하며 비겁하게 살아가는지가 결정된다. 용기는 바로 거기서 시작한다.

겨울의 한복판에서, 나는 마침내 내 안에 굴복하지 않는 여름이 있다는 것을 알았다.

알베르 카뮈(Albert Camus, 1913-1960)의 말이다. 두려움의 실체를
알아야 굴복하지 않는 의지가 움튼다.

지금의 60대는 정말 치열하게 살아왔다. 그들은 "의무의 삶"만 배웠지 "권리의 삶"은 배우거나 누려보지 못했다. 도대체 언제까지 의무의 삶이 요구되는가? 자식들 가르치는 일만 해도 만만치 않았다. 자녀들이 사회적으로 더 나은 혜택을 누리게 하려고 힘들어도 참으며 교육비를 마련하기 위해 열심히 살아왔다. 그것도 모자라 자녀들의 결혼 비용까지 떠안는 사람이 많다. 여기에는 목돈이 들어간다. 저축해놓은 자산이 없으면 빚을 내거나 집을 줄여서 그 비용을 치러야 한다. 꿈 같은 노후 대책은 거기에서 거의 허물어진다. 어쨌거나 그 정도 하면 빽빽했던 의무의 삶에서 어느 정도 벗어난다. 그런데 권리의 삶을 살자니 그걸 제대로 배워본 적이 없다. 앞 세대가 어떤 모범의 사례를 남겨준 것도 아니다. 그러니 망연자실한다.

나는 이제 60대가 권리의 삶을 살아야 한다고 믿는다. 물론 다수의 60대가 그렇게 하고 싶어도 경제적·사회적 능력이 없고 생물학적으로도 기력이 쇠하여 이전 같지 않다고 말한다. 일리가 있다. 그러나 아직 살아가야 할 날이 많다. 늦었다고 생각할 때가 어쩌면 마지막 기회다. 권리의 삶이 반드시 경제적·사회적 능력을 지닌 사람들만의 몫은 아니다.

의무의 삶에서 권리의 삶으로

어떤 TV 프로그램을 보면서 많은 것을 느꼈다. 독일에서 노인들을 선발해 어느 산장에 머물게 한 적이 있었다고 한다. 그 산장은 특별히 과거의 어느 한 시기에 맞춰 모든 것을 구성해놓은 곳이었다. 예를 들어 1979년이라는 시간에 맞춰 소품이나 신문, 잡지를 배치하는 것은 물론이고 TV도 그때의 내용을 보여주는 것이다. 처음에는 노인들의 불평이 많았다. 왜 굳이 과거로 돌아가 일정한 기간을 지내야 하느냐는 불만이었다. 그러나 그 기간이 지난 뒤 놀라운 일이 벌어졌다. 거기에 참여한 노인들의 정신뿐 아니라 몸도 한층 젊어졌다는 결과가 나왔기 때문이다.

어떻게 그런 일이 가능했을까? 처음에는 지루한 과거의 기억들이 탐탁지 않았다. 하지만 당시의 신문, 잡지, TV 프로그램을 보면서 자연스레 그 당시의 자신을 떠올리게 되었다. 그리고 젊은 시절이 기억나면서 그 나이에 가졌던 야망, 꿈, 희망, 바람 등이 되살아났다.

물론 그들도 직업을 선택하고 가정을 꾸리면서 그런 것들을 포기할 수밖에 없었다. 현실을 받아들이려면 그런 것들은 그저 한때의 꿈으로만 여기고 잊어버려야 한다. 그런데 그 시절의 기억을 떠올리니 그때의 꿈도 되살아났다. 이제 의무의 삶을 끝냈으니 나머지 삶은 권리의 삶을 살겠다는 생각이 들면서 포기했던 꿈을 다시 꺼내 실현하고 싶은 갈망이 생긴 것이다. 그러니 정신도 몸도 젊어진 느낌이 들지 않겠는가?

젊었을 때 진정으로 하고 싶었던 게 무엇인지, 그때 나는 어떤 열정과 사상을 지니고 있었는지를 기억하고 되살려내야 한다. 그게 진짜 회춘이다. 권리의 삶은 바로 거기서 시작한다. 내가 정말 하고 싶었던 것을 어떤 의무의 강박이나 부담 없이 작게나마 실현해보고자 하는 욕망이 지금 60대들이 누려야 할 특권이다.

그런데 그 시절 힘들었던 삶에 대한 위로와 인정을 바라면 점점 더 원망스러운 마음이 커지고 자신들의 처지만 안타깝게 느껴질 뿐이다. 그래서 많은 60대가 자신들이 의무의 삶을 성공적으로 이끌어갈 때로 회귀해서 그때의 생각을 고수하는 모습을 선택하고 만다. 의무의 삶에서 벗어나 잊어버리거나 포기했던 꿈을, 혹은 하고 싶었던 어떤 일을 하고자 하는 삶이 있다. 반대로 과거에 관한 회상과 집착으로 고치를 틀고 그 안에 갇히는 삶이 있다. 이 둘을 비교해보라. 생각을 바꾸면 삶이 바뀐다. 이는 비단 젊은 세대들만의 몫이 아니다.

우리는 권리의 삶을 다시 살아가면서 세상과 호흡하고 다음 세대에게 나의 경험과 지식을 나눠주며—강요하고 낡은 생각을 주입하라는 게 아니다—미래의 삶에 보탬이 되어야 한다. 우리에게 남은 시간은 현실적으로 다음 세대를 위해 무엇을 할지 고민할 수 있는 마지막 기회다. 그러니 선거 때도 미래를 위해 유권자의 권리를 행사해야 한다.

다시 말하지만 60대의 나이면 해고에 대한 두려움도 없지 않은가? 반면 세상 경험은 풍부하다. 다만 과거에 갇힌 경험이 위험할 뿐이다. 아직 남은 삶이 적지 않다. 늦은 감이 있지만 내가 가졌던 꿈도 다시 추구하면서 세상을 바꿀 힘이 아직 남아 있다는 사실을 당당하게 누려야 한다. 경제적으로 육체적으로 조금 사위었을 뿐 우리가 할 수 있는 일은 아직 많이 남아 있다.

나는 우리 정치인들이 60대를 바라보는 시선과 방식을 뜯어고쳐야 한다고 믿는다. 그리고 사실 그들을 변화시킬 수 있는 주인공은 60대 자신들이다. 보수를 자처하는 정당은 60대의 표가 고정표라고 생각하는 듯하다. 평소에는 60대를 위한 정책 따위는 안중에도 없다가 선거 때만 되면 안보와 경제 성장을 외치며 표를 휩쓸어간다. 그들이 집권했을 때는 노인연금을 공약과 달리 싹둑 잘라내도 아무런 저항이 없으니 태연자약하다. 그러니 유권자를 자동 지급기처럼 생각해도 할 말이 없다. 이런 상황에서 진보를 표방하는 정당의 대응도 시원치 않다. 노인 세대에는 공을 들여보았자 별 소득이 없다고 판단해 쉽게 포기하려 한다. 심지어 어떤 대통령 후보는 노인들은 투표장에 나가지 말아야 한다는 말을 해서 곤욕을 치르기도 했다.

디딤돌, 버팀대 vs 돌부리, 장벽

60대야말로 정치에 깊게 들어가 선거나 공약 및 그 이행에 대해 면밀하게 감시할 수 있는 중요한 세대다. 풍부한 경험과 지식에 더불어 시간적 여유까지 있기에 그런 역할을 충실하게 수행할 수 있다. 그러나 과연 우리나라에서 60대가 정책을 제시하거나 감시하는 역할을 제대로 감당해왔는지 의문이다. 그러니 한쪽은 고정표로 여겨 신경 쓰지 않고 다른 쪽은 자기편이 아니라고 여겨 포기해버린다. 갈수록 60대로 진입하는 유권자 수가 많아지는데도 이 문제에 대한 진지한 검토가 없는 현실은 우리가 정치에 관해 얼마나 방관적이고 수동적인지를 명약관화하게 보여준다.

이전 세대와는 달리 지금의 60대는 적어도 교육을 제대로 받은 세대라는 점을 유념해야 한다. 당사자들은 물론이고 정치인들과 정당들도 이 점을 기억해야 한다. 그리고 이제는 60대가 나서서 보수를 표방하는 정당이 수구적인 행태를 보이거나 거짓 안보와 비정상적 정책을 옹호할 때 용감하게 비판하고 시정을 요구해야 한다. 이를 통해 전 세대가 그들에게 보여줄 존경과 신뢰는 우리 사회의 미래를 뒷받침하는 매우 중요한 자산이 될 것이다.

지난번 미국의 대통령 선거에서 돌풍을 일으켰던 샌더스(Bernard Sanders)는 당시에 75세였다. 민주당 경선에서 아쉽게 졌지만 그는 1960년대 이후부터 줄곧 자신의 이상을 포기하지 않고 달려온 사람이었다. 그의 정신은 우경화하던 민주당의 정책 기조를 바꿔놓았다. 약자를 외면하고 강자의 이익을 대변하려던 힐러리(Hillary D. R. Clinton)를 정신 차리게 한 것이다. 물론 힐러리는 대선에 패배하면서 샌더스의 공헌을 무산시켰지만 말이다.

그에 비해 우리의 "4.19 세대" 정치인들은 어떤가? 그들이 품었던 이상은 지금도 변함이 없는가? 아쉽게도 스스로 기득권이 되어 보수화하거나 수구의 앞잡이가 된 경우가 너무 많다. 나라의 미래를 위해 의미 있는 발언을 하는 사람 역시 찾아보기 힘들다. 단지 나이가 들었기 때문이 아니다. 미래를, 다음 세대를 고민하지 않기 때문이다. 대접만 받으려 하고 공부는 하지 않으면 그렇게 되기 십상이다.

세상과 호흡해야 한다. 예전에는 일하느라 시간이 없어서 책을 멀리했다면 시간이 많은 이제부터라도 서점으로, 도서관으로 가야 한다. 푸릇푸릇한 이상을 포기하지 않을 때 우리는 늙지 않는다. 젊었을 때 품었던 꿈을 기억해야 한다. 그리고 다음 세대에 물려줘야 한다. 낡은 꿈이 아니라 새로운 꿈을!

또한 보수를 참칭한 수구 세력에 놀아나지 말아야 한다. 그것이 대한민국에서 치열하게 삶의 강을 건너온 60대가 택해야 할 권리이자 의무다. 수구 세력이 만들어내는 혼란을 따끔하게 비판하고 질책해야 한다. 손자 손녀들이 예쁘고 사랑스럽다면 할아버지 할머니가 불의에 맞서 의연히 일어나야 한다. 그 아이들에게 올바른 대한민국을 넘겨줘야 할 것이 아닌가! 우선 책부터 손에 들어라, 선배들이여!

부활하라, 60대여!

교회에서도 큰 비중을 차지하며 막강한 영향력을 행사하고 있는 60대들은 과연 무엇을 고민해야 할까? 종교의 자유를 제한하고 교회를 탄압한 공산주의에 대한 반감은 이해할 수 있다. 하지만 여전히 냉전 이데올로기에서 벗어나지 못한 채 수구 정당의 들러리―자신들은 그 정당이 자신들의 정치적 손발이라 여기겠지만 착각에 불과하다―로 전락해버린 모습은 전혀 이해할 수 없다. 선거 때마다 장로 대통령, 전도사 대통령 운운하면서 몰표를 던지도록 교회 여론을 부추기는 세력이 누구인가? 바로 그들이다. 그들은 이런저런 심각한 문제가 불거져도 자신들의 잘못된 선택과 지지에 대해 공개적으로 반성한 적이 한 번도 없다. 한국교회가 진정 사랑과 정의의 가치를 실현하는 못자리가 되기 위해서는 60대 신자들의 진지한 성찰과 복음의 현재화를 위한 특별한 반성과 노력이 절실히 필요하다. 디딤돌이 되어야지 걸림돌이 되어서는 안 될 일이다.

10

마음을 헤아리고
공감을 얻어야

얼마 전 중국에 강연하러 다녀왔다. 지금의 중국은 2년 전 들렀던 중국과 어떻게 다른지 궁금했다. 길거리 포장마차에서도 스마트폰으로 결제하는 모습을 보며 우리보다 앞섰다는 느낌이 들었다. 심지어 걸인들 역시 그런 결제 방식을 따른다는 말도 들었다. 그러나 무엇보다 사람들의 표정에 자신감과 당당함이 넘치는 게 가장 인상 깊었다. 전국인민대표대회가 끝난 뒤라서 그런지 정치적으로 안정된 상태에서 "중국몽"(中國夢)이 "아메리칸드림"을 대체할 수 있다는 희망과 자신감을 노골적으로 드러내는 모습이 조금은 불편하기도 했고 조금은 부럽기도 했다. 미국 대통령 트럼프(Donald John Trump)가 동아시아 순방에서 대놓고 무기를 팔았다는 걸 "공식적으로" 발표할 만큼 미국이 혹은 적어도 트럼프의 미국이 서서히 몰락하고 있다는 사실과 대조가 되어 더욱 그랬다.

미국은 이미 비제조업 국가로 전환되어가고 있다. 미국 경제는 금융, 오락, 데이터 등 "소프트 파워"에 의존하고 있으며 제조업은 무기 산업만이 여전히 강세를 보이고 있다. 썩어도 준치라고 미국의 영향력과 재부가 쉽게 몰락하지는 않을 것이다. 하지만 노골적으로 폐쇄적인 정책을 추구하고 보편적 가치인 환경 등의 문제에서도 뻔뻔하게 자신들의 실익을 위해서라며 국제적 협력 기구들에서 탈퇴하는 일에 거리낌이 없는 모습을 보면 그 쇠퇴는 필연적이라고 느껴진다. 이젠 대놓고 달면 삼키고 쓰면 뱉는 양아치 짓도 마다치 않는 걸 보면 더욱 그렇다. 그래도 미국은 지금의 힘이 어느 정도는 유지될 것이다. 그나저나 우리는 앞으로 어떻게 될 것인가?

해마다 연말이면 미국의 「포브스」라는 잡지는 세계 갑부 500명의 명단을 발표한다. 그중 대략 70% 이상은 자기 사업을 창업한 자들이다. 이 창업자들은 과거에 얽매이지 않는다. 그들은 미래 가치에 몰두한다. 우리는 어떤가? 비공식적이지만 경제사회학자들의 조사에 따르면 우리나라의 부자 중 최대 86%가 가업 계승자들이다. 물론 그들도 미래 가치를 인식한다. 하지만 굳이 모험에 뛰어들지 않는다. 물려받은 기업, 인력, 시스템, 노하우가 있고 시장도 아직은 어느 정도 남아 있다. 게다가 고용시장의 위축으로 그들은 마음대로 인력을 줄이는 일도 쉽게 해치운다. 700만 개의 일자리가 사라질 것이라는 제4차 산업혁명에 대해 기업들이 투자나 연구는 하지 않으면서 호들갑을 떠는 건 점차적으로 고용을 줄여서 그 충격파를 점진적으로 감당해야 한다는 평계를 내세우기 위함이다.

중국은 사회주의국가―물론 지금도 정치체제는 그렇지만 경제는 이미 자본주의 체제로 돌입했다―였기 때문에 후대가 계승할 가업이 별로 없다. 따라서 사업자 95% 이상이 자기 사업 창업자라고 해도 과언이 아니다. 이 사실에 주목해야 한다. 중국이 두려운 건 바로 그 사업가들이 미래 가치에 몰두하는 자기 사업 창업자라는 사실이다. 그런데도 우리는 그런 점에 전혀 주목하지 않으면서 오히려 기득권의 수호와 안정적 투자에만 매달리고 있지 않은가? 태연자약하면서 말이다.

빼빼로데이와 광군제

해마다 11월 11일 즈음이 되면 거의 모든 가게와 제과점에 막대 과자가 넘쳐난다. 소위 "빼빼로데이"에 막대 과자를 선물하는 게 무슨 기념일처럼 굳어졌다. 소박하다면 소박하달 수 있지만 세태는 늘 씁쓸하다. 그런데 중국에서는 같은 날을 "쌍스이"(광군제)라 칭하면서 엄청난 할인 행사를 벌인다. 중국에서는 혼자를 의미하는 "1"이 두 개 겹친 1월 1일을 소광군제, 1월 11일과 11월 1일을 중광군제, 그리고 11월 11일은 대광군제라 칭한다. "광군"(光棍)이란 중국어로 독신자 혹은 애인이 없는 사람을 가리키는 말이다. 따라서 광군제는 독신절 혹은 솔로데이라고 할 수 있다.

2009년에 광군제 행사가 처음 시작되었을 때는 매출이 미미했다고 한다. 하지만 매출은 점차 폭발적으로 늘어갔다. 2014년에는 우리 돈 10조 원, 2016년에는 16조 원 규모로 증가했고 2017년에는 11월 11일 하루에만 1,682억 위안, 즉 한화로 28조 3,078억 원의 매출이 발생했다. 매출에 따른 물류비용까지 따지면 규모는 더 커진다. 엄청난 행사다. 2017년에는 온라인 할인 행사 개시 1시간 만에 571억 위안의 매출을 기록할 정도였다. 2018년에 알리바바의 하루 매출 규모는 2,135억 위안의 판매액에 10억 건이 넘는 택배 건수의 신기록을 올렸을 만큼 어마어마했다.

같은 날 한국과 중국의 축제는 너무나 판이하다. 비교조차 부끄러울 정도다. 알리바바 그룹이 자회사인 타오바오몰을 통해 거둬들인 매출 실적을 부러워하며 왜 우리는 그런 일을 하지 못하느냐고 비난하는 이들도 많다. 그러나 알리바바 그룹이 단순히 온라인 행사에 그치지 않고 세계적인 유명인사들을 내세워 대형 갈라쇼도 기획하고 세계적인 명품 브랜드의 참여를 유도하면서 광군제를 중국의 축제에서 세계의 축제로 승화시켰다는 점에 주목하는 사람은 많지 않다. 알리바바 그룹은 이 행사를 2009년에 시작했다. 하지만 짧은 시간에 미국의 최대 쇼핑 행사인 블랙프라이데이나 사이버먼데이를 능가해버렸다.

그러나 더 중요한 점은 규모가 아니다. 알리바바의 창시자인 마윈(馬雲)의 본심을 정확히 알 수는 없으나 그가 여러 차례 자신의 삶과 사업의 철학으로 밝힌 말에 비춰 보면 이 일을 단순히 장삿속으로만 벌이지는 않은 듯하다. 다양한 사정이나 형편 속에서 혼자 사는 사람들을 향한 관심과 애정이 그 바탕에 있는 것이다.

짝이 있는 사람들은 서로에게 선물을 건네면 된다. 하지만 혼자 사는 이들은 그런 즐거움과 거리가 멀다. 그런 이들에게 자신을 위해 선물할 기회를 줄 뿐 아니라 엄청난 할인으로 즐거움을 배가시켰다는 점에 주목해야 한다. 이는 독신자들의 삶에 대한 공감과 애정에서 비롯했다고 짐작된다. 적어도 마윈이 강조해온 가치관을 살펴보면 그런 짐작이 가능하다. 물론 그 독신자들이 주로 젊은이들로서 거의 모두가 인터넷 사용에 능숙하다는 점도 간과할 수 없는 요인이겠지만 우리가 주목해야 할 점은 바로 그의 마음이다.

그런데 우리는 기껏해야 숫자와 막대 과자가 시각적으로 유사하다는 점에만 주목하고 그 과자를 많이 파는 일에만 몰두했다. 그 과자의 연간 매출 중 7-80%쯤을 그날에 올릴 수 있다는 점은 매력적일지 모르지만 과연 그 회사가 사람들의 마음을 헤아리고 그들에게 더 큰 즐거움과 기쁨을 주고 싶다는 공감의 태도를 얼마만큼 갖고 있을는지는 의문이다. 그 회사가 지금까지 보여온 행태를 미루어보면 그런 태도는 전혀 없었을 가능성이 크다. 그저 소비자의 주머니와 지갑을 터는 일에만 관심을 쏟을 뿐이다. 가업으로 이어지는 그 그룹의 사업 성향이나 경영진의 품성이 딱 그 정도 수준이다. 아니, 어쩌면 우리 기업 문화의 거의 전부가 그런 식일지도 모른다. 그러면서 광군제 매출만 부러운 시선으로 바라보고 있으니 한심한 일이다. 마음을 헤아리는 일에 관심을 가져야 한다, 이제부터라도.

마음을 나누고 있는가

기업인 중에는 교회에 다니는 사람이 적지 않다. 가톨릭교회건 개신교회건 기업인이 나와서 봉사도 하고 헌금도 하면 큰 도움이 되는 것이 사실이다. 그래서 교회들이 그들에게 공손한 건 이해할 수 있다. 그러나 그들 가운데 얼마나 많은 수가 이익 증진에만 몰두하지 않고 사람들과 함께 향유할 미래 가치에 투자하는지, 사람을 아끼고 품으며 노동자나 소비자와 공감하는지 묻고 싶다. 만약 여전히 과도한 착취(여러 가지 규제로 인해 사업하기 힘들다고 엄살 떠는 사람 중에는 착취를 착취라고 인식하지 못하는 경우가 얼마나 허다한가?)의 유혹에서 벗어나지 못하거나 비겁하고 불의한 방식으로 이익을 추구하는 기업인이 있다면 교회는 그들을 따끔하게 꾸짖어야 한다. 그것은 성전을 탐욕의 시장으로 만든 자들을 비난하고 저주한 예수님의 모범을 따르는 일로서 교회의 본분에 해당한다.

　알리바바 그룹이 광군제 때 거둬들이는 수익만 부러워할 게 아니다. 막대 과자를 팔아 그야말로 코 묻은 돈이나 탐하는 식이라면 앞으로도 그런 축제를 만들어낼 가능성은 전혀 없다. 적어도 나보다 못한 이들에 대한 공감과 애정과 관심을 지니지 못한다면 그렇다는 말이다. 마윈과 알리바바가 그 축제를 시작한 마음의 바탕이 무엇인지 배우고 따라야 한다. 과거의 구습과 관성에 의존하면서 기득권 유지에만 몰두할 게 아니라 "착한 포도원 주인"의 마음과 "착한 사마리아 사람"의 마음을 기억하고 실천해야 한다. 교회, 성직자, 신자 모두 정신 바짝 차려야 한다. 마음을 헤아리지 못하고 마음을 얻지 못하면 백약이 무효다.

> 그리고 내가 믿음이 약한 사람들을 대할 때에는 그들을 얻으려고 약한 사람이 되었습니다. 이와 같이 내가 어떤 사람을 대하든지 그들처럼 된 것은 어떻게 해서든지 그들 중에서 다만 몇 사람이라도 구원하려고 한 것입니다(1고린 9:22).

바울 사도의 이 말은 단순히 교회 내에서만 통하는 가르침이 아니다. 물론 사도는 초기 교회에서 드러난 분열이나 타락을 보며 안타까운 심정이었을 것이다. 하지만 이는 깊은 공감과 애정을 고스란히 보여준 고백이다. 이제는 교회가 그 고백을 겸손하게 따르고 실천할 때다. 불행히 교회도, 잘난 신자들도 그 본질을 외면하고 있다. 그러면서 약자들이 과도한 요구만 한다고 타박한다. 마윈의 마음에는 전혀 관심을 두지 않으면서 자신들의 욕망에만 충실한 것이 아닌가? 약하고 가난한 사람들의 마음부터 헤아리고 그다음에 마음을 얻어야 한다. 그걸 외면하면 그저 막대 과자만 빨게 될 뿐이다.

11

강자가
앞장서라!

엔딩크레디트가 올라갈 때까지

나는 영화관에 자주 가는 편은 아니다. 특히 블록버스터급 영화로
도배되는 대형 영화관에 가는 일은 1년에 고작해야 한두 번에 불과
하다. 그 대신 "씨네큐브"처럼 예술성이 뛰어나거나 잔잔한 감동을
주는 저예산 영화를 상영하는 영화관에는 한 달에 한 번쯤 꼭 들른다.
그런 영화관에서 누리는 즐거움 가운데 하나는 엔딩크레디트를 끝
까지 볼 수 있는 여유다. 이상하게도 대형 영화관에서는 영화의 내용
이 끝나기 무섭게 조명을 켜는 까닭에 엔딩크레디트를 끝까지 볼 수
없다. 관객들 역시 바로 자리를 뜨기 때문에 집중도 되지 않는다. 왜
우리는 끝까지 그것을 지켜볼 마음의 여유가 없을까?

내가 악착같이(?) 엔딩크레디트를 사수하는 까닭은 영화에 관한

지적 탐구 정신이 강해서가 아니다. 물론 그것을 통해 영화에 관한 다양한 정보를 얻을 수 있다. 사용된 음악은 무엇인지, 촬영된 장소는 어디인지, 작품에 등장하는 미술품의 작가는 누구인지 등 소중한 정보가 의외로 많다. 그러나 내가 그것에 애착을 갖는 가장 큰 이유는 영화에 얼굴을 한 번도 내밀지 못하지만 그것을 만드는 고된 과정에 참여하는 모든 사람에 대한 일종의 예의라고 생각하기 때문이다. 달랑 한 줄로 들어간 이름이 그들이 영화에 남긴 유일한 공적 흔적이다. 그들이 없다면 영화가 만들어질 수 없었을 것이다. 하지만 그런 사람들의 이름은 쉽게 무시당한다. 그들의 정당한 보수 역시 무시되어 착취가 일상화한 것이 영화계의 현실이다.

승자독식을 깨뜨리는 건 승자의 몫이다

TV 드라마 〈미스터 션샤인〉에 출연한 주연 배우의 출연료는 회당 1억 5,000만 원이었다고 한다. 뛰어난 연기력과 명성으로 관객을 흡인하는 "스타 파워"가 막강하니 제작자의 입장에서는 그 정도의 출연료도 아깝지 않았을 것이다. 사실 그런 작품의 경우 총제작비의 10분의 1 정도가 주연 배우의 몫이 되는 게 보통이라고 한다. 그런 대우를 받는 배우로서는 뿌듯할 일이다. 명성도 커지고 그에 비례해 수입도 증가하니 그야말로 일석이조요, 그에 따른 광고수익까지 따지면 일석삼조 이상일 수도 있다. 그들은 말 그대로 이미 하나의 "걸어 다니는 중소기업"이다.

그런데 그와 함께 심심찮게 보도되는 뉴스를 보면 영화나 드라마 제작—외주 업체뿐 아니라 주류 방송국까지 포함된다—에 참여한 단역 배우들이나 스태프들에 대한 임금 체불이 비일비재하다고 한다. 헌법과 법률에 보장된 노동 시간이나 공정한 임금은 처음부터 남의 이야기다. 악조건에서 때로는 며칠 밤을 새우며 힘들게 일하지만 차일피일 밀리던 임금—그나마도 아주 조악한 수준이다—을 아예 못 받기도 한다. 이런 일이 21세기 현대 사회에서 버젓이 일어나고 있다. 이것은 야만이다.

강자와 승자만 살아남는 영화산업의 특성상 위험 부담이 높은 까닭에 무언가 안전장치가 필요하다는 논리는 인정할 수 있다. 그러나 그런 안전장치의 마련이 약자들의 쥐꼬리만큼도 못한 임금을 착취하는 방식으로 이루어지는 것은 일종의 범죄행위다. 그런 일을 "관행"이라며 아무런 조치도 취하지 않고 방조하는 것 역시 범죄행위다. 내가 즐기는 영화의 이면에 약자에 대한 착취와 억압이 존재한다는 현실을 외면하면서 나는 관람료를 냈으니 더 관여할 바는 아니라는 자세도 비겁하기는 마찬가지다.

아무리 훌륭한 주연 배우가 있다 해도 스태프들과 단역 배우들의 노력이 없다면 좋은 작품이 탄생하는 일은 불가능하다. "스타 파워"를 가진 배우 가운데는 신자들도 꽤 있다고 들었다. 적어도 그들만이라도 먼저 나서주면 좋겠다. 자기 몫을 최대로 늘리겠다는 목표에서 벗어나 사각지대에서 착취당하는 스태프들과 단역 배우들의 처우 개선에 목소리를 높여주기를 바란다. 최소한 동업자 의식이라도 있어야 하지 않겠는가?

물론 그들에게 다른 사람의 임금이 먼저 지불된 후 출연료를 받으라고 요구할 수는 없다. 그렇게 해준다면 더 바랄 나위 없겠지만 그만큼은 아니어도 주변에 있는 약자들의 처지를 대변할 수 있는 용기와 성숙한 연대의식을 가져주면 좋겠다. 스타 파워는 단순한 인기도와 몸값으로만 매겨지는 것이 아니다. 그에 걸맞은 인격과 품성이 따를 때 더 깊이 오랫동안 사랑받는 배우가 될 수 있다는 사실을 기억해야 한다.

2002년 한일월드컵에서 우리나라는 4강에 진출하는 쾌거를 이루었다. 그때 축구협회는 선수들에게 기여도에 따라 포상금을 다르게 지급하려고 했다. 실제 경기에 출전한 선수들과 그렇지 않은 선수들을 똑같이 대우할 수 없다는 논리였다. 많은 시민이 그런 처사에 실망감을 느꼈다.

그때 빛을 발한 것은 선수들 자신의 연대의식이었다. 선수단이 협회의 제안을 거절하고 모든 선수에게 동일한 포상금을 지급해달라고 요청한 것이다. 출전 횟수가 많았던 선수들은 그냥 입 다물고 있으면 자신들에게 돌아올 몫이 클 것이라는 사실을 모르지 않았다. 그러나 그렇게 되면 "동료들"과의 연대가 깨질 것을 우려하며 그런 제안을 거부하는 것이 "팀스피리트"라는 판단에 따라 결연한 요구를 내

비친 것이다.

축구협회는 처음에 선수단의 요구를 거절했다. 하지만 선수들이 포상금을 모아 공평하게 나누겠다고까지 하자 결국에는 자신들이 내세웠던 원칙을 포기했다. 그런 과정을 통해 선수들은 경기에 나간 사람과 안 나간 사람이 차이가 없다는 사실을 분명하게 천명했다. 똑같이 훈련하고 노력했기 때문에 대우도 똑같이 받는다는 매우 상식적인 선례를 남긴 것이다. 나는 월드컵 4강보다 그 당시에 선수들이 보여준 멋진 연대의식과 공동 투쟁이 훨씬 더 감동적으로 느껴졌다.

설움을 토로하는 것은 약자의 몫이지만 그들의 목소리에 공감하고 연대하며 지지함으로써 부당한 대우와 억압의 사슬을 끊도록 돕는 것은 강자의 몫이다. 인종 문제가 불거질 때 그에 저항하는 원동력은 약자인 소수 인종의 비판과 투쟁에서 비롯한다. 하지만 변화에 필요한 결정적인 힘은 주류를 차지하는 다수 인종이 함께 분노하고 연대해야 생겨날 수 있다. 우리는 이런 사실을 가까운 역사에서도 배우게 된다. 승자독식은 동물의 세계에서도 보기 어려운 파렴치한 행위가 아닌가? 동물들은 제 배를 채울 정도만 되면 먹잇감에 집착하지 않는다. 하물며 인간이 동물보다 더 가혹하게 굴며 자신의 욕망만을 추구하는 것은 부끄러운 일이 아니겠는가?

사회적 약자에 대한 교회의 사명

사회적 약자를 대하는 환대의 태도 면에서, 또 인권 감수성 면에서 한국교회가 보여주는 모습은 부끄러울 지경이다. 한쪽에서는 그런 가치를 옹호하는 말의 성찬이 넘쳐난다. 하지만 그것을 실천하는 교회의 모습은 전혀 보이지 않는다. 오히려 소수자나 약자에 대한 가혹한 저주와 다르지 않은, 다수의 횡포와 다르지 않은 억지스러움만 도드라져 보인다.

강자들의 위력을 축복하고 그들의 성공을 하느님 섬김의 결과로 포장하여 선전하는 일은 교회의 본질과 상관이 없다. 오히려 교회는 약자의 설움을 사람들에게 알리고 공감하게 함으로써 지금 이 땅에서 우리가 어떻게 복음을 실천해야 하는지를 강력하게 촉구하고 각성시켜야 할 시대적 의무를 지녔다.

밭에서 곡식을 거둘 때에 이삭을 밭에 남긴 채 잊고 왔거든 그 이삭을 집으러 되돌아가지 말라. 그것은 떠돌이나 고아나 과부에게 돌아갈 몫이다(신명 24:19).

현대철학자 레비나스(Emmanuel Levinas, 1906-1995)는 주체 중심의 근대철학을 비판하면서 타자 중심의, 혹은 타자에 대한 공감의 사상으로 전환해야 한다고 주장했다. 그에 따르면 근대 윤리학의 핵심은 바로 "고통받는 타자에 대한 환대와 배려"다. 자기중심적인 해석에서 벗어나 이분법적 인식과 사유의 울타리를 깨뜨려야 진정한 자아의 해방과 실현이 가능해진다. 프란치스코 교황이 가톨릭 사제들에게 레비나스의 저서를 읽도록 권한 이유는 바로 그런 사상에 대한 동의 때문이었다.

마태오의 복음서에는 "선한 포도밭 주인의 비유"가 기록되어 있다. 이 비유는 늦게 데려온 일꾼에게도 같은 임금을 주는 포도밭 주인의 이야기를 전해준다. 이는 단순히 주인에게 자기 마음대로 결정할 권리가 있고 먼저 온 다른 노동자들은 그에 항의할 권리가 없음을 말하는 것이 아니다. 오히려 하루 품삯을 벌지 못해 노심초사하면서 속을 태우고 동동거리며 절망하는 사람, 그에게도 똑같은 인격적 대우와 누구에게나 필요한 기본적 조건을 마련해주어야 한다는 메시지를 전해준다.

> 너희 사이에서 높은 사람이 되고자 하는 사람은 남을 섬기는 사람이 되어야 하고 으뜸이 되고자 하는 사람은 종이 되어야 한다. 사실은 사람의 아들도 섬김을 받으러 온 것이 아니라 섬기러 왔고 많은 사람을 위하여 목숨을 바쳐 몸값을 치르러 온 것이다(마태 20:27-28).

이 말씀이 단순히 예수님 자신의 소명만을 언급하는 것이 아님을 모르는 신자는 거의 없을 듯하다. 그런데도 정작 우리는 그것이 우리 몫이 아니라고 외면하는 것은 아닌지 되돌아볼 일이다. 복음 실천의 첫걸음 가운데 하나는 바로 사회적 약자에 대한 배려와 공감의 실천이다. 이는 교회 안에 있는 수많은 강자가 앞장서서 해야 할 일이기도 하다.

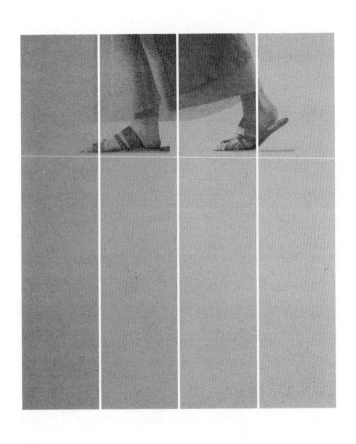

2부
—
사회

깨어 있는 사회에 미래가 열린다

12

행운과 불운은
누구의 몫인가?

이른바 "혼밥족"이 늘고 있다. 여러 이유가 있을 것이다. 무엇보다 얄팍한 지갑 탓에 동행하는 이의 음식값을 내주기가 부담스러운 사람이 많기 때문일 것이다. 또 어떤 경우는 하루 한 끼만이라도 다른 사람에게 신경 쓰지 않고 오로지 자신에게만 충실한 시간을 갖기 위해서일 수도 있다. 하지만 그런 사람들보다는 오히려 인간관계가 전반적으로 얕아져서 함께 식사할 사람이 없을 확률이 더 높은 듯하다. 어쨌거나 처음에는 낯설고 어색했지만 "혼밥"은 어느새 일상이 되었다. 아예 "혼밥석"을 운영하는 식당도 많아졌다.

몇 해 전 마츠시게 유타카(松重豊)가 주연한 드라마 〈고독한 미식가〉─원작은 만화다─를 보면서 참 청승맞다는 생각이 들었다. 그러나 그게 남의 일이 아니라 우리의 일상적인 현상임을 인식하면서 다르게 보이기 시작했다. 수입잡화상을 홀로 운영하면서 일 때문에 여러 마을을 방문하게 되는 주인공 이노가시라 고로는 어느 날 우연히 혼자 찾은 식당에서 말로 표현하지 못할 만큼 훌륭한 음식들을 만나게 되고 그것을 천천히 음미하면서 맛의 세계에 새롭게 눈을 뜬다.

원작 만화의 스토리 작가인 쿠스미 마사유키(久住昌之)는 "혼밥"을 하나의 장르로 승화시켰다는 평가를 받는다. 중년 남성인 주인공 고로는 맛집을 찾아다니고 메뉴를 골라 음식을 먹으면서 놀랍게도 내면에서 울리는 다양한 감정을 느낀다. 그것을 독백의 형식—혼밥이니 당연히 독백일 수밖에 없다—으로 표현한다. 천천히 음미하며 먹는 그의 모습은 마치 구도승처럼 경건하기까지 하다.

나 역시 작업실에 있을 때나 외부 활동에 나설 때 어쩔 수 없이 혼자 밥을 먹어야 하는 경우가 생긴다. 그럴 때마다 혼자 들어가는 식당이 어색하고 불편하다. 마음에 드는 메뉴는 혼자 시킬 수 없는 경우도 많아서 어쩔 수 없이 간단한 단품 메뉴를 주문하는 경우가 대부분이다. 음식을 음미한다는 건 애당초 거리가 멀고 그냥 끼니를 때우는 일이다 보니 청승맞게 혼자 먹는다는 느낌이 들어서 애써 그걸 지우려고 스마트폰을 켠다. 어느 한 가지에 집중하지 못하는 분열된 시간을 보낸다.

그러다 어느 날 익숙해진 습관을 버리고 오로지 음식에만 집중하기로 했다. 음식과 대면하면서 나의 모든 감각을 깨우고 느끼며 확인할 수 있다는 사실이 신기했다. 처음에는 식감에 집중했지만 나중에는 다양한 미각을 느낄 수 있었다. 그러다가 내 앞에 놓인 음식의 재료는 과연 어디서 왔으며 누가 길렀는지, 그리고 그것을 누가 어떻게 요리했는지 생각해보게 되었다.

어느 하나 가벼운 게 없었다. 농부의 노동과 조바심, 그리고 기대와 환희가 거기에 깃들어 있었다. 제대로 노동의 대가를 보상받지 못한 회한과 안타까움이 배어 있기도 했다. 산지 밭에서부터 농작물을 실어 밤을 달려온 트럭 기사가 잠과 벌인 사투가 떠오르기도 했다. 식탁에서도 무더위를 느끼는 뜨거운 여름날에는 화기 가득한 주방에서 고군분투했을 주방장의 땀도 예사롭게 여겨지지 않았다. 나의 한 끼 식사에는 그렇게 많은 땀과 고생이 담겼으니 그 식사의 최종 소비자인 나는 행운을 얻은 셈이다. 세상일 어느 하나도 혼자만의 몫이란 존재하지 않는다.

혼자만의 성공은 없다

로버트 프랭크(Robert H. Frank)는 『실력과 노력으로 성공했다는 당신에게』(글항아리, 2018)에서 그 누구도 실력과 노력만으로는 성공할 수 없다고 단언한다. 성공한 사람들, 특히 부자들은 재능이 뛰어나고 엄청나게 노력한 사람들이라는 통념에 대해 그는 그 성공에서 큰 몫을 차지하는 것은 "운"이라는 진단을 내놓는다. 이는 "운칠기삼"(運七技三)을 말하는 것이 아니다. 그는 매사추세츠주의 상원의원 엘리자베스 워런(Elizabeth Ann Warren)이 선거 유세에서 했던 발언을 소개한다.

이 나라에서 혼자 힘으로 부를 이룬 사람은 없습니다. 여러분이 저 밖에 공장 하나를 지었다고 칩시다.⋯그러면 여기 우리가 낸 세금으로 건설한 도로를 통해 시장으로 상품을 운반할 것입니다. 역시 우리가 낸 세금으로 가르친 직원들을 고용하겠지요. 여러분의 공장은 안전할 것입니다. 왜냐하면 우리가 낸 세금으로 유지하는 경찰과 소방관이 있기 때문입니다.

인간은 사회적 동물이다. 완전한 자급자족의 경우가 아니면 그 누구도 혼자 살아갈 수 없다. 사실 "완전한" 자급자족이란 있을 수 없다. 사람은 다른 누군가가 만든 도구나 기본적으로 축적해놓은 정보 등의 도움을 받기 마련이기 때문이다. 우리는 알게 모르게 누군가의 도움을 받고 동시에 누군가를 도우며 살아간다. 물론 그 도움을 받을 때 일정한 비용이 발생하기도 한다.

그런데 그런 비용이 늘 공평하게 적용되는 것은 아니다. 그런 점에서 누군가는 그 덕을 크게 보고 또 다른 누군가는 별 도움을 받지 못한다. 경쟁이 치열한 사회일수록 그런 현상은 도드라진다. 행운이라는 것은 별것 아니다. 그런 도움을 얼마나 시의적절하게 받느냐 하는 것과 무관하지 않다는 점에서 말이다.

그런데도 자신이 축적한 부와 권력이 오로지 자신의 노력과 재능 덕분이라고 여기는 이들이 많다. 심지어 자신이 이룬 바에 미치지 못하는 삶을 사는 사람들은 게으르고 무지하며 무능력하기 때문이라고 폄훼하기를 서슴지 않는 사람도 있다. 그런 사람들은 타인을 멸시하면서 오로지 자신의 축재 수단으로만 여긴다.

나는 몇 해 전 공교롭게도 비슷한 시기에 발생한 두 항공사 일족의 "갑질"을 통해 그런 인식을 확인할 수 있었다. 과연 그들이 자신들만의 노력과 재능으로 그런 성과를 이루었을까? 온갖 세제의 도움뿐 아니라 정치·경제적 환경이 그들에게 유리한 상황을 만들어주었다. 그런 사회적 혜택이 그들에게 단단한 밑돌로 작용했음을 모르는 사람은 거의 없다. 그런데도 그들은 마치 그 모든 혜택이 자신들만의 몫인 것처럼 하나의 왕국을 만들어 왕가처럼 군림하며 타자를 무시하는 일을 무람없이 저질렀다. 남들은 취업 자체도 힘든데 그들은 오로지 경영자의 자식이라는 이유만으로 곧바로 임원의 자리에 오른다. 심지어 해당 경력이라고는 전혀 없이 가정주부로 살아온 딸에게 상무 자리를 안기면서 남들에게는 "예쁘게 봐줄" 것을 당부하기도 한다. 그것도 다른 장소가 아닌 자신의 허물을 사죄하는 자리에서 말이다. 그들의 인식 저변에 깔린 특권 의식을 능히 짐작할 만하다.

『실력과 노력으로 성공했다는 당신에게』의 끝부분에서 저자는 "경쟁에서 이긴 사람들은 성공에 있어서 행운의 역할을 인정해야 한다"고 말한다. 그리고 "만약 당신이 자신의 행운에 대해 잘 느끼지 못한다면 다른 사람의 불운에 대해서도 역시 느끼지 못할 것"이라고 덧붙인다. 우리는 이 말을 차분하게 새겨들어야 한다. 천박한 사고를 가지고 있으면서도 상대적으로 우월한 위치에 있게 된 사람들이 겸손하지 못하니 자신의 성공에 수많은 도움이 필요했다는 사실을 무시하게 된다. 다시 말하지만 혼자만의 성공이란 결코 존재할 수 없다.

공동체 정신의 회복

숨이 턱턱 막히는 무더위가 기승을 부릴 때면 누구나 시원한 냉방장치를 원한다. 자연의 시원한 그늘을 일상적으로 누리지 못하는 도회지의 삶에서는 어쩔 수 없는 선택이다. 다행히 내가 부자라면 전기 요금에 대한 부담 없이 에어컨을 맘껏 틀어놓을 수 있다. 그러나 내가 에어컨을 켜서 시원한 만큼 실외기는 열기를 뱉어내며 그만큼의 더위를 고스란히 밖으로 옮겨놓는다. 그리고 누군가는 그 더위를 그대로 안고 살아야 한다.

에너지 불변의 법칙은 알면서도 행운 총량 불변의 법칙을 모르는 건 청맹과니의 삶이다. 나 혼자 시원하자고 다른 사람 더운 건 외면하는 행태는 야비하기까지 하다. 물론 내가 정당하게 비용을 지불하는 것이니 법적으로는 문제 될 게 없다. 그러나 그것 때문에 아무 잘못도 없는 타인이 그 결과의 몫을 떠안게 되는 건 도덕적으로 문제가 될 수 있다. 타인의 불행을 담보로 얻는 행복은 결코 행복이 아니다. 그게 정의의 근본적 인식론이다.

누군가에게는 행운으로만, 그리고 다른 누군가에게는 불운으로만 작동되는 사회는 건강하지 않다. 그런 사회에서는 공동체가 망가질 수밖에 없다. 내가 먹는 밥 한 그릇에는 농부의 땀만 담기는 것이 아니다. 흉년이건 풍년이건 그때마다 마음을 졸이며 애지중지 키운 농산물이 정당한 값을 받지 못하는 참담함에 괴로워하는 농부의 조바심과 불안도 담겨 있다. 대파 한 단이 고작 980원일 때 소비자는 행복해한다. 그러나 내가 누리는 작은 행복에는 밭에서 그걸 단돈 150원에 넘겨야 하는 농부의 피눈물이 스며 있다는 애잔함을 느낄 수 있어야 한다.

아무리 경쟁사회라 해도 누군가를 핍박하고 착취하며 나 혼자 성공해도 된다는 생각은 허용될 수 없다. 그런 방식으로 많은 돈을 모은 자들을 존경하고 동경하는 사회는 이미 병든 사회다. 그런 공동체는 썩은 공동체다. 복음은 건강하고 상생하는 공동체를 "땅 위에서" 이루어가라고 권고한다.

우리가 피리를 불어도 너희는 춤추지 않고
우리가 곡을 하여도 너희는 울지 않았다(루가 7:32).

여름이면 단 한 시간이라도 에어컨, 선풍기를 멈추자. 내가 조금 더 견디는 만큼 누군가는 덜 힘들 수 있다. 작게는 그런 공감에서부터 복음 정신을 실천하면 된다. 어느 교회가 더 크냐고 경쟁할 게 아니라 교회가 진정 세상의 모범과 빛으로서 더 도덕적인 모습을 보이는지에 마음을 써야 한다. 일단 그게 우선이다.

13

역사를
배워야 할 시간

인구절벽과 IMF

인구절벽의 위기가 닥쳤다. 출산율이 0%에 가까운 지자체들은 출산 축하금으로 1,000만 원이 넘는 돈을 지급하겠다고 서로 경쟁한다. 그러나 과연 효과가 있을까? 물론 아이를 낳는 부모에게 조금은 도움이 될 것이다. 그러나 고작 그 정도의 지원금 때문에 기꺼이 출산하겠다고 나설 부부가 얼마나 있을까? 또 한편에서는 애국심에 호소해 출산을 장려하는 신파극이 성행한다. 이 역시 별 효과가 없기는 마찬가지다. 인구 감소는 사회의 심각한 문제이지만 그 원인과 본질에 대한 진지한 논의와 성찰은 많이 부족해 보인다. 기껏해야 지원금 몇 푼(?)이 거의 전부로 비치기 때문이다.

1997년에 불어닥친 외환위기와 IMF 체제는 우리의 모든 삶을 뿌리째 흔들었다. IMF의 요구 조건은 혹독했다. 그래도 시민들은 그 위기를 극복해야 한다는 시대의식으로 똘똘 뭉쳤다. 금 모으기 운동을 통해 부족한 외환을 채우는 일도 마다치 않았다. 우리는 눈물 나는 노력 끝에 3년 만에 IMF 체제를 졸업했다. 대견하고 자부심을 가질 만한 일이었다.

왜 늘 현상만 보는가?

그러나 그때 우리는 냉정하게 따져 물어야 했다. 그게 정말 가상한 일이었을까? 시민의 희생은 충분히 가상했다. 시민들은 "구조 조정"이라는 핑계로 대량 해고가 횡행해도 나라의 어려움 앞에서 삼가는 태도를 보여주었다. 하지만 그런 사태의 근본 원인이 과도한 고용과 임금 때문이었을까? 전혀 그렇지 않다. 당시의 외환위기는 오히려 경영진의 방만한 기업 운영과 정경유착의 부패한 사회 체제가 초래한, 비정상의 일상화가 초래한 비극이었다. 그런데도 구조 조정의 가장 큰 피해자는 시민들이었다.

3년 동안 하부의 구조 조정을 마쳤으니 그다음은 당연히 상부의 구조 조정에 돌입했어야 한다. 그러나 우리는 딱 그 시점에 IMF 체제를 졸업하게 되었다. 이왕에 겪는 과정이었으니 그때 차라리 5년쯤의 기간 동안 상부까지 완전히 뜯어고쳤어야 했다. 그러나 상부에는 대충 손만 대는 흉내를 내다가 구조 조정이 멈추고 말았다. 그 이후 우리 경제의 상부가 가진 모순은 그대로 남았을뿐더러 더 심각해지기까지 했다. 대량 해고가 쉬워지고 공적 자금의 투입이 고도화하면서 기업들의 규모와 영향력이 더 커졌기 때문이다. 그 결과 총생산량은 늘었지만 그 수혜는 소수가 독점하는 체제가 단단히 굳어졌다. 그리고 그 폐해는 지금까지 이어지고 있다.

사실 인구절벽의 문제는 그때부터 시작되었다. 우리나라에서 출산, 육아, 교육에 들어가는 비용은 만만치 않다. 그렇다고 정부나 사회의 지원이 충분한 것도 아니다. 사회안전망은 허술해서 각자도생의 길을 걸어야 한다. 게다가 고용까지 불안해졌다. 직장에서 쫓겨난 사람들은 아이를 낳고 싶어도 낳을 수 없었다. 겨우 자리를 지킨 사람들도 불안하긴 마찬가지여서 선뜻 출산하기를 꺼렸다.

그것이 이른바 "삼포세대"가 출현한 계기였고 그 시작점이 바로 "출산의 포기"였다. 이후에도 상황은 나아지지 않았다. 그래서 많은 사람이 결혼을 포기하고 급기야는 연애마저 포기하는 상황이 전개되었다. 그런 현실은 지금도 여전히 그대로 진행 중이다. 그리고 그 뿌리가 바로 1997년의 비상 체제였다. 20여 년이 지난 지금 우리는 인구절벽에 맞닥뜨렸다. 그런데 과연 우리는 지금까지 제대로, 그리고 냉정하게 그 시대를 되짚으며 반성해본 적이 있는가?

역사를 배우는 이유는 단순히 역사적 지식을 습득하고 역사의식을 함양하기 위해서만은 아니다. 역사는 되풀이된다. 슬기로운 사회는 부끄러운 역사가 되풀이되지 않도록 예방하고 조처하지만 어리석은 사회는 또다시 부끄러운 역사를 되풀이한다. 역사는 시간의 흐름 속에서 진행한다. 역사의식은 거창한 의식이나 가치관이 아니다. 역사의식을 이루는 기본 요소는 시간의 흐름 속에 깔린 "인과관계"를 성찰하는 관점이다.

인과관계는 과학적 사유의 기초다. 그러므로 역사의식은 과학적 사유를 토대로 인과관계를 짚어봄으로써 과거에 발생한 사건을 거울삼아 지금 발생한 문제의 원인을 짚어보고 문제가 재발하지 않도록 방책을 세우며 사회적 모순을 깨뜨리고 더 나은 미래를 모색하는 힘이다. 과연 우리에게는 그렇다 할 역사의식이 있는가? 기본적인 인과관계를 파악하기는커녕 여전히 현상에만 매달려 국지적으로 대응하면서 미봉책만 남발하고 있지 않은가?

역사의식은 반성적 성찰이다

판검사였던 이들이 대기업 법률팀에 들어가 기업의 탈법을 방어한다. 고위급 세무공무원 출신들도 대기업에 들어가 탈세에 일조한다. 우리 사회에서 다반사로 있어온 일들이다. 심지어 이 나라를 쥐락펴락한다는 대규모 로펌은 일본의 전범 기업의 변호를 맡아 대법원에까지 영향력을 행사하며 헌법적 가치를 농단하는 데 일조했다. 돈이면 뭐든 다 하는 것이다.

또한 이 나라에서 최고로 부유한 기업의 상속자는 고작 20억 원도 되지 않는 비용으로 기업을 물려받았다. 누가 그런 악행의 아이디어를 제공하고 실행에 옮겼을까? 나라를 갉아먹는 그들의 행태를 보면 친일매국노들의 활약을 보는 것 같다. 친일매국노들을 현대사에서 냉혹하게 단죄하지 못한 업보가 지금까지 이어지는 건 우리에게 역사의식 자체가 없다는 방증이다.

인구가 줄어드는 것이 누구에게, 왜 위기일까? 단순히 노동자층이 줄어들기 때문일까? 물론 그 때문만은 아닐 것이다. 그러기를 바란다. 그러나 우리 사회가 내놓는 대책이나 대안을 보면 과연 출산을 진정 장려하고자 하는지, 그렇게 태어난 생명들이 존엄하고 행복한 삶을 누리게 하자는 것인지 확신이 서지 않는다. 근본적 원인을 외면한 채 내놓는 정책들은 미봉책일 수밖에 없다.

정말로 인구절벽의 위기를 막으려면 근본적이고 핵심적인 대안이 나와야 한다. 그러려면 수십조 원을 상속받으면서도 고작 20억 미만의 비용만 치르는 일 자체가 불가능해야 한다. 엄청난 사회적 비난이 두려워 그런 시도가 포기되었어야 한다. 사회적 모순이 해결되지 않고 더 교묘히 악화하는데, 또 개인적 삶은 여전히 불안한데, 고작 지원금 몇 푼에 움직일 사람이 얼마나 있겠는가? 고작 20여 년 전을 돌아보지 못하고 역사에서 배우는 게 없으니 통탄할 노릇이다.

교회도 마찬가지다. 교회사를 공부해보면 도저히 이해할 수도 없고 인정할 수도 없는 일들이 비일비재하다. 종교에서의 폭력과 반이성적 행태는 신법이나 초월성 따위를 핑계로 자행되었다. 어떻게 교회가 그런 못되고 어리석은 일들을 그렇게도 많이 저질렀을까 놀라울 따름이다. 하지만 한 가지 분명한 것은 교회의 위세에 눌린 무지한 교인들이 교회의 타락 앞에서도 두려움에 순치된 나약한 모습만 보여주었다는 사실이다.

중세나 근세 초기를 들먹일 것도 없다. 그런 일들은 현대교회사에서도 얼마든지 찾을 수 있다. 예를 들어 19세기 후반의 제1차 바티칸공의회는 합리주의에 대한 노골적인 반감을 드러내며 이전에도 꺼렸던 교황무오설 따위에 몰두했다. 반대로 현대에서 가장 혁신적이라고 평가되는 제2차 바티칸공의회의 내용과 가치를 교회는 정말 제대로 실천하고 있을까? 라틴어 미사를 자국어 미사로 바꿨다고 만족할 일이 아니다. 겨우 50여 년 전의 공의회인데 그 내용을 제대로 기억하는 사람은 손에 꼽을 정도다. 아니, 그 내용을 제대로 배운 적도 없는 듯하다.

신자들이 교회사를 공부해야 하는 이유는 교회의 허물을 비판하기 위해서가 아니다. 일반 신자들이 그런 거 공부해봐야 별 도움이 되지 않는다고 어물쩍 넘기면 안 된다. 우리는 교회사를 공부해야만 지금 교회가 안고 있는 모순과 부조리를 용감하게 타파해갈 수 있다. 교회사를 공부하지 않는 것은 신자의 의무를 저버리는 일이다.

어떤 사회건 모순과 부조리는 상존한다. 그리고 그것들은 뿌리를 갖고 있다. 그 뿌리를 찾고 뽑아낼 힘을 마련하는 것이 바로 역사 공부이고 역사의식이다. 돈 얼마 지원할 테니 아이를 더 낳으라는 정책도, 일반 신자들은 교회의 가르침에 무조건 따르고 순종하며 충성하라는 주장도 죄악에 가까운 어리석음을 드러낼 뿐이다. 사태가 더 악화해 그 못자리마저 완전히 사라지기 전에, 더 늦기 전에 모순과 부조리를 뜯어고쳐야 한다. 그러기 위해서는 역사를 공부해야 한다. 지금이 바로 역사를 공부할 적기다.

그날, 그들이 지워 준 짐이 너의 어깨에서 벗겨지고 그들이 씌워준 멍에가 풀리리라(이사 10:27).

14

우리는
과거의 사람들인가?

OECD 가입국 중 대한민국의 노동자들이 가장 많은 시간의 노동에 시달린다는 사실은 어제오늘의 뉴스가 아니다. 우리는 "근면, 절약, 저축"을 구호로 외치는 것도 모자라 "나라의 융성이 나의 발전의 근본임을 깨달아" 열심히 일해야 한다는 교조를 떠받들며 성장했다. 그리고 그 후에도 우리는 늘 죽어라 일만 했다.

물론 예전과 비교하면 요즘 상황은 많이 나아진 듯하다. 하지만 사실 그 발전이라는 것도 과거와 비교했을 때의 발전이지 현재의 보편적 기준에서 보면 그리 만족스럽지는 않다. 우리는 이 점을 분명하게 인식해야 한다. 그것이 지금 우리 사회가 계속해서 논의하고 있는 노동 시간 문제의 핵심이어야 한다는 뜻이다. 그런 점에서 최저임금제와 더불어 노동 시간 단축 때문에 경제가 어려워지고 경기가 사원다고 떠들어대는 건 웃기는 일이다. 정작 자영업자들에게 저승사자와도 같은 과도한 임대료와 이자에 관해서는 입을 다무는 사람들이 목소리를 높이니 더욱 그런 것 같다.

우리에게 토머스 모어는 없는가?

토머스 모어(Thomas More, 1477-1535)는 『유토피아』에서 하루의 적정 노동 시간을 6시간으로 제안했다. 그는 유토피아 섬을 묘사하는데 거기서는 일도 중요하지만 여가의 소중함 역시 가볍지 않다. 주민들은 한 가지 일을 평생 하는 것이 아니라 도시와 농촌을 2년 주기로 오가며 다양한 기술을 익힌다. 거기서는 누구나 유용한 일을 하고 과소비를 하지 않는다. 그래서 모든 것은 풍족하고 노동력에는 여유가 있다. 공공사업마저 없을 때는 노동 시간을 줄일 수도 있다. 모어는 하루 6시간씩 한 주에 30시간의 노동이면 사람이 부족함 없이 먹고사는 데 큰 지장을 받지 않는다고 생각했다. 꿈같은 이야기처럼 느껴진다. 그러나 왜 그는 그런 "말도 안 되는 꿈" 같은 이야기를 그토록 진지하게 토로했을까?

인간의 삶에서 노동은 필수적이다. 그런데 날이 갈수록 노동의 강도와 시간이 증대하는 것에 비해 그에 대한 임금 상승은 지지부진한 현상이 심화하고 있다. 이런 상황에서 상대적 박탈감은 점점 더 커진다. 노동하지 않고도 노동의 대가를 독식하는 세력이 풍요로운 삶을 살아가기 때문이다.

이에 관해 모어는 소수의 과도한 욕망을 채워주기 위해 절대다수가 과도한 노동에 신음하는 것은 신의 뜻에 어긋난다고 경고했다. 이미 500여 년 전의 이야기다. 모어는 많은 사람이 과도한 노동에 시달리면서 희망도 없는 밑바닥 삶의 상태에서 신음하는 당시 현실을 꿰뚫어 보았다. 그는 그런 현실을 풍자하면서 "누구나" 노동하고 사치하지 않는다면 하루 6시간의 노동만으로도 충분히 필요한 것을 마련하면서 살 수 있다고 비판한 것이다. 그 "이상"을 위협하는 건 오직 "이상한 탐욕"이다.

프랑스의 경제학자 토마 피케티(Thomas Piketty)는 『21세기 자본』(글항아리, 2014)에서 자본소득이 노동소득보다 항상 우위에 있는 현실을 지적했다. 그에 따르면 소수 부유 계층에 자본이 집중된 지금의 자본주의 체제에서는 분배 구조의 불평등이 악화할 수밖에 없다. 그 불평등의 구조를 개선하지 않으면 전체의 부가 증가해도 오히려 불평등만 심해지고 노동의 가치는 농락당할 뿐이다.

지금 우리의 경제 체제는 어떤가? 열매 대부분을 독차지하는 극소수의 사람들이 경제 활동의 부담은 다수의 약자에게 전가하고 있지 않은가? 그 모든 일이 이미 서구사회에서 용도 폐기된 신자유주의라는 올무에 갇혀 정당화된다. 사회적 재화마저 경제적 가치로만 거래되는 현실에서는 열심히 일하며 꾸준히 저축해도 집 한 채 마련하기가 "정상적으로는" 거의 불가능하다. 그런데 어떤 사람들은 수십 채의 집을 보유하면서 만만찮은 집세를 앉아서 거둬들인다. 또한 집

값도 나날이 천장 높은 줄 모르고 치솟으니 일거양득이다. 그런 비용의 대부분은 힘없는 노동자들이 뼈 빠지게 일해서 바친 열매들이다.

노동은 신성하다. 그러나 그 신성함이라는 말을 누가 주로 쓰고 있을까? 노동의 신성함은 노동하는 사람들의 입에서 나와야 할 말이다. 진정으로 노동이 신성해야 한다. 그러나 노동하지 않는 사람들이 그런 말을 입에 올리는 건 야만이다. 그런데 주로 그런 자들이 "52시간 노동"에 대해 질겁하면서 너무 이르다고 손사래를 친다.

노동자를 부리는 사람들은 그동안 도대체 무엇을 했는가? 노동 생산성을 높이고 경영을 훨씬 더 합리화하여 전체적인 경제 구조를 바꿨어야 했다. 우리 사회에서 수많은 노동자는 더 나은 미래를 위해 늘 손해를 기꺼이 감수하며 어려운 시간을 버텨왔다. 그런데 그동안 자기 이익 확대에만 몰두하여 그런 본질적인 일은 나 몰라라 하던 사람들이 인제 와서 경제 상황 운운하며 노동자의 권익 확대를 위한 정책의 발목을 잡는 모습은 보기 흉하다. 물론 상황이 녹록지 않은 자영업자들이 원망의 마음을 갖는 것은 이해할 수 있다. 그러나 그 분노의 대상을 정확히 인식하고 문제를 해결해갈 수 있어야 한다.

현재 유럽은 "27시간 노동"에 관한 진지한 논의가 진행 중이다. 그런데 우리는 52시간 노동에 대해서도 비현실적이라는 질타가 난무한다. 과연 유럽과 우리가 동시대를 살고 있는 것인지 궁금하다. 물론 환경이나 조건이 같지는 않다. 배경이나 역사도 다르다. 그러나 본질은 크게 다르지 않다. 다르지 않아야 한다! 그래야 적어도 같은 시대를 살고 있다는 기본적 요건에 모순되지 않을 것이다.

주 52시간 노동에 대해 우려를 조장하는 주범들은 우리 사회의 부를 독점하면서 노동 시간 줄이기를 외면해온 자들이다. 수구 정치인들은 "저녁이 있는 삶"에 대한 처절한 요구가 "저녁은 있겠지만 일자리를 찾으러 방황하는 시간"일 것이라고 조롱해댄다. 그들의 행태를 보면 분노를 넘어 연민이 느껴지기도 한다. 그들도 그 주범들과 한 패거리임을 스스로 고백하는 것이 아닐 수 없다. 과연 우리에게 토머스 모어는 없는가?

공정함이 없으면 정의도 없다

정의 이론의 대가인 존 롤스(John Rawls)는 대표작 『정의론』(이학사, 2003) 이전에 "공정으로서의 정의"(Justice as fairness)라는 논문을 발표했다. 거기서 그는 아무리 다수의 행복을 산출한다고 해도 그 과정이나 절차가 공정하지 못하면 그 결과 역시 공정할 수 없다고 지적했다. 정의의 바탕이 바로 공정성에 있다고 명확히 밝힌 것이다.

롤스가 이론의 출발점으로 삼아 전체 이론의 핵심을 하나로 꿴 일관된 철학이 바로 "공정성"이라고 해도 지나치지 않다. 공정성은 이제 우리 사회의 중요한 화두가 되었다. 과연 지금 우리 사회가, 우리의 경제 체제가 공정한지를 냉정하게 분석하고 비판하며 반성을 거듭해가야 한다. 사실 이런 근본적인 성찰이 당면한 경제 문제나 노동 시간 문제를 해결해가는 기본적 태도로 자리 잡아야 한다.

누구나 자신의 행복이 커지길 원한다. 인간은 기본적으로 이기적인 존재다. 그러나 타인의 불행을 담보로 얻는 행복은 아무리 그게 적법하다 해도 진정한 행복일 수 없다. 도덕성(morality)은 적법성(legality)보다 우위에 있으며 그 바탕은 인격성(personality)에 두어져 있다. 우리 사회가 논쟁 중인 52시간 노동 문제를 인격의 문제에서 접근해야 하는 건 바로 그 때문이다.

노동 시간과 기업의 성과가 무관하다는 많은 증거가 있다. 구글, 페이스북, 아마존 등 글로벌 정보기술 기업들은 직원들에게 더 많은 자유 시간을 주기 위해 노력한다. 구글과 아마존은 이미 주 4일 근무제를 시행하고 있다. 그건 선진국 기업 가운데서도 선진적 기업들이기에 가능하다는 타박은 옳지 않다. 생산성을 높이는 건 노동자의 몫이기 이전에 경영자의 몫이기 때문이다. 경영자들은 생산성을 높이기 위해 조직을 개편하고 높은 수준의 재교육 과정을 마련해야 하며 더 합리적이고 투명한 경영에 힘써야 한다. 경영자들이 그런 비용이 아깝다고 해서, 그러지 않아도 일하러 올 사람은 많다고 해서 제 몫은 하지 않고 노동자의 희생만 요구하는 한 미래는 없다. 생산성이 향상되면 노동 시간은 자연스레 줄게 된다. 노동자는 자기 관리와 자기 계발에 더 많은 시간을 활용할 수 있으니 생산성은 또다시 향상된다. 이런 선순환 구조를 만드는 일에 무관심하면서 노동 시간만 따지는 건 정말 후진적 사고의 발상이다.

영국의 신경제재단(NEF)은 2030년까지 노동 시간을 주 15시간으로 단축하는 것을 목표로 삼았다. 단기 목표로는 2021년까지 노동 시간을 주 21시간으로 줄이는 캠페인을 전개하고 있다. 거기에는 모든 사람이 일자리를 나눈다는 철학이 담겨 있다. 하지만 그냥 단순하게 일자리만 나누면 각자에게 돌아갈 소득이 줄어든다. 따라서 개인의 욕망을 무시하지 않으면서 공동체적 가치와 인류 보편의 가치에 대한 공감대를 토대로 생산성을 증대시키는 시스템을 마련하는 것이 반드시 함께 이루어져야 한다.

대한민국은 가난의 질곡에서 벗어나 이제는 세계 경제를 구성하는 어엿한 일원으로 성장했다. 그런데도 사고의 수준은 20세기의 방식에서 벗어나지 못한 것이 아닐까? 여전히 노동 시간이 길어야 생산성이 향상된다는 사고 속에 갇힌 사람이 많은 것 같다. 자신들이 이미 해야 했을 일에 대해서는 전혀 반성하지 않는 그들은 지금 같은 경제 위기 상황에서 노동 시간을 줄이면 경제가 더 악화할 것이라고 협박한다. 그동안 경제 발전의 이익을 상당 부분 독식한 사람들이 기껏 한다는 소리가 그런 협박이니 참 안타깝다. 지금은 21세기다. 언제까지 이따위 근거 없는 타령을 후렴구마냥 반복할 것인가?

우리가 모두 토머스 모어가 되지는 못하겠지만 적어도 공정함은 마음에 품고 살아가면 좋겠다. 우리는 과거에 머물면 안 된다. 여전히 "유럽은 우리보다 잘사니까…" 하며 능칠 일이 아니다. 같은 시대에 살고 있다면 적어도 생각만이라도 따라잡아야 하고 보폭을 맞추기 위해 노력해야 한다. 탐욕부터 내려놓고 공생의 삶을 모색하지 않으면 더 이상의 미래는 없다.

예수께서 이렇게 대답하셨다. "'네 마음을 다하고 목숨을 다하고 뜻을 다하여 주님이신 너희 하느님을 사랑하여라.' 이것이 가장 크고 첫째가는 계명이고, '네 이웃을 네 몸같이 사랑하여라' 한 둘째 계명도 이에 못지않게 중요하다. 이 두 계명이 모든 율법과 예언서의 골자이다"(마태 22:37-40).

15

학교와 교회에서
노동의 법과 권리를 가르쳐라!

우리는 모두 노동자다

"그는 일한다", "그는 노동한다"라는 두 문장은 같다. 그러나 사람들이 받아들이는 느낌이나 태도는 사뭇 다르다. "노동"이라는 말은 "천한 일"이라는 어감으로 써왔기 때문이다. 우리 사회는 주로 몸을 써서 힘든 일을 하는 것을 노동이라 지칭한다. 거기에는 "계급"이라는 개념도 억지로 들어가 있다. "일"은 포괄적이다. "누구나 일한다"라는 말에는 아무 저항이 없다. 그러나 "누구나 노동한다"라고 말하면 뭔가 어색하고 불편하다.

한편 "노동은 신성하다"고 말하기도 한다. "신성한 노동"은 소수의 강자나 부자를 위해 부지런히 일해서 그들의 이익을 채워준다는 뜻에서 신성할 뿐 정작 "노동하는 사람"의 신성함은 외면받기 일쑤다. 그 괴리는 비겁과 차별로 드러난다. 과거 군사 정부는 "노동"이라는 말 자체를 꺼렸다. 그게 교육을 통해 일반적 인식으로 굳어버려서 "노동자의 날"도 "근로자의 날"로 바꿔야 했다. 그렇게 노동은 꺼리는 말, 위험한 말이 되었다. 그러나 노동과 일은 같은 말이다.

　　우리는 모두 노동자다. 일하지 않고 사는 사람은 없다. 모든 사람이 나름대로 다양한 방식으로 노동하며 살아간다. 노동해야만 살아갈 수 있다. 물론 금수저 물고 태어난 소수는 안 그럴지 모르지만 말이다. 노동자는 "노동력을 제공하고 얻은 임금으로 생활을 유지하는 사람"이다. 그게 사전의 정의다. 그러나 꼭 임금을 받아야 노동자가 되는 것은 아니다. 세상에 노동 아닌 것이 없기 때문이다. 따라서 우리는 모두 노동자다. 그 말에서 계급이나 차별의 어감을 빼면 당연한 말이다. 그런데도 우리는 여전히 노동을, 아니 "노동"이란 말을 뻐딱하게 본다.

　　노동은 한 존재의 근거이자 삶의 방법이다. 건강한 사회는 정당한 노동의 대가가 지불되고 노동자가 기본적인 삶을 영위하도록 건강한 분배와 소비의 방식이 보장되어야 한다. 경제적 대가를 많이 받건 적게 받건 우리는 모두 노동에 의존한다. 그런데도 노동이라는 말에 적대감이나 혐오감을 보이는 이도 있다. 그들에게 노동은 신성한 것이 아니다. 그들은 "노동하지 않기 위해" 죽어라 공부한다. 하지만 대기업에 들어가거나 판검사 자리에 앉으면 노동자가 아닌가? 그렇지 않다.

어렸을 때부터 가르쳐야 한다

이미 많은 사람이 학생 시절부터 아르바이트를 한다. 자기가 필요한 것은 자기가 벌어야 한다는 원리를 일찍부터 경험하는 것은 매우 중요하다. 아르바이트는 꼭 필요한 경제 활동일 뿐 아니라 젊은이들이 노동의 중요성을 깨닫는 기회다. 그러나 제대로 노동의 대가를 받지 못하거나 심지어 착취와 폭력에 공공연하게 노출되는 아르바이트생들이 있다. 물론 약자인 학생들을 착취하는 사용자들은 비난받아야하고 마땅히 법률적 책임도 져야 한다. 그런데 만약 그 학생들이 노동에 관한 법률과 노동자의 권리에 대해 제대로 알고 있다면 그런 폭력에 무방비 상태로 당할 위험은 줄어들 것이다.

우리 교육 과정 중에 노동에 관한 법률 및 철학에 대한 내용이 있는지부터 묻고 싶다. 고작해야 전문계 고등학교 학생들이 현장실습에 나가기 전에 형식적으로 간략하게 교육하는 게 현실 아닌가? 그래서는 안 된다. 일찍부터 헌법에 보장된 노동자의 권리에 관한 내용뿐 아니라 노동 자체에 관한 깊은 성찰을 가르쳐야 한다. 우리의 자녀들은 대부분 공부를 마치면 노동자가 된다. "노동자"라는 용어 자체에 대한 거부감이 있는 것은 그동안 경제 발전을 중시하며 노동자에게 희생을 강요하거나 지나친 요구를 자제하라고 윽박지른 언론 등의 영향이 크다. 여전히 노동자가 자신의 권리에 대해 잘 모른다거나 사회가 노동에 대한 철학을 결핍하고 있다면 이것은 심각한 문제다.

여전히 노동삼권과 근로기준법 등이 제대로 지켜지지 않고 노동자가 일방적 희생이나 자의적 해고의 위협에 노출되어 있는 현실은 학교에서부터 제대로 된 교육이 이뤄지지 않은 결과다. 노동자가 기본 권리에 관한 아무런 교육도 없이 노동 현장에 투입되는 건 비인격적이고 반인권적인 결과를 구조적으로 만들어내는 고약한 일이다. 서로 노동자인 우리가 최저시급이 얼마인지에 관해 관심을 두지 않는 것도 "나만 아니면 된다"는 식의 이기적 개인주의에 함몰하게 만드는 사회적 악습의 결과다. 최저시급은 내가 시급을 받지 않더라도 기본적으로 알고 있어야 하는 정보다. 그것은 "동료 시민들"에 대한 최소한의 예의다. 그래야 이익의 공정한 분배가 가능해지고 사회적 건전성도 확립해갈 수 있다. 노동자의 권리에 무심한 사회는 자기모순에 빠질 수밖에 없다. 권리에 대해 무관심한 채 스스로를 업신여기는 노동자가 어떻게 자신의 가치를 실현할 수 있으며 사회적 연대감을 확보할 수 있을까?

　　선진국들은 이미 학교에서 노동 문제에 관한 광범위한 교육을 시행하고 있다. 단순한 지식 교육에 그치지 않고 경제, 사회, 윤리 측면의 광범위한 교육을 학교 교육 과정에 반영한다. 독일의 경우에는 초등학교 과정에도 정규 수업이 편성되어 있다. 학생들은 수업을 통해 "모의 노사 교섭"을 배운다. 심지어 기업 경영에 관한 자료를 주고 학생들이 스스로 노사 양측 대표를 선정해서 협상하는 과정을 경험할 수 있게 한다. 단체교섭 등에 관한 자세한 내용을 가르치고 부당한 절차에 대한 항의 문건을 만드는 법, 협약 체결 후 언론과 인터뷰하는 요령 등도 다룬다.

다른 나라도 마찬가지다. 학교 교육 과정에서 단체교섭권 등에 대해 세밀하게 배우는 경우가 많다. 그런 과정은 단순히 협상의 기술만을 배우는 것이 아니라 노동의 중요함과 정보의 비대칭성에 대한 비판 의식, 인간의 가치, 연대감 등도 배울 수 있는 기회다. 이는 개인의 삶과 사회적 체제를 건강하고 견고하게 만드는 초석이 된다.

선진국들의 교육 과정에서 노동에 관한 내용을 보면 우리는 정말 부끄러울 지경이다. 2007년 노사정위원회는 노동인권 교육 강화를 강조하며 제8차 교육과정에 이를 도입하도록 교육부에 제안했다. 교과서에 "노동"이라는 단어조차 몇 번 나오지 않는 현실을 날카롭게 지적하면서 적어도 근로기준법과 노동삼권에 관한 개념을 가르치자는 것이었다. 그러나 거부되었다.

올바른 노동자의 권리가 가르쳐지지 않는 한 정상적인 사회는 불가능하다. 무엇보다 노동자가 마땅히 배웠어야 할 내용을 몰라서 사회에서 구조적 불이익을 강요당하는 상황에 노출되기 때문이다. 놀랍게도 교육부는 전경련이나 한국경영자총회 등에서 노동인권 교육이 계급적 성향의 교육으로 변질해 근로자의 권리만 강조하는 방향으로 편향될 가능성이 있다는 지적에 순응했다.

당시 교육부는 그 밖에도 다양한 노동인권 교육을 필수 교과과정에 담고 실질적이고 내실 있는 교육을 시행할 조치를 강구하라는 요구들을 모두 거부했다. 이게 도대체 말이 되는가! 이 나라 교육은 그저 학생들을 공부하는 기계로 만들어 부당한 요구에도 순응하며 노동력을 착취당하고 인권을 유린당해도 그 억울함을 고스란히 떠안고 살아가야 한다고 가르치고 싶은 것인지 묻지 않을 수 없다. 다른 부서라면 몰라도 교육부는 결코 그래서는 안 된다.

이제라도 학교에서 노동의 소중함과 존엄성을 가르치고 노동자의 정당한 권리에 대해 심층적으로 학습하도록 해야 한다. 그러기 위해 노동에 대한 올바른 가치관과 노동법에 관한 내용을 교과과정에 포함시켜야 한다. 그것이 올바른 가치관을 키워주는 교육의 본질적 사명 중 하나다. 이런 문제를 해소하기 위해서는 교육부의 각성만 촉구할 게 아니라 다음 세대를 위한 기성세대의, 자식들의 미래를 위한 부모들의 문제 제기가 있어야 한다. 공론화를 통해 가장 이른 시일에 이런 교육이 시행될 수 있도록 모두 힘써야 한다. 도대체 언제까지 노동의 문제를 이념의 문제로 낙인찍고 정당한 요구와 주장마저 "종북좌파" 운운하며 억압할 것인가? 그 억압의 대상이 바로 우리 자신이고 우리 자식들인데!

교회도 각성해야 한다

교회나 절의 신자들도 모두 노동자들이다. 노동의 형태와 임금의 체계가 다를 뿐 모두가 노동하며 살아가는 것은 같다. 그런데 교회나 절에서도 노동의 가치를 가르치지 않는다. 천국과 극락에 관해서 말하면 그만이지 무슨 노동 타령을 종교 모임에서 하느냐고 반문하거나 타박한다면 그야말로 무지의 소치를 고백하는 것일 뿐이다. 신자들은 노동을 통해 믿음을, 복음을, 불법(佛法)을 실천한다. 그런데 그 노동이 왜곡되거나 억압되거나 혹은 착취되는 일이 벌어진다면(적법이나 합법의 울타리에 숨어서 교묘하게 인격을 말살하고 인간성을 파탄시키는 고약하고 못된 짓들이 얼마나 많이 저질러지고 있는가!) 어떻게 해야 할까?

만약에 교회 내에 그런 일이 있다면 석고대죄하며 자신의 잘못을 바로잡아야 한다. 그게 올바른 교회의 몫이고 사명이다. 교회는 복음 안에서 노동이 어떻게 다뤄지는지, 노동하는 인간의 존엄성이 어떻게 실현되는지 가르쳐야 한다. 더 나아가 신자들의 삶의 영역에서 그 의미와 가치가 훼손될 때 어떻게 대처해야 하는지도 가르쳐야 한다. 그러기 위해서는 성직자들부터 노동법을 공부하고 노동의 가치가 훼손되는 현상을 비판할 줄 알아야 한다. 그것은 복음의 실천이라는 점에서도 교회로서는 결코 외면할 수 없는 사안이다.

그런데도 실제로는 교회나 조계종 총무원 등에서 직원들이 노동조합을 결성하고자 하면 질겁할 뿐 아니라 일반 사회에서보다 훨씬 더 가혹하게 짓누르는 일이 예사롭게 자행된다. 종교 단체에서의 노동이란 자발적인 마음으로 신앙의 실천을 이루는 것이기에 노동조합이 필요 없다는 말처럼 무식하고 참혹한 말은 흔치 않다. 그게 말이 되는가? 그러니 사회에서 노동자를 억압하고 괴롭혀도 교회는 모른 척하거나 심지어 가해자의 편을 들면서, 또는 기계적 중립 운운하면서 오불관언으로 일관할 뿐이다. 예수님이 그 모습을 보신다면 과연 어떠할까? 부끄럽지도 않은가?

교회도 노동에 관한 법을 충실히 공부하고 실천해야 한다. 그런데도 그것은 외면한 채 착취자에게 강복을 비는 행태를 태연하게 보여준다면 그것은 공정한 노동과 정의에 대한 우롱이다. 예수님이 바리사이파 사람들과 율법 교사들을 꾸짖으시며 하신 말씀을 깊이 성찰해야 한다.

> 너희 바리사이파 사람들은 화를 입을 것이다. 너희가 박하와 운향과 그 밖의 모든 채소는 십 분의 일을 바치면서 정의를 행하는 일과 하느님을 사랑하는 일은 대수롭지 않게 여기는구나. 십 분의 일을 바치는 일도 소홀히 해서는 안 되지만 이것도 실천해야 하지 않겠느냐?(루가 11:42)

하느님 사랑은 부당한 착취를 용인하지 않는다. 그런 틀 안에서 노동은 신성하다. 그러나 그런 말이 단순한 포장이라면 거짓도 그런 거짓이 없다. 노동은 단순히 임금을 받기 위해 제공하는 품이 아니다. 사람들은 노동을 통해 삶을 실현하고 자아를 완성한다. 그러므로 노동자의 권한에 대한 법의 보호는 필수적이다. 법이 약자를 외면하는 사회는 망할 수밖에 없다. 아래가 꺼지면 결국 위도 무너진다. 그런 연대감이 있어야 한다. 건강한 중산층을 만드는 것은 노동자의 몫 중 하나다. 노동자가 살아나야 중산층이 커진다. 그래야 사회가 건강해진다. 우리는 모두 노동자다. 정신들 차리자. 그리고 당당하게 노동에 관한 권리와 법률을 가르치고 감시를 격려하자. 다음 세대에게 그것을 가르치면서 어른들도 새삼 다시 배우는 기회로 삼아야 할 것이다.

16

앞으로 10년,
그리고 100년

최근 있었던 두 차례의 교육감 선거는 우리를 놀라게 했다. 2018년 선거에서는 이른바 진보 교육감이 세 곳을 제외한 모든 지역에서 당선되었다. 2014년 선거에서도 진보 교육감이 돌풍을 일으켰다. 우리나라 지방선거의 특징 가운데 하나는 광역단체장, 지자체장, 광역 시도의회 의원, 시군의원과 더불어 교육감까지 한꺼번에 뽑는 까닭에 누가 누군지 제대로 알기 어려울 뿐 아니라 정책에 관해서는 거의 "깜깜이 선거"와 다르지 않다는 점이다. 특히 교육감 선거의 경우는 정당과 관계없이 이루어지기에 누가 누군지 더 알기 어렵다. 게다가 교육 문제에 관한 관심이 지극히 높으면서도 시민들은 정작 자기 아이가 학교에 다니지 않으면 무관심하기 일쑤이기 때문에 관심이 낮을 것이라는 게 통념이었다. 그래서 1번 기호만 받으면 무조건 당선이라는 우스갯소리까지 나올 판이었다.

그러나 뚜껑을 열어보니 뜻밖에도 진보 교육감의 약진이 두드러졌다. 무슨 까닭이었을까? 학부모가 아닌 유권자들이 과연 교육감 후보들의 면면을 꼼꼼하게 살펴보았을까? 도대체 유권자들은 어째서 진보적인 후보에게 표를 던졌을까? 이런 현상은 가볍게 볼 일이 아니다. 지금의 교육으로는 미래가 온전할 수 없다는 기본적이고 비판적인 인식이 널리 공유된 까닭에 나타나는 현상이기 때문이다. 당장 아이가 학교에 다니는 학부모가 아니더라도 이 나라 시민이면 누구나 그런 문제의식을 품고 있었다. 보수적 성향의 교육자들에게 이 나라의 미래를 맡길 수 없다는 절박감이 그런 결과를 불러왔다.

그들은 정말 진보적인 교육감인가?

"묻지마 투표"의 문제를 인식한 선거 당국은 2018년 선거에서 교육감 후보들의 번호를 지역별로 임의 배정했다. 이른바 "1번 효과"를 상쇄하기 위한 고육책이었다. 그러나 결과는 지난 선거보다 더 많은 진보 교육감의 선출로 나타났다. 그만큼 사람들이 현재의 교육 체제에 대해서 희망을 두고 있지 않다는 엄중한 인식이 드러난 것이다.

그러나 나는 과연 "이른바 진보 교육감"들이 정말 진보적인지 묻고 싶다. 한 가지 측면을 예로 들어보자. 어떤 교육감 후보도 "18세 유권자에게 선거권을 주자"는 공약을 내걸지 않았다. 사실 이 문제에 관해서는 정치인들이 각 당의 성향과 잇속에 따라 선거 직전에만 18

세 청소년의 선거권을 두고 다툼을 거듭할 뿐이었다. 정작 선거가 끝난 후에는 그 문제에 관심을 두는 사람이 아무도 없었다. 그러니 사람들은 이 문제를 그저 대답 없는 공허한 메아리처럼 느끼는 듯하다. 하지만 교육계의 경우는 달라야 한다. 그런 선거권의 당사자들이 바로 학교에서 교육을 받는 학생들이기 때문이다.

이 문제는 엄연히 일차적인 교육계의 문제다. 따라서 당연히 목소리를 높여야 한다. 아무리 교육계가 보수적이고 정치적 문제에 관해서는 지나칠 만큼 몸을 사린다고 정평이 나 있어도 이건 사안이 다르다. 아이들의 정당한 권리의 문제이기 때문이다. 그들의 권리에 대한 일차적 발언의 의무는 당연히 교육계의 몫이다. 그러니 정상적인 교육감이라면 적어도 다음 중 하나의 발언에 무게를 두어야 한다.

① "우리는 학교에서 민주주의, 정의, 자유와 평등, 인권, 책임 등에 대해 제대로 가르쳤다. 따라서 18세면 충분히 객관적인 선택을 할 수 있다. OECD 가입국 중 대한민국만 18세 시민의 선거권이 없다. 심지어 북한조차 17세에 선거권을 준다. 그러나 우리는 아직도 18세의 시민에게 선거권을 부여하지 않는다. 왜 그들의 선택을 의심하는가? 이미 그 나이면 납세와 국방 등의 의무가 부과된다. 의무만 있고 권리는 제한되는 상황은 위헌적이다. 우리는 학생들을 민주 시민으로서 제대로 가르치고 키웠으며 그들의 능력과 선택을 보증할 수 있다."

② "유감스럽게도 지금 우리의 교육 체제에서는 18세 청소년들이 스스로 정치적 선택을 할 수 있을 만큼 성숙하게 자라지 못한다. 우리도 제대로 가르치지 않았다. 따라서 아직은 그들에게 중요한 국가적 선택의 권리를 주는 것이 바람직하지 않다."

이것은 "정치적 발언"이 아니다. "인간의 권리"에 관한 발언이다. 그러나 그 어떤 교육자도 이 문제를 정식으로 다루는 경우를 거의 볼 수 없다. 전교조나 그에 소속된 교사들도 그렇게 발언하는 것을 조심스러워할 정도다. 정치 개입으로 몰아가는 그릇된 분위기 탓이다. 과연 지난 선거에서 진보 교육감을 자처하는 이 가운데 청소년에게 투표권을 주도록 힘쓰겠다는 공약을 당당하게 내세운 사람이 있었는가? 그런 발언으로 혹여 보수 성향의 유권자가 이탈할까 두려웠을 것이다. 그 심정은 이해한다. 그러나 적어도 진보 교육감 후보를 자처하는 사람이라면 당당하게 발언했어야 한다. 그런 점에서 나는 지금 우리네 교육감들이 진보 일색이라는 평가에 관해 부정적이다.

우리 사회에서 교육은 "백년대계"라고 말해지지만 늘 "백년하청"이었다. 그러면서도 지금까지 버틴 건 지난 세기 경제 발전의 원동력이 "질 좋은 노동력"이었고 그것을 교육이 담당했다는 인식 때문이었다. 21세기에 들어 교육계도 많은 변화와 개혁을 시도하고 있다. 그러나 냉정하게 말하자면 그것은 "점진적 개선"에 불과할 뿐이다. 지금은 혁명의 시대다. 당연히 혁명적 변화가 필요하다. 그러나 가장 보수적이고 변화가 더딘 곳이 교육계다. 교육계에 종사하는 이들은 나름대로 많은 변화를 추구하고 있다고 자평한다. 과거에 비해 감당해야 할 직무 교육이나 사업의 양이 엄청나게 늘었기 때문에 그렇게 느낄 수도 있다. 그러나 그것은 말 그대로 "과거와 비교했을 때" 그럴 뿐이다. 우리 교육이 혁명적으로 변화하지 않으면 미래의 희망은 없다. 그런 절박감이 필요하다.

교복은 누가 입는가?

나는 학생들의 교복을 보면 마음이 불편하다. 교복 착용을 찬성하는 이들도 적지 않다. 그 이유도 나름 타당하다. 그러나 큰 틀에서 더 넓게 바라보아야 한다. 교복은 일본 군국주의의 산물이다. 남학생들의 교복은 말할 것도 없고 여학생의 교복도 마찬가지다. 일명 "세라복"이라 부르던 그 교복은 해군 사병의 군복, 즉 "세일러"(sailor) 복장이라는 뜻이다. 1980년대에 늦게나마 그런 교복이 사라졌다.

그러나 학생들의 자율적 복장에 대해 불편해하는 이들이 많았다. 특히 교사들의 불만이 적지 않았다. 이유는 여러 가지였다. 학생들이 외모에만 신경 쓴다거나(청소년은 외모에 신경 쓰면 안 되는가?) 지나치게 명품을 선호하여 빈부 격차의 위화감을 조성한다는 것도 한 가지 이유였다. 물론 안타까운 일이다. 그러나 외모를 중시하는 어른들의 명품 선호가 그런 분위기를 만들었다는 점은 왜 아무도 반성하지 않는가? 누구나 명품을 좋아한다. 그러나 적어도 내가 번 돈으로 치장해야 당당하다. 부모의 돈으로 그런 비싼 옷을 소비하는 행태를 부끄러워하도록 가르치고 값싼 옷이더라도 멋지게 입는 법을 학교에서 권장했으면 분위기가 달라졌을 것이다. 그러나 그런 학교가 있었는가? 해야 할 일은 외면한 채 부스러기 현상 몇 가지로 본질을 재단하고 문화적 흐름을 자신들의 입맛에 맞게 퇴행시켰다. 그게 교육인가?

어떤 이들은 교복 자율화 때문에 청소년 범죄가 늘었다고 주장했다. 그러나 합당한 근거를 제시하지는 못했다. 누구나 자신들의 잣대로 판단하는 법이다. 교복을 입었던 사람들의 눈에는 교복을 입지 않은 학생들의 모습이 불안하고 언짢을 수 있다. 그런데 그들은 결정권도 자신들에게 있다고 착각한다. 그런 식으로 이런저런 문제 제기가 이어지다가 3년 만에 교복이 다시 도입되었다.

그런데 그 과정을 눈여겨봐야 한다. 당시에 교복을 처음으로 다시 입기 시작한 것은 이른바 명문 학교들이었다. 그런 학교들은 예전의 시커먼 교복 대신 파스텔 색조에 고상한 체크무늬로 된, 마치 미국의 사립학교에서 입는 듯한 교복을 도입했다. 남학생들은 넥타이를 매고 구두를 신고 머리도 적당히 길렀다. 그러니 교복이라는 느낌이 들지 않았다. 적어도 어른들의 눈에는⋯. 게다가 명문 학교들이 먼저 나섰으니 그걸 따라 하는 것도 제법 괜찮다고 느껴졌을 것이다. 만약 교복을 먼저 입은 학교들이 평판이 나쁘고 성적이 저조한 곳이었다면 그걸 따라 하는 학교가 과연 얼마나 있었을까?

아무리 다른 어른들이 이러쿵저러쿵 입을 열더라도 학교와 교사는 그런 간섭을 과감히 배척했어야 한다. 그러나 불행히도 교사들이 엉뚱하게 교육적 효과 운운하며 태연하게 교복 재도입에 입을 다물어 찬동하거나 적극적으로 가담했다. 나는 교장이나 교사 연수에 초대를 받으면 학생들이 반드시 교복을 입어야 하느냐고 묻는다. 그리고 교복을 입더라도 학생 스스로 선택하게 하면 안 되느냐고 묻는다. 그러면 거의 대부분은 학생이 교복을 입는 것은 당연하다고 답한다. 그럴까? 그럼 어른들은, 초등학생들은 어떻게 해야 할까? 그리고 학생에게 선택하도록 하면 교복 입은 아이들과 사복 입은 아이들이 한 반에서 서로 갈리게 되어 갈등이 생긴단다. 그럴까? 물론 처음에는 그럴 수도 있다. 그러나 시간이 조금만 지나면 그런 "껍데기"의 차이는 아무런 문제가 되지 않는다. 아이들은 자연스럽게 서로 어울린다. 그런 조화와 공존이 바로 교육의 중요한 가치 중 하나가 아닌가?

제발 어른들의 눈으로 미래를 살아갈 아이들의 삶을 재단하거나 통제하지 말기를 바란다. 가뜩이나 우리의 교육은 시대에 뒤떨어져 있다. 이제 일본도 학교에서 4지 선다형 문제를 내지 않는다고 한다. 그런 방식은 21세기에 적합하지 않다는 판단 때문이다. 그러나 우리는 여전히 그 방식을 고수한다. 이른바 "객관적 평가"라는 틀 때문이다. 또한 우리 사회에서 교육은 백년대계라고 떠들면서 실상은 백년하청이고 백약이 무효인 까닭은 철옹성 같은 대학 입시제도 때문이다. 그것에는 도전하지도 못하면서 지엽적인(?) 교복이나 투표권 문제에 관해 미래지향적 의견도 제시하지 못하는 현재의 교육감들이 정말 진보적인가? 천만의 말씀이다! 청소년들의 입장에서, 그리고 21세기 미래의 관점에서 근본적 전환을 이뤄야 한다. 혁명이 필요한 시기다. 혁명을 부르짖어도 시원치 않을 때 기껏 점진적 변화나 개혁에 매달리고 있다면—그나마도 지지부진하기는 매한가지이지만—그것은 시대에 대한 배반이다. 미래 세대에 장애가 될 뿐이다.

복음은 진보다!

우리 사회에서 교육계와 더불어 가장 보수적인 곳이 바로 종교계다. 보편적으로 종교에서는 현세의 삶보다 내세의 삶에 대한 희망과 믿음이 중심을 차지한다. 그런 까닭에 종교계는 자칫 지상의 현실에 대해 무관심하거나 방관적 입장으로 흐를 위험이 크다. 그러나 기독교건 불교건 이슬람교건 상관없이 거의 모든 종교는 엄청난 혁명의 메시지를 담고 있다. 초기 불교의 혁명성은 고질적 카스트 제도의 옹벽을 무너뜨리는 거대한 시대정신을 이끌었다. 불교의 발생지인 인도에서 불교를 장려했던 아소카 왕(Asoka, 기원전 268-232 재위)의 시대가 끝나자 불교는 억압받았다. 이는 기존의 카스트 제도에 의존했던 기득권 세력의 뿌리가 얼마나 깊고 단단한지를 역설적으로 보여준다.

여기서 우리는 불교의 혁명성을 알 수 있다.

그리스도의 복음 역시 그렇다. 그는 구약의 가치를 부인한 것이 아니라 더 보편적이고 항구적인 "말씀"으로 개편했다. 차별과 억압의 낡은 틀을 깨뜨리고 포용과 사랑의 보편적 가치를 새롭게 선포한 것이 복음이었다. 그리고 예수님의 삶은 그 실천적 모범이었다.

그러나 이후 기독교가 국교화되고 단단한 교계 제도가 구축되면서 부작용과 패악이 끊이지 않았다. 1517년 아우구스티누스 수도회의 신부 마르틴 루터(Martin Luther, 1483-1546)는 부패한 교회를 비판하고 거기에 저항했다. 이에 교회는 자신들의 허물을 반성하기는커녕 눈엣가시인 루터를 파문해버렸다. 결국 유럽 교회의 분열과 개혁이 이어질 수밖에 없었다. 가톨릭교회는 그제야 정신이 번쩍 들어 트리엔트종교회의 등을 통해 쇄신을 꾀하며 위기를 넘길 수 있었다. 그러나 몸에 밴 교계 제도의 습속은 여전히 강고한 상태로 유지되었다. 예언자적 통찰력을 지녔던 교황 요한 23세(Ioannes PP. XXIII, 1958-1963 재위)에 의해 소집된 제2차 바티칸공의회는 그 낡은 틀을 깨고 평신도 참여 등의 문을 열었지만 오랫동안 몸에 밴 습속을 한꺼번에 털어내기란 쉽지 않았다. 이는 한국교회도 마찬가지다. 한국교회는 초기에 매우 열성적이었고 김수환 추기경 시절에는 사회문제에 대해서도 복음적 해석과 비판을 주저하지 않았다. 하지만 그 이후 다시 보수화의 길을 걸었고 수구적 태도로까지 퇴행하고 있는 현실은 매우 안타까운 일이다.

지금도 수많은 이들이 정치·경제적으로 고통받고 있다. 그들과 교회의 골은 여전히 깊이 남아 있다. 교회는, 신자들은 우리가 소중하게 여기는 복음의 전파를 전도와 포교의 수단으로만 삼을 게 아니다. 우리는 "아버지의 뜻이 하늘에서와 같이 땅에서도 이루어질 수 있도록" 애써야 한다. 복음의 실천은 지상의 일이지 천상의 일이 아니다.

앞으로의 10년이 남아 있는 21세기 전체를 결정하게 될 것이다. 지금은 혁명이 필요한 시기다. 과거의 틀에서 과감하게 벗어나 용감하게 앞으로 나아가야 한다. 거기에는 교육이나 종교도 결코 예외일 수 없다. 아니, 오히려 교육이나 종교가 그 선봉에 서야 한다. 그것이 야말로 복음에 부합하는 시대정신이다. 하느님의 자녀들은 베벌리힐스나 강남구에만 살고 있지 않다. 모든 이들이 하느님의 자녀다. 그런데 그들이 착취와 억압의 고통 속에 살고 있다. 더 늦으면 전체가 무너진다. 임계점을 넘기 전에 고쳐야 한다.

과거에 비해 진보적인 교육감을 뽑아놓고는 교육 자체가 진보적이라고 착각하는 것은 위험천만하다. 그와 마찬가지로 예전에 비해 교계 제도의 엄격성을 조금 풀었다고 해서 "열린 교회"라고 말할 수는 없다. 그래도 상대적으로 진보적이라 여겨지는 이들을 교육감으로 뽑은 것은 바로 시민들이다. 이는 기존의 틀에 대한 실망과 위기의식의 산물이며 지혜로운 선택의 결과였다. 이제 그런 선택이 종교로 옮겨갈지도 모른다. 아니, 마땅히 그래야 한다. 그러니 교회도 이제 위기의식을 가져야 한다. 그리고 연대의식 속에서 변화를 실천해가야 한다. 하늘나라를 제대로 전파하려면 땅 위에서 두르고 있는 허물을 벗겨내야 한다. 탐욕과 거짓의 카르텔을 무너뜨려야 한다. 그 맨 앞에 서야 하는 것이 교육과 종교다. 더 이상 머뭇거릴 시간이 없다! 지금의 10년이 100년을 결정한다.

나의 말을 들어라. 정의를 익히 아는 자들아, 나의 훈계를 마음속 깊이 간직하는 자들아, 사람들의 욕설을 두려워 말라. 비방을 받더라도 낙담하지 말라(이사 51:7).

17

어른들이
깨어나야 한다

나는 『어른은 진보다』라는 제목의 책을 쓰기로 한 뒤 많은 사람으로부터 그런 책이 꼭 필요하다는 응원의 말을 들었다. 패널로 참여한 어느 TV 방송국의 대담 프로그램에서도 진행자가 그 책을 꼭 출간해주기를 당부했다. 나로서는 힘이 되는 말들이었다. 그러나 책을 쓴다는 건 그리 간단한 문제가 아니기에 부담이 커진 것도 사실이다. 그래도 꼭 해야 할 일이라면 피해 갈 수는 없을 것이다.

젊은 세대들이 느끼는 답답함

뜻밖에도 젊은 주부들에게서 그런 응원의 말을 자주 들었다. 응원을 넘어 강요처럼 들릴 정도였다. 왜 그런 반응이 나왔을까? 이유를 물어보면 비슷한 대답들이 돌아왔다. "사회 문제에 관해 시아버지나 친정아버지와 대화를 이어갈 수 없어요. 토론은 고사하고 싸움으로 치달을 것 같아서 아예 그런 주제를 피하게 됩니다. 하지만 내 아이가 살아갈 세상을 생각하면 어른들이 세상을 담대하게 바라볼 수 있어야 한다고 생각해요. 물론 그분들이 살아온 삶과 경험을 존경하고 존중합니다. 하지만 과거의 틀에 갇혀 그것을 토대로 매사를 판단하고 자기 생각을 남에게 강요하는 모습을 보면 그건 아니다 싶거든요."

여기서 흥미로운 지점은 "시아버지"나 "친정아버지"에 대한 불만이 대다수라는 점이다. 시어머니나 친정어머니가 거론되는 경우는 별로 없다. 그 이유는 우리나라 남성들의 특수성 때문이다. 우리 사회의 "아버지들"은 대개 자녀들을 모두 혼인시키고 손주를 볼 때쯤이면 은퇴할 나이가 된다. 그때부터 경제 활동은 크게 위축되고 앞날은 흐릿하다. 무언가 서러운 감정이 있으면서도 지금 우리 사회가 누리는 물질적 혜택들이 모두 자신들이 일궈낸 것이라는 자부심에는 흔들림이 없다. 그래서 자신들이 이룩한 성과를 내세우며 젊은 세대가 자신들을 공경해주기를 은근히 혹은 드러내놓고 바라게 된다. 자연스러운 현상이다.

하지만 우리 아버지들은 솔직히 자신이 비겁하게 살아오지는 않았는지 돌아봐야 한다. 물론 스스로 비겁해지고 싶어서 그러지는 않았을 것이다. 속으로는 부끄럽고 울화가 치밀지만 가족을 부양하는 의무가 먼저라서 어쩌지 못한 경우도 많았을 테니 말이다. 그러다 인지부조화에 빠져 자신이 높은 자리에 올랐을 때도 다른 모습을 보여주지 못하고 오히려 "알아서 기면서" 윗사람에게 아부하기도 했다. 그런데 그 자리에서 물러난 뒤 아무도 그 공을 알아주지 않으니 허탈하고 서럽다. 그래서 걸핏하면 "내가 왕년에"를 입에 올린다. 할머니들이 그렇게 말씀하는 것은 별로 들어본 적이 없다. 이게 무슨 의미일까? 대부분 남자 어른들은 "과거의 시간" 속에서 벗어나지 못하고 그때의 영광에 머무르고 싶어 한다는 말이다. 그들은 한 발자국도 앞으로 나아가려고 하지 않는다.

지금 우리 사회의 노장년층은 우리나라에서 고등학교까지 보편교육을 받은 첫 세대다. 그들은 자랄 때 부모로부터 "내가 뭘 알겠니, 배운 네가 알아서 하렴"이라는 말을 듣고, 부모가 된 뒤에는 아이들에게 "네가 뭘 안다고 그러니, 내 말대로 해"라고 말할 수 있었다. 모든 것의 판단 기준이 자기 자신, 자신이 살아온 삶, 자신이 경험한 사회로 고정되었다. 그러니 그들은 당연히 과거에 갇혀 살 수밖에 없다.

또한 그들이 냉전 시대를 거치며 학습한 적대의식은 조금도 바뀌지 않는다. 그 의식에서 안정감을 느끼기에 자식이나 손자 세대가 맞을 미래의 삶에 관해서는 별로 고민하지 않는다. 고민하는 척은 할지도 모르지만 마지막 선택은 언제나 자신들이 살아온 과거를 기준으로 이루어진다. 그러니 자식 세대와 대화가 되지 않는다. 상대의 말을 경청하고 논리적으로 설득하기는커녕 벌컥 화를 내기 일쑤니 자식들은 답답하기만 하다.

이제 어른들이 공부해야 한다

동창들을 가끔 만나 이야기하다 보면 "나이 드니까 보수적이 된다" 는 말을 흔히 듣게 된다. 내 귀에는 거슬리는 말이다. 나는 그 견해에 동의하지 않는다. 아니, 오히려 그 말을 뒤집어서 나이 들면 오히려 진보적으로 사고하고 행동할 수 있어야 한다고 믿는다.

세간을 시끄럽게 했던 양진호나 조현아 자매 같은 사람 밑에서 일하는 사람들은 무조건 복종하는 마음이었을까? 그렇지 않다. 기본 적 소양만 갖추었다면 누구나 그런 무례하고 비인격적이며 비이성적 인 행태에 대해 넌더리를 내기 마련이다. 그러나 그런 행태에 대해 비 판하고 맞서 싸울 생각은 감히 하지 못하는 사람이 많다. 박창진 전 사무장처럼 용기를 내서 싸워도 힘을 보태주기는커녕 그를 비난하는 인간들이 허다하다. 우리는 그렇게 비겁하게 살아왔다. 그런데 이전 에는 어쩔 수 없이 비겁하게 침묵했어도 이제는 그 비겁의 옷을 벗어 버릴 수 있다. 이는 정치적 보수나 진보를 초월하는 일이다.

우리는 교육을 통해 개인과 사회의 의무뿐 아니라 권리에 관해 서도 많은 것을 배웠다. 물론 실체적이고 구체적으로 배운 게 아니 라 관념적으로만 배운 게 문제라면 문제다. 하지만 자유, 평등, 민주 주의, 정의, 연대 등의 가치를 모르는 사람은 거의 없다. 어쨌든 들어 보기는 했기 때문이다. 다만 바빠 사느라고, 그리고 가족을 부양할 책 임과 의무 때문에 말도 되지 않는 부조리와 비합리, 심지어 비인격적

149
어른들이 깨어나야 한다

처사까지 참고 견디며 버텼다. 그리고 이제 그 의무에서 벗어났다. 그 두려움에서 벗어났다. 애당초 배우지 못했다면 모를까, 알고 있다면 이제는 당당히 말할 수 있어야 한다.

그런데 공부하지 않는다. 사회생활을 할 때는 바삐 사느라 세상이 어떻게 돌아가는지 모른 채 그냥 죽어라 일만 하는 경우가 많았다. 공부는 학생 때나 하는 것으로 여겼다. 다른 나라들은 어떻게 살아가는지에도 무관심했다. 은퇴 후에도 공부와 담을 쌓은 그들은 52시간 노동제로 경제가 악화하니 어쩌니 떠든다. 웃기는 이야기다. 우리가 유럽보다 50년 뒤처졌는가? 그들은 지금 28시간, 25시간 일하면서도 잘만 살아간다. 영국은 2030년까지 현재 노동 시간을 절반가량으로 줄이자는 의제를 천명했다.

우리도 노동생산성은 높이고 경영은 더 합리화하면서 선진국과의 간격을 좁혀왔어야 한다. 그러나 우리는 그러지 않았다. 자본가들의 논리에 순응하면서 노동의 권리에 대해 합법적으로 주장하는 것조차 백안시하거나 빨갱이 운운하는 분위기를 허용해왔다. 이 야만적 폭력성이 지금의 노장년층에 의해 여전히 유지되는 것은 아연한 일이다.

노장년층의 독자에게 권하고 싶다. "도대체 우리는 무엇을 한 거지?"라고 자문하고 분노하며 고백해야 한다. 그리고 다음 세대를 위해 싸워야 한다. 나이 들면 보수화된다는 자기합리화의 변명을 내려놓아야 한다. 이제는 더 이상 해고의 위협을 느끼지 않기에, 그리고 우리가 젊고 능력 있을 때 나서지 못했던 잘못을 바로잡기 위해서라도 당당하게 목소리를 높여야 한다.

예수님은 당대의 눈으로 보면 과격할 정도로 진보적이셨다. 예수님은 모든 사람이 공평하게 누려야 하는 하나님 사랑을 왜곡된 제도와 해석을 앞세워 독점하는 기득권의 부패를 비판하셨다. 불의를 저주하고 정의를 외치셨다. 당시의 기득권층은 그런 예수님을 용납할 수 없을 지경이었다. 그래서 결국 예수님을 십자가에 매달아 처형했다. 예수님을 믿는다고 하면서 천국의 보상만 기대하지 정작 예수님의 삶은 외면하는 교회는 이미 존재의 의미가 없다. 우리의 교회가 썩어 문드러지고 있는데 예수님이 성전을 정화하신 이야기를 그토록 태연하게 남 이야기하듯 훈화하는 교회의 이율배반이 계속되는 한, 희망을 찾기는 어려울 것이다.

누구나 생물학적 노쇠의 과정을 거친다. 그러나 우리의 정신은 더 진보적으로 진화할 수 있다. 우리는 다음 세대가 공정하고 정의로운 사회 속에서 번영을 누릴 수 있는 환경을 마련하기 위해 당당하게 외쳐야 한다. 우리는 그런 목소리를 낼 자격이 있다. 그런데도 "나이 들면 보수"라는 어리석은 고정관념에 자기 자신을 가두는 사람은 미래의 걸림돌로서 다음 세대의 조롱과 한탄의 대상이 될 뿐이다.

두려워하지 말고 진화하고 진보해야 한다. 예수님의 자녀라면 더더욱 그렇다. 예수님의 가르침과 삶이 얼마나 일관되게 정의롭고 사랑으로 가득했는지, 그가 얼마나 공동체의 올바른 가치 실현에 몰입했는지 꼼꼼하게 읽으며 그 길을 따라야 한다. 우리는 새로운 모범이 될 수 있다. 나이 들면 오히려 진보여야 한다고 당당히 외치고 그 가치를 실현해가자.

늘 깨어 있어라. 너희에게 하는 이 말은 또한 모든 사람에게 하는 말이다(마르 13:37).

흔히 보수와 진보는 정당의 성격으로 규정된다. 하지만 그것은 왜곡이나 착시를 만들기 딱 좋은 방식이다. 엄밀히 말해 우리나라에는 의석 10석 이상의 "진보" 정당은 없다. 걸핏하면 상대로부터 "좌파" 혹은 "사회주의"라는 비난을 받는 지금의 여당(더불어민주당)은 사실 중도 보수에 가깝다. 따라서 "자유당-공화당-민정당-민자당-한나라당-새누리당-자유한국당"으로 이어진 지금의 야당은 "수구 보수"로 규정해야 옳다.

물론 시대나 지역에 따라 보수와 진보는 다르게 정의될 수 있다. 하지만 간단히 규정한다면 사람이 가정에서 기본적으로 배우는 인간의 도리나 예의, 염치 등의 가치 및 학교에서 배우는 민주주의와 정의, 자유와 연대 등의 가치를 내세우고 실천하는 것이 보수다. 그 가치가 훼손되거나 억압되면 비판하고 저항하며 때론 맞서 싸울 수도 있는 게 보수의 진정성이다.

반면 진보는 시대의 변화에 주목하며 인간의 보편적 가치를 실현하기 위해서는 지금의 틀을 깨뜨리고 좀 더 빠른 속도로 미래를 맞아야 한다고 주장한다. 이를테면 약간의 몸살을 앓더라도 이상을 조금이라도 빨리 실현하기 위해 추구하는 변화는 불가피하다는 것이다. 솔직히 말해서 지금 우리 사회가 그런 진보의 가치를 수행할 수 있을지는 잘 모르겠다. 그런 진보가 이루어지기 위해서는 우선 보수적 가치가 토대를 이루어야 하기 때문이다.

역사에 물어보라

우리나라가 중국의 원나라에 종속되어 지배를 받던 고려 후기, 나라의 독립을 바라기는커녕 오히려 원나라에 빌붙어 권력과 부를 유지하던 사람들이 있었다. 그들은 자신들의 권력을 음서제를 통해 자연스럽게 세습했고 사유 재산을 점점 더 늘려갔다. 심지어 백성들의 땅을 거리낌 없이 빼앗아 자신의 배를 채우는 일이 비일비재했다. 그들에게는 나라와 백성들은 안중에도 없었다.

결국 고려는 그런 수구 세력의 농단을 참지 못한 신진 사대부 집단에 의해 탄핵되었다. 나라가 문을 닫은 것이다. 그러나 그런 세력을 무너뜨리고 새로 등장한 조선에도 그런 사람들이 등장했다. 초심을 잃고 자신과 집단의 이익만을 추구하던 지도층은 명나라에 빌붙었고 나중에는 청나라의 눈치를 살피는 일에 더 민감했다.

해방 이후 이 나라에는 무수한 "꺼삐딴 리"가 설쳤다. 일제 강점기에 일본 제국주의의 나팔수로 활동하던 그들은 조국이 해방을 맞자 잘못을 반성하기는커녕 오히려 미국의 힘에 의존해 기생충처럼 살아남았다. 그리고 자신들의 이익을 위해 반공 이데올로기를 부르짖으며 친미적 태도로 권력을 쟁취했다. 안타깝게도 그런 자들이 권력과 부를 쥐고 이 나라를 뒤흔들게 되었다.

그런 자들의 후손들이 지금까지도 득세하고 있다. 그들은 2018년 평창 올림픽을 전후해서 한반도에 불어온 태풍 같은 훈풍조차 냉풍으로 날려버리려 했다. 정작 나라의 안보를 거덜 낸 자들이 걸핏하면 안보 운운하며 협박을 일삼는다. 거듭되는 남북대화조차 위장된 평화 제스처에 속은 것이라는 그들의 평가는 관성 탓이라 할 수도 있겠다. 하지만 그들이 "천조국"으로 떠받드는 미국조차 북한과의 관계 개선에 나선 것까지 엉뚱한 방식으로 왜곡하는 것은 이해하기 쉽지 않다. 도대체 세상 돌아가는 것에 관한 공부 따위는 전혀 하지 않는 자들인가? 아무래도 오로지 자기 이익에만 몰두해온 오랜 습속 때문에 이성이 마비된 듯하다. 그러니 시민들이 그들을 응징할 수밖에 없다. 스스로 노력하거나 모범을 보이는 태도는 외면한 채 자기 이익의 수호에만 골몰해 구태를 벗지 못하는 수구 세력에 대한 응징은 필연적이다. 너무 늦어버린 일이기도 하다.

본디 보수 정치는 사회의 부르주아 계급을 중심으로 이루어진다. 기득권에 속하는 그들은 사회를 안정시키고 지속적인 발전을 모색한다. 가장 이상적인 근대국가의 모습이란 상류층은 노블레스 오블리주를 적극적으로 실천함으로써 모범을 보이고 부르주아 계급은 수탈적 경제 이익의 유혹을 물리치면서 조금씩이라도 더 나은 정치·경제의 틀을 마련하기 위해 노력하는 것이다. 이때 사회는 지켜야 할 가치가 무엇인지 명확하게 인식하면서 그 실천적 명제를 놓치지 않아야 한다. 그러면서도 세상의 변화에 둔감하지 않아야 성공할 수 있다.

그러나 우리나라의 자칭 보수 집단은 그런 면에 대한 성찰이 아예 없다. 지배적 계급을 구축하고 그것을 공고하게 하는 데만 골몰할 뿐이다. 그들은 고려 시대의 상류층이 음서제를 통해 권력을 세습한 것처럼 온갖 반칙과 불법으로 공정한 경쟁의 문마저 망가뜨린다. 그러면서 자신들이 이 나라 경제 발전의 주역인 것처럼 행세한다. 20세기 후반에 냉전 체제 속에서 전 국민의 피땀으로 이루어낸 초고속 성장이 마치 자신들만의 업적인 것처럼 착각하면서 말이다.

리모델링이 아니라 리셋

선거는 민주주의의 꽃이다. 승자가 있고 패자가 있지만 그 과정을 통해 민의가 드러나고 정책의 방향성이 결정된다. 불행히도 우리는 성숙한 선거를 거의 경험하지 못했다. 이제는 시민들이 스스로 각성해서 그런 기회를 만들어내야 한다. 그러기 위해서는 무엇보다 왜곡된 보수와 진보에 대한 시각부터 제대로 정립해야 할 듯하다.

진정한 보수의 가치를 정립하고 실천할 수 있는 보수 정당을 재구성해야 한다. 솔직히 우리 사회에서 보수의 가치를 제대로 실천하고 그 가치가 훼손되는 것을 비판하며 저항하고 맞서 싸운 보수 정치인이 몇이나 되는가? 이제라도 보수의 탈을 쓴 수구와 야합해 부패와 타락에 앞장섰던 과거를 고백하고 완전히 새로운 보수의 가치를 정립해야 한다. 또 실천 강령을 마련해 그 가치를 구현할 수 있어야 한다. 이를 통해 수구 세력에 뒤섞였던 일부 건강한 보수들이 재건 과정에 참여할 수 있을 것이다.

제대로 된 진보의 재구성 역시 필연적이다. 우리 사회에는 스스로 진보라고 말하는 정치 세력이 있다. 하지만 진보를 자처한 사람들은 자신이 진정한 진보의 가치를 실천하고 있는지 되돌아봐야 한다. 이대로 어설프게 넘어가기에는 세계의 변화 양상이 너무 가파르다. "리모델링" 수준이 아니라 "리셋"이 요청되는, 보수와 진보의 전면적 재구성이 필요한 때다.

특히 18세 시민들에게 투표의 권리를 당당하게 부여해야 한다. 또 비정규직 노동자들과 청년들의 요구에 귀 기울이며 최적의 대안을 마련해가야 한다. 미래는 그들의 몫이기 때문이다. 앞으로 다가올 시간은 늙고 낡은 세력의 전리품이 아니다.

선거는 시대정신을 명확히 하고 미래 의제를 도출하며 그것을 실천할 수 있는 대리인을 뽑는 과정이다. 선거가 제 역할을 하기 위해서는 시민민주주의가 뿌리를 내려야 한다. 선거일 하루만 "유권자 갑질"을 하는 데 그치면 안 된다. 항시적으로 권력을 감시하면서 사회가 집중해야 할 의제를 생산해내는 못자리를 시민 스스로 마련해가야 한다. 막연하게 평화와 통일을 이야기할 것이 아니라 구체적이고 생산적인 실천 의제를 현시해야 한다. 늘 깨어 공부하지 않으면 시대의 변화에 뒤떨어지게 되고 결국에는 그 빚을 다음 세대에 떠넘길 수밖에 없다.

제대로 된 진보와 보수가 무엇인지 그 정의와 가치를 정돈하자. 그 바탕 위에서 보수와 진보를 재구성해가야 한다. 아무리 표면에 덧칠을 반복해도 바탕은 바뀌지 않는다. 정치인들이 스스로 변화하기란 쉽지 않다. 따라서 시민들이 당당하고 강력하게 요구해야 한다. 수구 세력의 대변인 노릇을 하는 언론에도 마땅한 응징이 가해져야 한다. 그런 언론을 소비하지 않는 것부터가 시민의 의무이자 권리의 시작점이다.

미래는 늘 낯설게 다가온다. 그래서 두렵다. 그러나 우리는 역사를 통해 새로운 변화와 소명을 제대로 인식한 개인과 집단이 어떻게 위기를 극복하며 발전하는지 확인할 수 있다. 잠깐의 영화는 부질없다. 그것을 대대손손 물려주어 후손들이 편하게 누리기를 바랄지 모르지만 그것은 도둑놈 심보다. 사회가 공정하고 투명하며 정당해야 정치도, 경제도 산다. 그래야 우리가 산다.

교회를 비판할 수 있어야 한다

우리 사회에서 가장 보수적인 태도가 드러나는 곳이 교육과 종교의 영역이다. 흔히들 이런 상황을 자연스럽게 여긴다. 그러나 교육은 무조건 진보여야 한다. 그건 정치적 스탠스의 문제를 넘어선다. 교육은 "과거를 살아온 사람이 과거의 방식으로 미래를 살아갈 사람들을 가르치는 것"이다. 과거를 살아온 사람과 미래를 살아갈 사람은 고정된 상수다. 시대가 비슷하다면 모를까, 그렇지 않다면 과거의 방식을 깨뜨리고 미래를 살아갈 방식을 찾아 가르치는 것이 당연하다. 그게 교육의 본분이다. 따라서 교육은 반드시 진보적 통찰을 바탕으로 진화해야 한다.

세속과 동떨어진 것으로 여겨지는 종교는 물질적·세속적 변화와 무관하다고 이해되기 쉽다. 그러나 물질적 변화는 필연적으로 정신적 혹은 영성적 변화를 초래한다. 만약 그런 인식이 없었다면 제2차 바티칸공의회는 불필요했을 것이다. 그러나 그 공의회가 있은 지도 이미 반세기가 넘었다. 이제는 과연 우리 교회와 신자들이 그 의미와 가치를 온전하게 인식하고 실천해가는지 돌아볼 일이다. 불행히도 우리 사회의 종교는 변질되고 왜곡된 바람을 불러일으키는 원천이 되어버린 것 같다. 물질적 축복을 숭배하는 세력의 기반으로 악용되거나 스스로 그 대열에 낀 종교가 악마의 짓을 마다치 않는 경우도 빈번하지 않은가?

교계 제도의 철옹성에 스스로 갇혀 역동성을 잃고 순응해버린 가톨릭교회도, 교세의 확장을 신앙의 바로미터로 착각하며 엉뚱하게 세속의 권력을 탐하고 사회적 가치의 진화를 방해하는 일에 앞장서는 개신교회도 모두 이 시대의 죄인일 수 있다는 경계심을 늦추면 안 된다. 교회는 언제나 비판에 개방적이어야 한다.

예수님이 제사장이나 율법학자들에게 고분고분하셨는가? 그렇지 않다. 거짓과 불의에 대해 준엄하게 비판할뿐더러 저주도 마다치 않으셨다. 약자에게 공감하며 그들을 보호하기는커녕 권력에 빌붙어 자신들의 잇속만 차리던 종교에 도전하기를 멈추지 않으셨다. 그러나 지금의 교회는 과연 그런 비판을 겸손하게 경청하며 옷깃을 여미는가? 또 신자들은 그런 비판의 날을 세울 만큼 공부하며 성경의 가르침을 실천하는가?

정치는 투표로 심판이 이루어진다. 우리 국민은 수십 년 넘게 자신들의 이익에 집중했던 수구 세력을 엄중하게 심판해가고 있다. 그러나 이제 겨우 벽 하나를 허물었을 뿐이다. 넘어야 하고 무너뜨려야 할 벽은 곳곳에 있다. 파괴가 아니라 심판을 통한 재구성의 대상들이다. 우리는 이제 과연 무엇을 지키고 무엇을 버려야 하는지를 전방위적으로 성찰해야 한다.

교회라고 심판에서 비켜 갈 수는 없다. 교회가 수구 세력의 온상이며 못자리라는 비판에 직면하기 전에 스스로 환골탈태해야 한다. 신자들 역시 깨어나서 용감하게 외쳐야 한다. 복음은 그 시대에 대한 공감의 인식이며, 용감한 실천의 확인이고 불의에 대한 사랑의 저항이다. 21세기의 5분의 1이 지나고 있다. 머뭇거릴 때가 아니다.

집주인이 돌아올 시간이 저녁일지, 한밤중일지, 닭이 울 때일지, 혹은 이른 아침일지 알 수 없다. 그러니 깨어 있어라. 주인이 갑자기 돌아와서 너희가 잠자고 있는 것을 보게 되면 큰일이다. 늘 깨어 있어라. 너희에게 하는 이 말은 또한 모든 사람에게 하는 말이다(마르 13:35-37).

늘 깨어 있어라!

19

어른들은
청년들을
이해하고 있는가?

갓뚜기?

요즘 사람들 사이에 "갓뚜기"라고 불리는 중견 식품 회사가 있다. 원래 회사 이름에 영어 "갓"(God)을 덧붙인 이름이다. 젊은이들이 그렇게 부르기 시작했다. 그들은 선택적으로 그 회사의 제품을 구매하고자 했다. 덕분에 최근 그 회사는 업계의 철옹성이라 불리는 N사의 시장 점유율을 위협하며 승승장구하고 있다. 또한 그 기업의 회장은 대기업의 회장들과 함께 청와대에 초청되기도 했다.

어떻게 그런 일이 벌어졌을까? 우선 기업을 상속받은 지금의 회장은 1,500억 원에 이르는 상속세를 성실히 납부했다. 또한 여러 대형마트의 시식 코너에서 그 기업의 제품을 홍보하는 2,000명 가까운 직원을 모두 정규직으로 채용했다. 이는 그런 인원을 대부분 비정규직으로 채우는 다른 회사들과는 확연히 다른 모습이다. 그뿐 아니라 그 회사는 심장병에 걸린 어린이들의 치료를 오랫동안 조용히 지원해왔다. 이런 사실들이 알려지면서부터 "갓뚜기"라는 이름이 회자하기 시작했다.

예전에는 호감이 있어도 달리 표현할 방법이 없었다. 그러나 지금의 청년들은 그런 미담을 SNS를 통해 적극적으로 전파한다. 그뿐 아니라 그것을 지지하기 위한 특정한 활동을 만들어내고 거기에 동참한다. 사회적 불평등과 불공정에 대한 비판과 분노를 넘어 평등과 공정에 대한 적극적 동참으로 대응하는 밀레니얼 세대의 힘이다.

편협한 어른의 시각으로 재단하지 말라

지하철에서 노인들이 악을 쓰며 떠든다. "요즘 젊은것들은 배곯아보지 않아서 세상 무서운 줄 모르고 빨갱이들에게 나라를 갖다 바쳐도 나 몰라라 해." 청년들이 눈을 흘기건 말건 떠들어댄다. 괜히 내가 청년들에게 부끄러워진다. 왜 부끄러움은 다른 사람의 몫인가?

기업을 경영하는 이들은 이른바 밀레니얼 세대가 돈에 너무 민감하다며 혀를 찬다. 젊은 직원들이 급여가 조금이라도 더 좋은 기업으로 주저하지 않고 자리를 옮기는 것을 보며 화가 나서 하는 말이다. 그러나 젊은 직원들이 돈만 좇아서 그렇게 하는 것일까? 그들에게 신뢰나 희망을 주었다면 다르지 않았을지 스스로 생각해보아야 한다. 급여가 조금 불만족스럽더라도 자존감을 키워주고 미래의 희망을 분명하게 제시한다면 직원들이 그렇게 바람에 날리는 낙엽처럼 쉽게 쓸려나가지는 않을 것이다.

한편 2018년 동계올림픽 당시 여자 아이스하키팀을 남북단일팀으로 구성한다고 했을 때 젊은 세대는 강하게 반발했다. 기성세대는 그런 반응에 의아해했다. 남북단일팀이라는 대의와 명분이 얼마나 숭고한데 왜 그런 비판과 저항이 나오는가? 어른들은 이해할 수 없었다.

그러나 청년들은 국가대표팀에서 헌신해온 선수 가운데 단일팀 구성 때문에 끝내 올림픽에 참가하지 못하는 경우가 생긴다는 사실에 주목했다. 그들의 눈에는 아무리 남북단일팀이라고 해도 충분한 양해와 보상 없이, 그리고 예의도 갖추지 않은 채 "불필요한" 선수들을 내치는 것이 공정하지 않게 보였다. 그들은 그만큼 공정성에 대해 예민한 세대다. 그들은 어른들이 공정하지 못해 자기네들이 치러야 하는 불이익을 경험하고 목격해왔기 때문에 불공정한 처사를 그냥 두고 보지 않는다.

하지만 어른들은 그들의 그런 마음을 제대로 이해하지 못하고 공감해주지 않는다. 기성세대는 밀레니얼 세대가 이기적이라고 판단한다. 그러면서 불의와 독점적 욕망 구조에 대한 그들의 분노와 절망에 대해서는 전혀 동의하지 않는다. 여전히 강자로서 누리는 자신의 입지만 공고하게 다지는 것이다.

"욜로", "소확행", "워라밸" 등의 개념에 대해 못마땅하게 생각하는 기성세대는 왜 그들이 그런 가치를 추구하는지 성찰할 생각이 없는 것 같다. 부모 세대는 죽어라 평생 일만 하면서 집 한 채 장만하려고 빚까지 지고 허리띠 졸라매며 살았다. 그런 모습에 회의적인 젊은 세대는 차라리 집에 대한 욕망 자체를 내려놓는다. "평생 직장" 운운하며 가정에 소홀하면서까지 직장에 충성한 부모가 결국은 회사로부터 버림받는 것을 목격한 청년들은 직장에 자신의 청춘을 바치기를 거부한다. 이처럼 "빅 픽처"를 그릴 수 없게 만들어놓고 소소하고 확실한 행복을 추구하는 청년들을 비판해대는 어른들이야말로 부끄러워해야 할 사람들이다. 왜 부끄러움은 늘 다른 사람의 몫인가?

그들에게 권한의 일부를 양보하라

중국 최대의 전자 상거래 업체인 알리바바의 회장 마윈은 이렇게 말했다. "많은 사람이 80년대 생과 90년대 생이 문제라고 한다. 이들에게는 문제가 없다. 문제는 우리다." 나는 그의 말에 동의한다.

명품 업체인 "구찌"는 "섀도 커미티"(Shadow Committee)라는 독특한 제도를 운용한다. 이는 밀레니얼 세대로 이루어진 위원회인데 구찌는 이를 통해 여러 가지 난관을 극복해왔다. 매출이 하락하자 경영진은 밀레니얼 세대를 새로운 고객층으로 끌어들이고자 했다. 그래서 50대 이상의 임원으로 이루어진 경영진 회의가 끝나면 똑같은 의제를 새도 커미티에서 다시 논의하게 했다. 젊은 세대의 의견을 존중하자는 것이었다. 그렇게 만들어진 상품들이 밀레니얼 세대의 열렬한 환호를 받으면서 그런 혁신적 경영이 좋은 결과로 나타났다. 구찌는 이를 통해 다른 명품 업체가 고전을 면치 못하던 시기에 오히려 화려하게 부활할 수 있었다.

젊은 세대가 나약하고 개인주의적이라고 혀를 차는 어른들 자신은 나약하지 않은가? 또한 불의에 타협하고 권력에 굴종하는 비겁에 익숙해진 채 타인의 불행에 상대적 행복감을 느끼기까지 하는 부끄러운 행태가 몸에 배어 있지 않은가? 물론 지금의 기성세대도 나름대로 열심히 살았다. 그러나 출세와 축재를 추종하고 사회적 공공선의 실현은 외면해온—그러면서도 정작 그 결과물은 가장 먼저 누리려고 한다—그들이 청년세대를 자신들이 살아온 방식으로 재단하고 평가하는 모습은 보기에 좋지 않다.

기업들은 신세대 직원들이 새로운 소비자층인 밀레니얼 세대의 바로미터라는 점을 중시하지 않는다. 그리고 여전히 자신들이 맡긴 기능을 수행하며 이익 창출에 이바지하기만 하면 된다고 잘못 생각하는 경우가 많다. 어리석은 짓이다. 시장에 묻기 전에 그들에게 묻고 그들에게 반응할 기회를 주면 될 일이 아닌가? 그들의 진짜 가치는 시키는 일을 수행하는 것이 아니라 기업의 가치를 미래지향적으로 선도할 수 있는 역할을 감당하는 것에 있다는 사실을 깨달아야 한다.

그런데도 여전히 "나이 든 것들"은 자신의 권위와 경험을 전가의 보도처럼 휘두른다. 공부는 거의 하지 않은 채 말이다.

회장 아버지에게 60여억 원을 증여받아 증여세 16억 원을 성실하게(?) 납부한 아들이 있다. 우리나라 최고 재벌의 후계자인 그는 그 돈으로 비상장 계열사 지분을 사들인 뒤 상장을 통해 560여억 원을 손쉽게 벌어들였다. 그것을 기점으로 이런저런 방식으로 눈덩이처럼 불어난 돈은 조 단위를 넘어섰다. 그 과정에서 편법으로 계열사를 통합하는 일도 서슴지 않은 그는 곧 그룹 전체를 장악하는 데 성공했다. 사람들은 그들의 위력―정계뿐 아니라 법조계까지 쥐고 흔드는 그들은 가히 "건들 수 없는"(untouchable) 자들이다―에 눌리고, 거기에 아첨하며 떡고물을 탐하는 언론의 왜곡 혹은 선동에 속아 입을 다문다. 하지만 그런 내막을 전혀 모르는 사람은 많지 않다.

반면 그 기업보다 규모는 조금 작지만 우리나라에서 다섯 손가락 안에 드는 다른 재벌의 후계자가 1조 원에 가까운 상속세를 신고하고 분할 납부한다는 소식이 알려져 화제가 되었다. 어찌 보면 당연한 일이지만 사람들은 그 소식에 감동했다. 이때 밀레니얼 세대는 그런 소식에 반응해 자발적인 홍보에 앞장섰다. 그 기업이 적극적이고 공격적인 홍보를 하지 않는다는 점에 주목하며 "모자란 2%"를 자신들이 채워주겠다고 나선 것이다. 이처럼 인터넷으로 소통하는 방식이 익숙한 그들은 공유 가치를 일으키는 콘텐츠를 적극적으로 전파한다.

밀레니얼 세대는 고민하며 아파하는 자신들을 대변하는 존재에 주목하고 윤리적인 경영자나 모범적인 리더 그룹에 대한 감동을 적극적으로 표현한다. 그런 청년들에게 말로만 공감한다고 할 게 아니라 행동으로 보여주어야 한다. 단순히 귀를 기울이는 흉내만 낼 게 아니라 권한 일부를 과감하게 그들에게 양도해야 한다. 그러나 불행히도 지금의 기성세대는 오만하다. 부모들에게 "배운 네가 알아서 하렴"이라는 말을 들으며 성장했지만 자식들에게는 자기 생각을 강요하는 독단의 세대다. 그런 "꼰대들"이 세상을 다 쥐고 있다. 교회도 예외는 아니다. 더하면 더했지 덜하지 않다. 이제는 제발 "우리 늙은 것들"이 겸손해져야 한다.

어리석은 사람은 제 잘난 멋에 살고 슬기로운 사람은 충고를 받아들인다(잠언 12:15).

20

가서 사제들에게
너희 몸을 보여라!

걱정스러운 출산

출산은 아마도 가장 경이로운 순간 중 하나일 것이다. 새로운 생명이 엄마의 뱃속을 떠나 비로소 세상과 만나는 그 순간의 감격은 특히 아이의 부모에게는 충격적일 만큼 짜릿하다. 남들 눈에 어찌 보이든 자기 핏줄을 받아 태어난 갓난아이를 보며 넘치는 행복과 존재의 신비를 느끼지 않을 부모는 없다.

그런데 요즘 갈수록 기형아 출산이 늘고 있다는 보도를 접하니 두렵고 걱정스럽다. 1999년에 신생아 100명당 1.5명이었던 기형아 비율은 2008년에 3.4명을 거쳐 2014년에는 5.6명까지 늘었다. 여러 가지 원인이 있겠지만 기형아 출산율이 이렇게 증가한 가장 큰 이유로 지목된 것은 산모의 고령화다. 산모의 나이가 많을수록 다운증후

군 등 선천성 기형아 출산 가능성이 커진다는 말이다.

우리 사회에서 연애, 결혼, 출산을 포기했다는 "삼포세대"의 삶은 고달프다. 젊은이 대다수는 맘껏 쓰고 놀기 위해 결혼을 미루는 게 아니다. 현실이 맵고 시리다. 제 몸 하나 건사하기도 쉽지 않은데 어떻게 연애를 하고 결혼을 하겠는가? 이리저리 떠밀려 살다 보니 자연스레 혼인이 늦어진다. 그리고 당연히 출산도 노산이 되어버린다.

이런 현상의 근본적 원인인 세상의 구조적 문제는 길게 다룰 수 없으니 차치하더라도 이 문제는 결코 개인의 문제가 아니다. 게다가 우리 사회는 장애를 지니고 사는 이와 그 가족들을 제대로 보살피지 못하고 사회안전망도 허술하기 짝이 없다. 결국 장애아를 가진 부모는 이중삼중으로 고통을 받게 된다. 지금 우리에게 이 문제는 결코 개인만의, 가족만의 문제가 아니다. 한 해에 태어나는 아이들 가운데 만 명이 넘는 아이들이 심각한 장애를 지니고 태어나는데도 정작 우리의 인식은 너무나 후진적이지 않은가?

사랑의 치유

복음서에 기록된 예수님의 기적 중 가장 많은 비중을 차지하는 것은 치유의 기적이다. 먹을 것과 연관된 기적보다 치유의 기적이 훨씬 크게 다가온다. 그 이유는 먹는 문제는 일회적일 뿐 아니라 돈이 어느 정도 있으면 해결할 수 있지만 장애나 병은 전문적 기술이나 초월적 힘이 아니면 해결할 수 없기 때문일 것이다.

수많은 기적의 기록 가운데 특별히 눈길을 끄는 대목이 있다. 예수님이 예루살렘으로 가는 길에 사마리아와 갈릴래아 사이를 지나가시게 되었다. 그때 나병 환자 열 명이 "멀찍이" 서서 소리쳤다. "예수 선생님! 저희에게 자비를 베풀어주십시오"(루가 17:13). 왜 그들은 멀찍이 섰을까? 그들은 자신이 일반인에게 가까이 갈 수 없음을 알고 있었다. 당시 유대인들은 장애나 중증의 질환이 본인이나 선대의 죗값으로 받는 벌이라고 생각했다. 그러니 그들은 죄인이었다. 지금의 관점에서 보자면 고약하기 짝이 없다. 일종의 이중처벌인 셈이다. 장애나 질병도 서러운데 불가촉의 중죄인 취급을 받는 건 더 참기 힘든 일이다.

예수님은 그들을 보시고 "가서 사제들에게 너희 몸을 보여라" 하고 말씀하셨다(루가 17:14). 이건 또 무슨 말인가? 고쳐주는 것도 아니고 사제들에게 몸을 보이라니 말이다. 나는 이미 그들이 예수님을 "선생님"이라고 불렀을 때 그 믿음의 깊이가 드러났기에 예수님이 그렇게 말씀하셨다고 생각한다. 그들 역시 왜 병은 고쳐주지도 않고 사제에게 가라고 하냐고 따지지 않았다. 그것은 예수님에 대한 전적인 신뢰 때문일 수도, 절박한 그들의 처지 때문일 수도 있었다.

실제로 사제들에게 가는 동안 그들의 몸이 깨끗하게 나았다. 그런데 당시 장애인이나 중증의 환자들은 공동체의 일원으로 살아갈 수 있는 권리를 원천적으로 박탈당했다. 따라서 사제에게 찾아간다는 것은 그 권리를 되찾아 정상적인 하나의 인격체로 인정을 받으라는 뜻이었다. 예수님은 그냥 몸을 고쳐주신 게 아니라 그들을 온전한 인격체로 회복시키셨다. 이 부분이 핵심이다!

예수님이 수많은 사람을 고쳐주면서 소문을 내지 말라고 당부하셨던 것에 비추면 이 사건은 대단히 예외적이다. 그래서 세밀하게 살펴봐야 한다. 당시 사제는 어떤 사람이 그 공동체의 온전한 일원인지 아닌지를 결정하는 권한을 지녔다. 그런데 달리 보면 그들은 율법의 문자에만 매달려 약자들에게 못을 박는 일을 태연하게 자행했다고 할 수 있다. 그들은 그렇게 하는 것이 율법 정신에 맞는다고 굳게 믿었을 것이다. 그러니 죄책감이나 미안함이 있었을 리 없다.

그러나 예수님은 사회적 터부와 기피에서 벗어나 인간을 온전한 인격체로 대해야 함을 보여주셨다. 예수님이 보여주신 치유의 기적은 단순히 질병의 해결에 머물지 않는다. 능력의 과시와는 전혀 연관이 없다. 오로지 측은한 마음으로, 사랑으로 약자들이 짊어진 고통의 짐을 벗겨주신 것이다.

예수님에게는 기존의 율법과 어긋나는 지점이 있더라도 사람이, 사랑이 최우선이었다. 이 사건은 예수님이 사제들에게 무딘 심장을 도려내라고 우회적으로 당부한 것이기도 했다. 사제가 판단하여 정상적인 사회 구성원으로 인정했다는 것은 뒤집어 말하면 장애인과 환자들을 차별하고 억압한 시발점이 바로 사제나 교회였음을 짐작하게 한다. 물론 그것이 당시 사제나 교회의 탓이라고만은 할 수 없다.

오래전부터 내려온 나름의 문화적 전통과 규범이 강력하게 작용했을 테니 말이다. 그러나 그렇다고 그 허물이 온전히 벗겨지는 것은 아니다. 문제를 고민해보지 않고 외면하는 것도 큰 허물이다.

그리고 여기서 사제를 오늘날의 사제와만 연결해 생각하면 안 된다. 그 사제는 바로 우리이고, 그 율법 역시 우리가 집착하는 규범과 기득권이다. 겉으로야 율법의 준수를 내세우지만 속내는 나만 잘 살자고, 불편한 마음 없이 살자고 약한 이를 외면하고 내치는 행위가 어디 비단 사제와 유대교만의 문제란 말인가? 지금도 우리 주변에서 그런 일들이 얼마나 태연히 자행되고 있는지 숙고해볼 일이다.

기적이 멀리 있지 않다

장애아를 키우는 가정은 우리 사회가 얼마나 약자들에게 무심하고 무례하며 폭력적인지 절실히 체감한다. 그래서 이 나라를 떠나 약자들을 보듬고 먼저 배려하는 나라로 거처를 옮기기도 한다. 여기서 "약자"란 비단 장애를 안고 있는 사람들에게 국한되는 것이 아니다. 사회적 약자를 억압하고 차별하며 추방하는 일도 비일비재하다. 심지어 그 약자가 부당한 처사를 문제 삼고 대들면 보복하는 일도 드물지 않다. 내부 비판자를 회사에서 쫓아내는 데 그치지 않고 블랙리스트를 만들어 다른 직장조차 얻지 못하게 할 정도로 비열하고 폭력적인 조직 문화도 만연하다. 그들은 기득권에 한 번 밉보이면 어떻게 되는지 보여주기 위해 한 사람의 숨통을 끝까지 조른다.

　사람을 온전한 인격체로 대우해야 한다. 어떤 조건을 내걸어 사람을 배제하거나 차별하지 말아야 한다. 그게 사랑이고 인간에 대한 기본적 예의다. 예수님이 나병 환자들을 고쳐주시며 사제에게 찾아가 보여주라고 한 속뜻은 헤아리지 않으면서 기적을 불러온 믿음만 강조하는 건 반쪽짜리 가르침이다. 그리고 그런 가르침에만 관심이 쏠리는 우리 역시 반쪽짜리일 뿐이다.

　우리는 다가가 그들을 껴안고 위로하며 온전한 인격체로 대하는 일부터 해야 한다. 그게 지금 우리에게 요구되는 복음의 실천이다. 이제부터라도 약자를 외면하거나 은근히 억압하는 태도를 버리고 마음속에 측은지심부터 마련해보자. "아버지의 뜻이 하늘에서와 같이 땅에서도 이루어질" 수 있도록!

까칠남녀

〈까칠남녀〉는 EBS가 2017-18년 사이에 방영한 "젠더 토크쇼"였다. 거기에 패널로 참여했던 사람 중 은하선 씨는 방송을 중간에 그만두어야 했다. 형식은 "하차"였지만 실제로는 퇴출이었다. 이른바 LGBT(레즈비언, 게이, 양성애자, 트랜스젠더)로 일컬어지는 성소수자 특집이 방송된 후, 일단의 사람들이 방송국으로 몰려와 혐오 발언과 저주를 쏟아냈다. 그런 사람들의 위세에 굴복한 방송국은 결국 공격 목표가 되어버린 은하선 씨를 하차시켰다. 프로그램이 내세웠던, 성소수자에 관한 새로운 담론을 마련한다는 대담한 의도는 흔적도 없이 사라져 버렸다. 이 사건은 우리 사회가 얼마나 강자 이데올로기에 충실한지를 새삼스레 다시 드러내 주었다.

성소수자들이 과연 사회를 병들게 하는 타락의 장본인들인가?

얼마 전까지만 해도 동성애를 반대하는 사람들은 대표적 명분으로 에이즈(후천성면역결핍증)를 들먹였다. 그러나 그것 때문이라면 에이즈가 출현하기 이전에는 괜찮았다는 말인가? 참으로 유치한 논리가 아닐 수 없다.

이제는 에이즈가 꼭 동성애에 의한 것이 아님이 밝혀졌고 예방 백신마저 개발되면서 그런 주장을 내세우는 사람이 확연히 줄어들었다. 하지만 여전히 새로운, 그러나 정확하지 않은 논리에 근거한 심리적 혹은 문화적 문제 등을 들이대며 성소수자를 공격하는 사람이 많다. 설령 그들의 말이 타당하다 하더라도 과연 자기 기준을 토대로 다른 사람의 인격이나 인권을 판단하며 폭력까지 서슴지 않을 권리가 허용될 수 있는지 물어야 한다. 차별은 어떤 경우에도 용납될 수 없다. 차별 자체가 야만이고 폭력이기 때문이다.

나의 일은 아니어서?

오래전에 봤던 영화 〈결혼 피로연〉이 새삼스레 떠오른다. 리안(李安) 감독이 연출한 이 영화의 주인공은 뉴욕에 사는 젊은 대만인 웨이퉁이다. 그는 뉴욕에서 부동산 중개인으로 일하면서 물리치료사인 남자친구 사이먼과 아파트에서 동거 중이다. 그런데 대만에 있는 그의 부모가 계속해서 결혼을 재촉하며 부담을 준다. 결국 그는 자신이 관리하는 건물의 세입자로서 영주권이 필요한 중국인 화가 웨이웨이와 가짜 결혼식을 올리려 한다.

결혼식에 참석하기 위해 웨이퉁의 부모가 미국에 온다. 그의 아버지가 전통 혼례식을 고집했기에 결혼식은 어쩔 수 없이 결혼 피로연으로 이어진다. 서양인답지 않게 싹싹한 아들의 친구—사실은 그의 남자친구다—를 보며 웨이퉁의 부모는 자기 아들이 미국에서 잘 지내고 있다고 생각한다. 그리고 마침내 아들이 결혼까지 함으로써 자신들의 바람이 다 이뤄졌으니 행복만이 펼쳐질 예정이었다.

세 사람의 완벽한 연기로 위장 결혼은 성공하는 듯이 보였다. 그러나 결혼 피로연에서 웨이퉁의 아버지는 아들이 게이라는 충격적인 사실을 알게 된다. 더욱이 그는 예비역 장성이었다. 장군은 남성성을 상징하는 직책이다. 그런 아버지가 아들이 게이라는 사실, 그리고 그 아들이 자신을 속였다는 사실에 얼마나 큰 충격을 받았을지는 짐작하기 어렵지 않다.

그러나 영화의 마지막쯤에 이르면 아버지는 쓸쓸히 혼자 남아 깊은 상념에 잠긴다. 자기 아들이 동성애자라고는 상상도 못 했던 아버지의 분노와 충격은 쉬이 가시지 않는다. 그런데 사랑하는 아들이 단지 게이라는 이유로 얼마나 많은 고통을 겪어야 했을까 하는 생각에 이르자 안쓰러운 마음이 일어난다. 그런 아들에게 한 번도 마음을 열어주지 못한 아비로서 미안한 마음도 생긴다.

그는 아들의 선택을 이해하거나 용서하기가 여전히 어렵다. 그러나 적어도 아들이 겪었을 고통에 대해서는 외면할 수 없다. 옳고 그름의 문제가 아니다. 자식이 동성애자라는 사실에 부모가 느끼는 충격과 배신감(?)은 관객의 공감을 끌어낸다. 하지만 무엇보다 아들을 향한 사랑 때문에 동성애에 대해 여태까지 자신이 가지고 있던 이데올로기를 원망스러워하는 아버지의 모습은 반전의 감동을 선사한다. 영화는 중산층의 허위의식을 풍자하되 비판의 눈이 아니라 따뜻함과 관용의 시선을 잃지 않는다. 또한 겉으로는 자유를 마음껏 외치지만 속은 뒤틀려 있는 이성애자들을 풍자의 대상으로 삼아 재미를 더해 준다.

동성애를 비롯한 이른바 성소수자의 선택이 선천적이냐 후천적이냐 하는 논쟁은 차치하자. 또한 어설픈 근거로 견강부회하며 경전을 여전히 과거의 시선으로만 해석하는 종교적 관점도 잠시 유보하자. 만약 내 가족의 한 사람이 그런 선택을 한다면 어떻게 할 것인가? 먼저 충격 속에 배신감을 느끼며 남들에게 들킬까 봐 전전긍긍할 것이다. 비난의 손가락질을 감당해낼 자신이 도무지 생기지 않아 어떤 방법을 동원해서라도 그런 선택을 되돌리려 할지도 모른다.

최초의 컴퓨터라고 일컬어지는 "에니그마"의 창시자인 앨런 튜링(Alan Mathison Turing, 1912-1954)은 동성애자였다. 에니그마는 제2차 세계대전에서 연합국의 결정적 승리를 가져오는 데 큰 역할을 했다. 독일군 암호를 해독함으로써 종전을 앞당긴 튜링은 무의미한 대량 살상을 막은 위대한 일을 해낸 것이다. 그러나 전쟁이 끝난 후 튜링은 동성애자라는 이유로 구속 기소되었고 화학적 거세를 선고받

왔다. 그런 폭력성에 절망한 튜링은 스스로 독이 든 사과를 먹고 자살했다.

지금 선진국들은 그런 이유로 누군가를 기소하거나 화학적 거세를 선고하지 않는다. 그러나 대한민국이라는 사회는 어떤가? 여전히 폭력성에 물들어 먹잇감을 찾는 사람들에게 묻고 싶다. 만약 당신의 자녀가 LGBT라면 어떻게 하겠느냐고!

정체성은 스스로 선택하는 것

그 누구도 다른 이에게 정체성을 강요할 수는 없다. 그것은 폭력이고 야만이다. 그런데 다수의 이데올로기라는 틀에 갇히면 타인에게 거침없이 그것을 강요하게 된다. 그러면서 자신은 마치 정의를 수호하는 선봉에 선 줄로 착각한다. 그런 사람들은 심지어 "성평등"조차 "양성평등"으로 바꾸자고 말하며 "차별금지법"을 거부해야 한다고 다른 사람들을 선동한다.

앞서 말한 〈까칠남녀〉 "LGBT 특집"이 방영된 뒤 올라온 후기들을 보았다. 놀랍게도 젊은이들조차 악의적인 비난을 거침없이 쏟아냈다. "쓰레기 같은 젠더 어젠다"에 함몰되어 자신들의 논리를 세뇌하는 악마적 방송이라는 비난도 있었다. 심지어 차별금지법은 정상인—이 용어 자체가 얼마나 폭력적인 개념인지 모르는 듯하다—을 역차별하는 것이기에 결코 허용할 수 없다는 주장도 제기되었다.

외국에서는 "커밍아웃"한 정치인들이 유권자들의 지지를 받아 당당히 당선되기도 한다. 그런 나라들이 도덕적으로 타락해서 멸망으로 기울고 있는가? 다수의 횡포는 비단 다수결의 문제로만 나타나지 않는다. 보통 사회는 감춰진 진실 혹은 불편한 진실에 대해 쉽게 동의를 이루지 못한다. 충분한 시간이 필요하다. 그러나 그것은 불편과 부당에 대한 저항이 아니라 적응하기 위한 공간을 만드는 과정이다. 그러니 목숨 걸고 비난하고 저항할 문제인지 아닌지는 심사숙고해볼 일이다.

한편 같은 동성애라고 해도 남녀에 대한 반응에 차이가 있다. 서양에서도 마찬가지다. 이는 동성애에 대해 비교적 관대했던 고대 그리스인들의 태도에서부터 드러난다. 이른바 "플라토닉 러브"라는 것도 지고지순한 "정신적인 사랑"을 지칭하는 것이 아니라 플라톤이 사랑한 미소년에게 품은 연애 감정에서 비롯한 말이다. 굳이 요즘 식으로 따지자면 플라토닉 러브도 동성애 감정과 크게 다르지 않다. 그런데 그들의 관대함은 남자들의 동성애에만 해당했다. 고대 그리스인들은 여자들이 이성적 사고를 할 수 없다고 보았기에 "이성과 에로스"를 교환하는 것은 남자들 사이에서만 가능하다고 믿었다.

사포(Sappho, 기원전 612?-?)는 남성 중심의 그리스 역사에 이름을 새긴 여성 시인—레즈비언이라는 말은 사포의 고향 "레스보스섬"에서 비롯되었다—이었다. 그런 그녀 역시 남성의 폭력성을 비판하면서도 자신과 생각을 나눈 여자들을 비난했다. 그 당시 문화의 영향을 받은 결과였다.

　최근의 영화들을 보아도 그런 경향이 두드러진다. 〈필라델피아〉나 〈프리스트〉뿐 아니라 〈해피 투게더〉, 〈토탈 이클립스〉, 〈브로크백 마운틴〉, 〈패왕별회〉, 〈왕의 남자〉 등은 은유로 혹은 노골적으로 남자 동성애를 주제로 삼았다. 이런 영화들이 자연스럽게 소개된다는 것은 우리 사회가 이미 "게이 컬처"에 대해서는 어느 정도 인정하거나 눈을 감아준다는 뜻이다.

　그러나 여전히 여자 동성애에 대해서는 차가운 반응뿐이다. 〈델마와 루이스〉 정도가 그나마 여자 동성애를 은유적으로 함축해서 묘사한 영화라고 평가받는다. 이런 차이에서 불균형적인 현실이 드러난다. 또한 뛰어난 테니스 선수였던 나브라틸로바(Martina Navratilova)가 자신이 레즈비언임을 고백했을 때도 사람들은 냉대와 비판으로 일관했다. 이는 사회가 여성의 동성애에 대해서는 여전히 비관용적이라는 사실을 노골적으로 보여준 사건이었다. 그리고 이런 사례들은 사회의 권력을 남성들이 독점한 현실을 배경으로 한다.

　그 누구도 다른 사람의 선택, 특히 정체성의 선택에 대해 비난하거나 억압할 권리가 없다. 우리 사회의 소수자들이 이미 많은 고통을 강요받고 감내해왔다는 사실 자체가 반인권적인 일이다. 그런데도 커밍아웃하는 사람들을 향해 온갖 비난과 저주를 퍼붓는 것은 일종의 이중처벌에 해당한다. 단지 다수와 다르다는 이유로 소수자들을 괴롭히는 행태는 정당한 권리를 과도하게 벗어난 것이다. 하지만 우리 사회에는 정치적 노림수를 가지고 교묘한 논리로 다수의 영향력을 결속시키고 편을 가르며 소수자를 억압하는 사람들이 있다. 그들의 유치한 정치적 전술에 놀아나면 안 될 일이다.

다름을 인정하는 것이 인격이고 인권이다

어떤 의미에서건 소수자는 이미 그 자체로 고통의 질곡을 견뎌온 사람들이다. 그들에 대한 압력과 차별은 비인격적이고 비인권적이다. 다행히 인류 문명은 뒤늦게나마 그런 폭력에 대해 반성하며 공존을 선택하고 있다. 성소수자들은 인류 문명을 파괴하는 악당이나 파렴치범이 아니다. 단지 나와 다르다는 이유로 타인을 가둬놓으려 하면 안 된다. 만약 21세기에 흑인 노예제가 부활한다면 그것을 용인하겠는가? 그들이 소수이고 약자라고 해도 그들을 차별할 권리가 강자인 백인들에게 있을까? 이런 물음 자체가 시대착오적이다. 성소수자의 문제라고 별다를 이유가 없다.

"틀린" 게 아니라 "다를" 뿐이다. 그 의미를 구별하지 못하니 혼돈에서 벗어나지 못한다. 철저한 이성애자이자 다수자라고 해도 동성애자와 소수자를 억압할 권리를 부여받는 것은 아니다. 이렇게 말하기가 조심스럽다는 사실이 화가 날 일이지만, 우리는 예수님이 이 땅에 오셔서 만난 사람들이 바로 약자, 소수자, 국외자였다는 사실을 늘 기억해야 한다.

분열한 이스라엘 왕국 중 먼저 멸망한 것은 북이스라엘이었다. 북이스라엘을 점령한 아시리아 제국의 이주 정책으로 인해 사마리아인들은 혼혈족이 되었다. 반면 나중에 바빌로니아에 의해 멸망한 남유다는 바빌로니아의 분리 정책에 따라 혈통을 유지할 수 있었다. 이런 역사를 배경으로 유대인들은 사마리아인을 노골적으로 비하했다. 그런 시대에, 그것도 "유대인의 자식"인 예수님은 "불가촉 천민"으로 여겨지던 사마리아인들에게 거리낌 없이 다가가셨다. 우리는 이 사실을 마음 깊이 새겨야 한다. 그들이 정확히 "성적인 소수자"가 아니었다고 가볍게 일축할 문제가 아니다.

　　그 누구도 다수의 우위를 방패 삼아 타인을 비난하거나 공격할 권리는 없다. 만약 가족 중 하나가 장애인이거나 성소수자라면 장애인에 대한 차별과 무시를, 성소수자에 대한 무분별한 폭력을 지지할 수 있을까? 리안 감독이 〈결혼 피로연〉에서 아버지의 독백을 통해 전해준 메시지가 바로 그 지점을 짚는다. 오히려 그런 차별과 폭력을 비판하고 저항하며 소수자들의 권리를 위해 맞서 싸울 용기가 필요한 시대다. 아직도 우리 사회가 그런 문제로 갈등을 빚는다는 게 부끄럽기도 하다. 하지만 그런 문제들을 어떻게 슬기롭게 풀어가느냐 하는 것이 미래 사회로의 좀 더 성숙한 진입을 이끌 수 있다는 점에서 다행스러운 일이기도 하다. 예수님은 "다름"조차 품으셨다. 그런데 우리는 "다름"을 여전히 "틀림"으로 강요하고 있다. 이건 아니지 않은가?

교우 여러분, 여러분에게 권고합니다. 게으른 사람들을 훈계하고 소심한 사람들을 격려하며 약한 사람들을 붙들어주고 모든 사람을 인내로써 대하십시오(1데살 5:14).

이 구절에서 "게으른 사람"으로 번역된 어휘—새로 번역된 성경에서는 "무질서하게 지내는 이들"이다—를 성소수자로 해석하는 사람들이 있다. 그러나 시간이 흐르면 그런 해석이 얼마나 무의미한지 깨닫게 될 것이다. 내가 이성애자라고 해서 동성애자를 비롯한 성소수자를 비난하고 억압할 권리가 있는 것은 아니다. 적어도 그게 나의 신념이다. 굳이 소수자 문제를 따지려면 극소수의 강자가 국부의 60% 이상을 독점하면서 약자를 착취하는 현실을 비판하고 싸우는 게 먼저 아닌가?

누구나 소수자가 될 수 있다

어떤 집단에서 의사 결정을 할 때 가장 일반적으로 선택하는 방법이 바로 다수결이다. 다수결의 원리는 시민 주권의 원리, 자치의 원리, 권력 분립의 원리와 함께 민주주의의 가장 대표적이고 기본적인 원리다. 그러나 이에 관해 반드시 생각해봐야 할 문제가 있다. 다수결의 원리가 유일한 또는 유력한 대안일 경우 그것을 피하기는 어렵더라도 구성원들은 자기 의사를 완전하게 밝히며 토론할 수 있어야 하고 의제와 관련된 모든 정보는 모두에게 공개되어야 한다. 또한 모든 개인의 의견은 평등하다는 전제가 확고해야 한다. 모든 개인은 동등한 인격과 가치를 지니고 있기에 각자의 의견도 당연히 동등한 무게를 가진다.

또한 다수결의 원리가 제대로 작동하려면 패자가 승복한다는 원칙이 잘 지켜져야 한다. 그 의연함이 민주주의를 가능하게 한다. 그러나 다수자가 소수자를 설득하는 노력을 기울이지 않을 때 다수결은 폭력이 된다. 다수결 원칙이 다수의 횡포로 전락해버리는 것이다. 따라서 더 많은 사람이 의결에 승복하게 할 합리적 절차가 필요하다. 그리고 무엇보다 다수결의 원칙이 양심의 억압을 정당화하는 데 악용되는 일은 반드시 피해야 한다.

다수결의 원리가 작용하지 않는 유일한 것은 인간의 양심이다. 간디(Mohandas Karamchand Gandhi, 1869-1948)는 "양심에서 다수결의 원칙은 설 자리가 없다"고 갈파했다. 여기서 우리는 다수결의 원칙이 각 의견의 상대성을 전제로 한다는 점을 기억해야 한다. 어떤 가치에 대한 어떤 개인 혹은 다수를 차지하는 어떤 집단의 판단이 절대적으로 옳을 수는 없다는 말이다. 따라서 우리는 다수결의 원칙이 모든 사람의 의견을 존중해야 한다는 상대주의에 입각함을 명심해야 한다.

다수결의 원칙에 의한 선택과 결정의 과정에서 궁극적으로 고려해야 할 점이 하나 있다. 결정 이후 그 결정에서 배제된, 혹은 그 결정을 선택하지 않은 소수에게 결정 사항을 강요할 것이 아니라 그 결정의 합리성을 끊임없이 설득하고 그들을 다수의 선택으로 수렴시키며 좀 더 합리적 방식을 모색해야 한다는 점이다. 다수결에 따른 선택 이후에도 소수의 의견을 존중하며 그들과 동등한 입장에서 대화와 타협의 과정을 거치는 것이 바람직하다.

다수결로 내린 결정으로 모든 것을 내리누르면서 그와 다른 내용은 무시하는 것만큼 어리석은 짓도 없다. 하지만 많은 사람이 그런 유혹에 빠진다. 예를 들어 51%의 득표율로 집권한 세력이 모든 권력을 독점하면서 49%의 유권자를 무시하거나 억압하며 자신들의 결정만을 강요한다고 하자. 그들은 자신들의 선택과 결정이 대중의 지지 속에서 이루어졌다고 생각하며 자신만만할지도 모른다. 하지만 그 순간 다수의 횡포가 발생한다. 심지어 올바른 소수를 배제하고 다수의 결정이 언제나 옳다고 단정하는 독선을 보일 수도 있다. 그들에게 반대 의견이나 비판은 무조건적인 반대 혹은 반대를 위한 반대로만 느껴진다. 다수가 소수의 의견을 존중할 수 없다면, 다수의 의견에 반대하는 소수의 주장이 자유로이 표명될 수 없다면 차라리 다수결의 원칙을 포기하는 것이 낫다.

민주주의의 역사가 짧은 곳에서는 다수결의 원칙이 왜곡되는 경우가 많다. 단일 민족 국가 이데올로기가 강한 곳에서는 더더욱 그렇다. 우리나라는 이 두 가지 모두에 해당한다. 반공 지상주의가 그렇고 배달의 민족이니 백의민족이니 하는 이념도 그렇다. 그래서 21세기를 맞은 지금도 새로운 매카시즘이 난무한다. 우리는 단일 민족에

대한 왜곡된 환상이 획일적 수용을 강요하기 쉽다는 사실을 잊으면
안 된다.

누가 소수자인가?

누가 소수자인가? 일반적으로 우리가 "소수자"라고 부를 때 그것은
단순히 수의 많고 적음에 따라 정의되지 않는다. 우리는 신체적 차이
나 문화적 배경의 차이 때문에 다른 이들과 구별되고 그것 때문에 차
별을 받는 사람들을 소수 집단이라고 부른다. 물론 소수자(少數者)에
해당하는 한자어는 "수가 적은 사람"을 뜻한다. 하지만 여기서 "소
수"는 단순히 수의 적음이 아니라 다수가 갖는 지배적인 위치에서 배
제된 약자의 위치에 있는 경우를 말한다.

소수와 다수의 개념은 원래부터 상대적이다. 소수자 집단이
있다는 건 좀 더 높은 사회적 지위와 힘을 누리는 우세한 무리가
있다는 뜻이다. 따라서 몇백만의 인구를 가진 유럽의 작은 나라 네덜
란드가 그보다 몇십 배 인구를 가진 인도네시아를 식민 통치할 때 소
수자는 네덜란드 사람들이 아니고 인도네시아 사람들이라고 할 수
있다.

한 사회를 평가하는 중요한 기준 가운데 하나는 그 사회가 소수
자의 권익에 대해 어떤 기준을 마련하고 있는가 하는 점이다. 한 국가
또는 사회 내에서 소수자에 해당하는 사람들은 억압의 대상이 아니

라 보호의 대상이어야 한다. 인종, 종교, 언어 등에서 다수와 구별될 뿐 아니라 그로 인해 불편을 겪는 사람들을 차별하고 억압하는 것은 반인간적인 일이다. 그래서 "국제인권조약" B-27에는 "시민적 및 정치적 권리에 관한 조약"이 포함되어 소수자의 문화, 종교, 언어에 대한 권리를 규정하고 있다.

경제에서의 소수자는 노동자들이다. 자본주의는 실제로 자본가와 노동자의 협력으로 이루어지는 경제 체제다. 하지만 이 체제가 "자본주의"로 불리는 까닭은 자본의 힘에 따라 좌우되는 성격을 가졌기 때문일 것이다. 그와 비슷하게 주식회사에서의 권한은 "사람의 수"가 아니라 "주식의 수"에 의해 결정된다. 기업가의 수보다 노동자의 수가 훨씬 많음에도 불구하고 노동자가 소수자인 것은 그들에게 의사결정권이나 경영에의 참여가 봉쇄되기 때문이다. 노동자뿐 아니라 농어민도 소수자다. 우리 사회에 큰 비중을 차지하는 비정규직 노동자들 역시 대표적인 소수자들이다.

자본주의에서 노동자는 기본적으로 다수자인 자본가와 대비되는 소수자다. 노동운동은 그런 소수자 운동으로 시작되었다. 하지만 노동자 조직이 제도적으로 안정된 상태에 도달하게 되면 거기서 다수자가 되어버린 노동자 집단은 비정규직 노동자, 여성 노동자, 외국인 노동자 등 새로운 소수자의 집합을 만들어낸다.

따라서 누구나 소수자가 될 수 있다. 소수자는 그 사회의 정치·경제·사회·문화적 상황에 따라 달리 정의될 수 있다. 누가 지배적인 힘을 가지냐에 따라 사회적 약자, 즉 소수자가 새롭게 등장할 수 있다. 소수자가 사회에서 겪는 불편과 차별을 걷어내는 운동은 언제든 나도 소수자가 될 수 있다는 연대감에서 가능해진다. "여성 할당제"나 "장애인 고용 할당제" 등은 바로 그런 점을 법적으로 보장해서 차별과 억압을 최소화시키자는 사회적 합의에 따라 만들어진 것이다.

물론 소수자가 자신들의 이익을 극대화하기 위해 극단적인 방법을 선택함으로써 사회적 비용을 과다하게 만드는 때도 없지 않다. 노조의 지나친 요구와 극단으로 치닫는 노사 대결도 그런 사례에 해당한다고 볼 수 있다. 그러나 그럴 때도 그들이 겪었을 차별과 억압, 불이익의 역사성을 고려하면서 어느 정도 관용을 베풀 필요가 있다.

어쩌면 우리는 다수가 늘 옳고 정당하다는 생각 자체를 버려야 할지도 모른다. 현대사회는 이미 다원화된 사회다. 다원적 사회 체계에서 지배 세력 혹은 다수자는 소수 집단의 존재를 허용할 수밖에 없다. 더 나아가 소수자 집단의 사회적 역할에 대해 개방적인 열린 사회가 만들어져야 할 것이다.

소수자를 보호하는 교회

우리 사회는 소수자들의 권리를 법적으로 보장하고 신장하기 위해 노력하고 있지만 소수자를 위한 제도나 정책이 여전히 미흡한 것이 현실이다. 교회와 성직자들이 얼마나 소수자의 인권을 위해 투쟁하는

지, 강자의 폭력성에 대해 비판하고 저항하는지 냉정하게 돌아봐야 한다. 복음서에 나오는 거의 모든 조역, 즉 예수님이 만나주신 사람들의 대다수가 소수자들이었다.

> 너희는 남에게서 바라는 대로 남에게 해주어라. 이것이 율법과 예언서의 정신이다(마태 7:12).

이른바 "황금률"로 알려진 이 말씀은 강자 혹은 다수자가 소수자에 대해 어떻게 처신해야 하는지에 대한 복음 정신의 핵심을 짚어준다. 이는 일차적으로 강자가 실천해야 할 덕목이다. 약자와 소수자가 무시당하고 억압받는데도 외면하는 교회는 존재의 가치 자체가 없다. 복음을 외면하는 교회나 성직자, 신자가 무슨 의미가 있겠는가?

"우리의 시대는 소수자의 시대가 되고 있다"는 프랑스의 현대 철학자 들뢰즈(Gilles Deleuze, 1925-1995)의 진단은 많은 의미를 담고 있다. 다수가 소수를 존중하고 소수가 다수를 수긍할 수 있을 때 비로소 "자유로운 개인"이라는 가치가 실현될 것이다. 그것은 다원성의 가치를 실현할 수 있는 토대이기도 하다. 미래 사회는 다양성과 다원성 가운데 끊임없이 순환하고 소통하면서 새로운 가치를 만들어내는 사회여야 한다. 그런 가치를 분명하게 가르칠 수 있어야 사회가 건강해질 수 있다.

"눈에는 눈, 이에는 이"라는 개념은 성경에도 종종 등장한다. 가장 오래된 법전인 함무라비법전에서 비롯하는 이 형벌 원리는 흔히 "동태복수법"—똑같이 복수한다는 의미를 띤다—이라 불린다. 죄형법정주의에 익숙한 우리가 보기에 이런 법률은 섬뜩하게 느껴질 수도 있다. 하지만 그 이면을 보면 전혀 그렇지 않다. 어느 시대나 법이란 기본적으로 약자를 보호하는 가장 기본적인 질서 방식이기 때문이다.

예를 들어 함께 놀던 평민 아이가 실수로 귀족 아이의 눈을 찔러 실명시켰다고 가정해보자. 귀족 아이의 아버지는 자기 아이의 실명에 분노해 평민 아이를 당장 솥에 삶아 죽이거나 그 가족을 몰살할 수도 있다. 역사에는 실제로 그와 비슷한 사건들이 기록되어 있다.

그렇다면 그런 사회는 어떻게 될까? 약자들은 점차 그 사회 체제가 자신의 안전을 보장하지 못한다고 느낄 것이다. 그들은 기회만 되면 그 사회에서 벗어나거나 체제를 전복시키기 위해 노력할지도 모른다. 그런 분위기가 계속 이어지면 그 체제는 불안정해진 나머지 무너져 내릴 수도 있다. 그러니 강자라 하더라도 자신이 손해 본 만큼만, 즉 실명의 피해를 본 사람은 상대의 눈만 뽑게 해야 한다. 그나마도 대부분은 형벌에 상응하는 금전적 보상이나 노동력의 제공으로 대체하도록 했다. 국가의 법으로 그런 한계를 정한 것이다. 이것이 바로 동태복수법의 핵심이며 법은 이처럼 기본적으로 그 사회의 가장 기초적인 체제 기반인 동시에 안전판이라 할 수 있다.

사법농단을 잊지 말자

몇 해 전 우리나라의 대법원장이 주도한 사법부의 어처구니없는 행태가 백일하에 드러났다. 양승태 대법원장이 이끄는 사법부는 외교부를 끼고 청와대와 거래하면서 일제의 강제노역과 위안부 피해 관련 배상 문제를 정부에 유리하게 판결하려고 했다. 그들은 헌법재판소에 파견된 판사를 통해 기밀을 빼내는 짓까지 서슴지 않았다.

　한 국가의 대법원은 양심과 정의를 수호하는 최후의 보루이며 모든 사회적 신뢰가 응집되는 정점이다. 하지만 당시 우리나라의 대법원은 범죄 집단일 뿐이었다. 수구 정권과 결탁한 사악한 법관들이 스스로 연출하고 기획한 타락은 대통령의 탄핵에 버금가는, 아니 어쩌면 그보다 훨씬 더 치명적인 치욕이었다. 법원을 믿지 못하게 된 사회가 치러야 하는 엄청난 비용을 생각할 때 그것은 정말 불행한 사태였다.

백번 양보해서 그들이 원했던 상고법원의 당위성과 필연성은 모두 받아들일 수 있다고 치자. 하지만 다른 데도 아닌 사법부, 그것도 대법원이 어떻게 자신들이 원하는 바를 위해 다른 조직과 물밑 거래를 하고 반대 세력에 대한 사찰까지 마다치 않을 수 있는가? 그것은 도저히 용납할 수 없는, 국기를 뒤흔든 어마어마한 사건이다. 그들은 증거 인멸을 조직적으로 식은 죽 먹기처럼 아무렇지 않게 저지를 정도였다. 이런 상황에서 어느 시민이 사법부의 정의를 신뢰할 수 있을까?

사법(司法)이란 법을 적용하고 판단하는 국가의 기본 작용이다. 사법권을 행사하는 법원은 사회 질서를 유지하고 국민의 권리를 보장하는 일에 최우선을 두어야 한다. "사법권의 독립"이란 재판이 다른 것에 영향을 받지 않고 이루어져야 한다는 원리를 말한다. 법원은 이를 위해 다른 국가 기관의 간섭 없이 공정한 재판을 통해 법을 적용하고 판단할 수 있어야 한다. 이는 법관이 외부의 간섭이나 압력 없이 헌법과 법률에 의해 양심에 따라 독립적으로 재판할 수 있는 권리의 보장으로 드러난다. 이를 위해 법관의 임기와 신분 역시 헌법으로 보장된다.

그런데 이 나라 사법부는 자신들의 권리 획득을 위해서라면 어떤 야합이나 거래도 마다치 않았다. 그것도 사법부의 수장인 대법원장이 주축이 되어 행정부의 수반에게 더러운 "딜"을 제시하는 파렴치한 행각을 벌였다. 그런 실태가 낱낱이 드러나는데도 뻔뻔하게 사법부 독립 운운하며 책임을 회피하는 그 대법원장을 보면서 분노에 앞서 안쓰러운 느낌까지 들었다.

헌법 제101조는 "사법권은 법관으로 구성된 법원에 속한다"고 규정한다. 공정한 법 적용의 토대인 법원의 독립을 위해 법원의 조직과 운영이 외부의 간섭이나 영향을 받지 않아야 한다는 것은 모든 시민이 인식하고 동의하는 보편적 가치다. 그런데 법원이 스스로 그 가치를 무시했다. 정치인들의 타락은 흔한 일이지만 법관의 타락은 결코 가볍게 볼 일이 아니다. 그런데도 여전히 많은 사람이 이 문제에 관해 무감한 듯하다.

삼권분립의 이론적 토대를 마련한 몽테스키외(Montesquieu, 1689-1755)는 『법의 정신』에서 다음과 같이 경고했다.

재판권이 입법권과 행정권에서 분리되어 있지 않으면 자유는 존재하지 않는다. 만약 재판권이 입법권과 결합하면 시민의 생명과 자유에 대한 권력의 사용이 자의적이 될 것이다. 왜냐하면 재판관이 입법자가 될 것이기 때문이다. 만약 재판권이 행정권과 결합하면 재판권은 독재자의 힘을 가질 수 있을 것이다.

21세기에 우리 눈앞에서 펼쳐진 파행을 이 경고에 비추어 살펴보자. 우리의 사법부는 그동안 독립을 바라기는커녕 권력의 시녀 노릇, 때로는 앞잡이 노릇까지 자처하면서 협잡꾼으로 전락해버렸다.

헌법을 수호하고 부당한 권력의 압력으로부터 약자를 보호하는 데 힘을 쏟기보다는 살아 있는 권력을 보호하면서 이권을 챙기기에 바빴던 것이다.

사실 사법부의 타락에 관해 가장 개탄하고 분노하며 처벌의 목소리를 높여야 하는 것이 바로 보수의 사명이다. 보수는 반드시 지켜야 하는 가치를 위해 다른 것을 기꺼이 포기하거나 바꿀 수 있다는 기본 강령에 바탕을 두기 때문이다. 하지만 우리 사회에서 지금까지 보수 세력을 자임하던 자들 가운데—수구 세력까지 관대하게 포함시킨다 해도 마찬가지다—과연 그 문제에 대해 분노하며 목소리를 높인 이들이 얼마나 되는가?

우리나라 법원의 역사에서 위헌법률심사권조차 중요하게 다루지 않으면서 헌법재판소 개설에 노골적으로 반대했던 자들은 바로 사법부의 권력자들이었다. 그리고 그들의 후계자들이 우리가 처참하게 목격한 사법농단의 주범들이다. 그들은 대를 이어 내부 비판자는 좌천시키고 감시하며 압력을 가해 끝내 버티지 못하고 사직하게 했다. 그리고 그런 사례를 보면서 다른 법관들이 알아서 기는 상황을 즐기며 그런 것이 권력이랍시고 위세를 떨었다. 그러면서도 그들은 대외적으로 사법부의 독립이라는 엉뚱한 방패를 내세우며 내부를 마음 놓고 짓밟았다.

판관기의 경고

재판을 바로 세우는 것은 사회만의 문제가 아니다. 세계 최대 규모를 자랑하는 우리나라의 대형교회 하나가 세습 문제로 시끄러웠다. 그 사안은 끝내 교단의 재판에 부쳐지기까지 했다. 그러나 교단의 재판부는 법문의 내용인 "은퇴하는"과 "은퇴한"의 의미가 다르다며 그 세습의 정당성을 인정해버렸다.

또 다른 한 대형교회는 가짜 학위를 비롯한 온갖 의혹으로 얼룩진 담임 목사의 과거 행적이 문제가 되었다. 급기야는 그를 반대하는 세력과 옹호하는 세력이 갈라섰다. 하지만 그 목사는 여전히 건재하다. 헌법이 권력자들에게 유린당하는 것처럼 교회법도 무시당한다. 그런 상황에서 "신정법" 운운하며 한심한 소리를 지껄이는 목사들이 위세를 부린다.

구약성경의 판관기는 여호수아에서 사무엘에 이르는 시대의 역사를 기록한 책으로서 판관들의 전기이기도 하다. 판관기는 이스라엘 민족이 야웨를 배신하거나 떠나서는 아무것도 할 수 없고 무언가를 가질 수도 없음을 일깨워준다. 판관들은 전쟁 시에는 군사령관이었지만 평상시에는 판사의 역할을 담당했다. 그들에게는 "신의 심판"을 대행하는 권위가 있었다. 그러나 그 권위를 제대로 다루지 못하는 판관에게는 재앙이 내렸다. 여기서 더 불행한 것은 판관의 비극이 개인적 결말에 그치는 것이 아니라 백성 전체의 공동 운명이 된다는 점이다. 그것은 그 사회가 판관의 타락을 방관하거나 방조했기 때문이다. 그러므로 재앙은 모두의 책임이 된다.

과연 교회는 사법부의 타락에 관해 얼마나 막중하게 인식하고 반성하고 있을까? 예언자의 역할에는 무관심이고 제사장의 자리만 탐닉하는 자들이 교회의 권력을 쥐고 있는 한 무망한 일이다. 교회—신구교를 막론하고—의 재판이 이미 조롱과 한탄의 대상인 마당에 무슨 낯으로 그럴 수 있을까 싶다. 하지만 더 두려운 것은 아예 그런 낯조차 없을지 모른다는 점이다.

누구나 자신의 허물을 인정하기는 어렵다. 그뿐 아니라 제 허물을 인식한다는 것 자체가 쉽지 않은 일이다. 우리는 걸핏하면 인지부조화의 늪에 스스로 기어들어 가 자신을 합리화한다. 그리고 역사의 시계가 한참 흐른 뒤에야 슬그머니 그 껍질을 벗어놓고 새 옷으로 갈아입는 일을 반복한다.

교회사를 읽어보아도 그런 일이 비일비재하다. 교회의 권력을 쥔 자들은 자신의 이익을 위해 무자비하게 횡포를 부린다. 그러면서도 정작 자신들은 스스로 정의롭다고 여긴다. 하지만 시간이 흐른 뒤 그게 부끄러움과 어리석음의 결정체였음을 모두가 알게 된다. 그래서 우리는 두려워하면 안 된다. 오히려 의연하게 맞서 싸울 수 있어야 한다. 교회가 그런 인식과 고백과 반성 위에 먼저 서야 사회악에 대해서도 엄정하게 비판하며 정의를 세워갈 수 있다. 그것이 복음 정신의 실천이다.

법은 근본적으로 약자를 보호하고 정의를 바로 세우며 사회의 안녕과 건강한 지속을 마련하기 위한 기본 토대로서 최후의 보루와 같다. 따라서 법을 온전하게 하는 일에서는 진영의 문제를 넘어서야 한다. 이는 "적폐청산의 피로감"을 말하면서 비켜 갈 수 있는 문제가 아니다. 그리고 무엇보다 교회부터 자정의 노력을 기울이며 사회적 불의와 타락에 대해 날카롭게 비판할 수 있어야 한다. 더 나아가 불의에 맞서 싸우며 기꺼이 자신을 희생할 각오도 세워야 한다.

야웨여, 임의 원수들은 모두 이처럼 망하고 임을 사랑하는 이들은 해처럼 힘차게 떠오르게 하소서(판관 5:31).

23

모차르트를
들으며

한여름의 모차르트

한여름의 작업실에서는 앞문과 뒷문을 열어 바람이 통하게 해도 무더위가 전혀 사윌 조짐을 보이지 않는다. 설령 바람이 훑고 지나가도 후끈한 기운을 몰고 오니 아무런 도움이 되지 못한다. 그저 좁은 작업실의 환기에는 도움이 되겠거니 하며 스스로 위로하고 더위에 무뎌지도록 주문을 걸어볼 뿐이다.

이럴 때는 음악을 듣는 것도 도움이 된다. 비발디(Antonio Lucio Vivaldi, 1678-1741)의 사계 중 〈여름〉도 좋지만, 나는 이럴 때 모차르트(Wolfgang Amadeus Mozart, 1756-1791)의 클라리넷 협주곡을 찾는다. 영화 〈아웃 오브 아프리카〉에서 주인공이 복엽기를 타고 지나던 초원을 떠올리게 되어서일까? 클라리넷의 중후하면서도 농염한 선율이 바람결 같다.

온종일 클래식 음악을 틀어주는 라디오 채널을 듣다 보면 모차르트와 베토벤(Ludwig van Beethoven, 1770-1827)을 건너뛰는 법이 없다. 그런데 나는 고전음악의 정수이며 가장 아름다운 음악의 창조자인 모차르트의 음악을 들을 때마다 그의 "혁명성"을 떠올린다. 모차르트를 들으며 혁명을 떠올린다니 뜬금없게 느껴질 수도 있다. 그러나 나는 그에게서 혁명을 본다. 물론 그는 기존의 다양한 양식과 표현 기법을 망라하며 수많은 협주곡 등을 작곡함으로써 일종의 종합 선물 세트와 같은 음악을 남겼다. 하지만 그가 기득권에 맞서 자신의 세계를 지키고 대중의 호흡을 끌어들였다는 점에서 혁명성을 논할 충분한 가치가 있다.

어제의 진보가 오늘의 보수다

그 대표적 사례가 바로 오페라 〈피가로의 결혼〉이다. 1786년에 초연한 이 작품은 모차르트가 당시에 권력층을 형성한 황실 및 교회 등과 결별하게 된 전환점을 가져왔다. 이듬해 발표한 〈돈 조반니〉도 그 연속선에 있었다. 〈피가로의 결혼〉은 프랑스 극작가 보마르셰(Pierre Augustin Caron de Beaumarchais, 1732-1799)가 1781년에 쓴 희곡을 토대로 만들어졌다. 보마르셰의 희곡이 1784년에 초연되었으니 모차르트는 그 내용이 소개된 지 2년 만에 이 작품을 오페라로 만든 것이다.

기지에 찬 하인 피가로는 절세미녀인 자신의 약혼녀 수산나를 빼앗으려고 하는 사악한 알마비바 백작을 골탕 먹인다. 이때 백작 부인 로시나는 자신의 남편이 아니라 피가로와 수산나 편에 선다. 작가는 이 이야기를 통해 구체제를 떠받치고 있는 모든 것, 곧 귀족, 재판, 권위, 외교 등에 대해 조롱을 퍼붓는다. 그는 사상의 자유와 언론의 자유를 도도하게 요구한다. 그는 사회적 불평등, 곧 무능한 자가 향락을 만끽하고 다른 편에서는 유능한 자가 고통 속에 빠져 있는 불평등에 대해 항의한다.

대감은 대영주이기 때문에 당신이 대단한 인물인 줄 알고 계시지만, 대감은 태어나시는 수고를 하셨을 뿐, 그 이상 무슨 일을 하셨습니까?…하지만 소인은, 제기랄! 그도, 제기랄! 그도 역시 향락하기 위해 모든 취미를 갖고 있지 않았던가?

이런 내용이 가득한 연극이었으니 상연이 제대로 이루어질 리 없었다. 프랑스 정부는 이 작품의 공연을 불허했다. 하지만 오히려 이런 탄압이 이 작품을 더 유명하게 했다. 심지어 왕비조차 보마르셰의 편에 섰다(이는 작품 내에서 백작 부인이 피가로의 편에 서는 것과 겹친다). 보마르셰는 왕권을 중심으로 한 기득권에 도전하는 싸움에 자신만만하게 뛰어들었다.

내가 모차르트의 이 작품을 들을 때마다 새삼 놀라는 것은 프랑스에서 초연된 지 불과 2년 만에 오페라가 완성되었다는 점이다. 모차르트는 그만큼 다양한 국제적 문화의 흐름을 놓치지 않고 있었다. 그러면서 구태와 기득권에 갇히기보다 저항하고 맞서 싸우며 자신의 주체성을 확립하는 근대 자유주의자의 면모를 확실하게 드러내 주었다. 연극이 그랬듯이 오페라도 귀족 등 기득권층의 반발을 살 것이라고 예상하지 못했을까? 그렇지 않았을 것이다. 실제로 이 오페라의 초연은 빈에서 이뤄졌지만 다음 해에 발표한 〈돈 조반니〉의 초연은 프라하에서 있었다. 〈피가로의 결혼〉을 접한 빈의 권력층이 모차르트를 경원시했기 때문이었다.

모차르트가 바보여서 그런 작품을 보란 듯이 오페라로 만들었을까? 그렇지 않다. 그는 시대정신을 꿰뚫어 보고 거기에 보폭을 맞추었을 뿐이다. 그는 귀족층이 아니라 신흥 중산층을 위해 이바지하고자 했다. 그런 점에서 그는 근대정신에 감응한 음악가라 할 수 있다. 그는 귀족의 탄압과 지원 중단까지 각오했고 결국에는 궁정 및 교회, 귀족들과 결별하기에 이르렀다.

하지만 대중의 주머니는 얄팍했다. 중산층을 상대로 자신의 작품이 충분히 소비될 것이라고 믿었던 모차르트의 바람은 현실과 어긋났다. 그는 어쩔 수 없이 현실적 생계와 적당한 사치—아내의 사치벽이 아니라 오랜 궁정 출입으로 인해 몸에 밴 자신의 사치벽을 말한다—를 위해 끊임없이 작품 활동을 해야 했다. 어쩌면 그의 이른 죽음은 그런 과로와 기득권층으로부터의 소외가 겹쳐서 초래한 것인지도 모른다.

시대정신을 늘 인식하자

내 글을 읽거나 강연을 듣는 사람 중 상당수가 나를 진보적 인물로 평가한다. 그럴 때마다 나는 말한다. 나는 보수적 인물이라고! 보수와 진보에 대한 정의는 각양각색으로 매우 다양하다. 하지만 내가 생각하기에 보수는 가정에서 배우는 인격, 배려, 도덕 등의 가치와 학교에서 배우는 민주주의, 정의, 공정성 등의 가치를 위해 최선을 다하며 그것을 지켜내려는 태도다. 그런 것들이 능멸당하고 붕괴하며 퇴행하는 것을 보고도 모른 척하는 자들, 아예 그런 것에 무관심하고 무지한 자들, 심지어 자신의 이익을 위해 그것의 왜곡에 앞장서는 자들은 보수가 아니라 수구일 뿐이다.

교과서에서 배운 대로 살고자 하는 것이 보수라면 진보는 지금의 교과서대로 살 수 없다고 말하며 기준 자체를 완전히 바꿔야 한다고 주장하는 태도다. 그런 면에서 우리 사회는 진짜 진보를 감당할 마음이나 힘이 아직은 없는 듯하다. 지금 우리 사회는 보수냐 진보냐 하는 이분법이 아니라 보수와 수구를 가려내는 안목이 필요한 때다. 그런 안목을 가지고 마땅히 해야 할 역할을 감당하는 사람들이 많아져야 한다.

적어도 내가 지금 살아가고 있는 세상이 어떻게 흘러가는지에는 관심을 두어야 한다. 내가 살아가는 사회에서 사람과 삶의 가치가 어떻게 구현되고 있는지, 혹여 구조적 모순이나 소수의 탐욕 때문에 세상이 그릇된 방향으로 흘러가는 것은 아닌지, 함께 살아가는 사람들의 삶의 가치가 뭉개지고 짓이겨지는 것은 아닌지 세심하게 관찰하고 감시해야 한다. 시대정신을 제대로 인식해야 미래 의제를 도출할 수 있으며 노예가 아닌 주인의 삶을 살 수 있다.

기독교는 사람이 노예의 상태에서 벗어나 주인의 삶을 살아야 한다고 가르친다. 그런 삶의 가장 큰 모범을 보이신 것이 바로 예수님이시다. 교회가 제도나 체제의 한계를 어느 정도 불가피하게 떠안을 수밖에 없다 하더라도 그 핵심 가치를 실현하지 못하는 교회는 존재의 이유와 근거를 상실한다. 아무리 복음을 외쳐도 그것은 주문(呪文)이나 부적에 불과하다. 복음서를 읽으며 그저 "주여", "할렐루야", "아멘" 하고 백날 외쳐도 소용없다. 복음서의 시대적 상황과 지금의 역사를 나란히 놓을 줄 모르고 그저 천당과 축복에만 매달린다면 그것은 기만과 허위일 뿐이다. 그런데도 교회나 신자가 그런 올무에 자기를 가둔 채 세상을 외면한다면 그야말로 주제 사라마구(José de Sousa Saramago)의 "눈먼 자들의 도시"와 다를 바 없다.

복음서를 꼼꼼하게 읽어보면 예수님의 언행은 당시로써는 매우 파격적이다 못해 혁명적이었다. 진리와 정의를 외면하는 수구적 기득권 세력은 당시에 정치와 종교를 가리지 않고 뿌리를 깊이 내리고 있었다. 예수님은 그들을 아주 준엄하게 비판하셨다. 그의 시선은 철저히 약자와 보통 사람들의 눈높이에 맞추어졌다. 그는 어쩌다 힘 있고 돈 많은 사람들과 한자리에 있게 되어도 결코 듣기 좋은 말만 골라 하지 않으셨다. 당시의 그런 현실을 입체적으로 고려하면서 복음서를 한 줄 한 줄 읽어가면 등골이 서늘해진다. 그런데도 우리는 주문이나 부적 다루듯이 편의에 따라 말씀을 인용하며 종교적 지식이나 자랑하기에 바쁜 것은 아닌지 냉정하게 자문해야 한다.

신·구교를 막론하고 지금의 한국교회는 보수 운운하면서 수구적 가치와 세력에 기생하는 모습을 보인다. 아니, 기생이 아니라 그런 세력을 선도하는 것 같다. 정치 지도자가 참된 신자라면 그의 정치는 기독교적 진리와 정의에 충실해야 마땅하다. 하지만 그런 것은 그도 교회도 전혀 마음 쓰지 않는다. 교회나 일부 고위 성직자들은 호가호위할 생각뿐인 듯하다. 이처럼 말로는 하느님의 사랑 운운하며 떠들지만 실천은 사두가이요 바리사이일 뿐인 교회와 신자들이 너무 많다. 그러면서 자신들이 보수의 교두보라도 되는 듯 착각한다. 착각도 유분수다. 심각한 인지부조화가 아닐 수 없다.

"나더러 '주님, 주님!' 하고 부른다고 다 하늘나라에 들어가는 것이 아니다. 하늘에 계신 내 아버지의 뜻을 실천하는 사람이라야 들어간다"(마태 7:21)는 예수님의 따끔한 질책은 지금 우리에게 고스란히 적용된다. 비겁과 불의를 보수적 가치로 포장하면서 비인격성과 악에 침묵하거나 동조하는 것을 "중립"이라고 둘러대는 교회와 신자들이 넘쳐나는 한, 한국교회의 존재 의미는 무망하다.

복음은 담대한 선언이었다. 그냥 "예수 믿는다"고 말만 하면, "아
멘" 하고 긍정만 하면 천당에 갈 수 있다고 여기는 미신적 주술 행위
는 복음과 상관이 없다. 그 대신 동시대를 직시하면서 어떻게 예수님
의 가르침대로, 복음대로 살 수 있는지 고민하고 성찰해야 한다. 몸집
이나 늘리고 그것을 토대로 권력을 만들어내기에 바쁜 교회는 사실
교회가 아니다. 물론 교회가 처음부터 그런 권력을 탐하지는 않는다.
그러나 규모가 커지고 힘이 세지면 한순간에 타락의 선을 넘는다. 거
기다 자신들의 잘못이 복음을 체계화하기 위한 노력일 뿐이라고 합
리화하는 순간 교회는 무너진다.

교회는, 신자들은 진정한 보수와 진보의 가치에 대해 고민하며
올바른 실천의 방향으로 담대하게 나아가야 한다. 모차르트의 음악을
들으며 단순히 음악의 아름다움만 누릴 게 아니라 시대정신에 대한
그의 인식과 실천을 떠올리는 것도 좋지 않겠는가. 교회가 진정한 제
모습을 찾기 위해서는 더 담대해져야 한다.

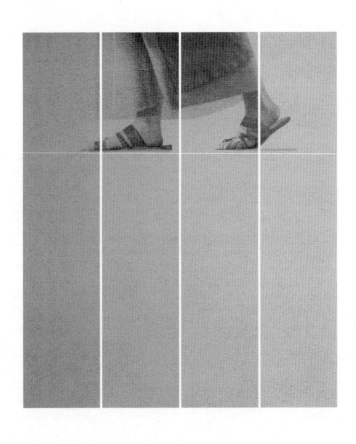

3부
—

교회

교
회
만
바
뀌
어
도
세
상
의
절
반
이
변
한
다

24

시대를
알아보아라

21세기가 벌써 스무 해 가까이 지났는데도 여전히 20세기 방식으로 생각하고 판단하고 행동하는 사람들이 있다. 20세기는 오로지 속도와 효율로만 학습하고 행동하는 시대였다. 그에 합당한 보상—그 절차와 과정이 공정했는지는 차치하자—이 따랐기에 누구나 물질적 풍요를 점진적으로 느낄 수 있었다. 엄밀히 따지면 노동력의 착취가 있었다. 하지만 그 이전 시절이 서럽도록 가난했기에 굶어 죽지 않는 게 고맙고 온갖 물질적 도구를 얻는 게 즐겁기만 했다. 그래서 독재마저 미화하며 열렬히 지지하는 이들도 적지 않았다.

시대를 읽지 못하는 교회는 의미가 없다

그러나 시대가 변했다. 더 이상 20세기의 방식으로는 살 수가 없다.

문제는 아직도 그 미몽에서 벗어나지 못한 사람이 많다는 점이다. 그리고 그런 자들이 여전히 여론을 이끌고 있다. 수구 세력이 만들어놓은 종합편성채널의 방향성이나 논의 수준을 보면 혹세무민이 따로 없는 것 같다. 그런데 그런 방송을 종일 틀어놓고 거기서 흘러나오는 선정적 보도에 이끌리는 사람들이 생각보다 많다.

아무리 많이 배우고 나이가 들어 경험이 많은들 무엇하랴! 명백한 진실도 믿지 않고 오히려 진실을 말하는 사람들을 타박하기 바쁘다. 그러니 시대착오적인 매카시즘이 난무한다. 그런 망나니짓이 우리가 당장 살아야 하고 다음 세대가 앞으로 살아가야 할 미래를 뿌리부터 갉아 먹는데도 전혀 두려워하거나 주저하지 않는다.

교회는 어떤가? 교회의 힘은 복음 정신의 선포와 그 실천에서 나온다. 그리고 그 바탕은 예언자 정신에 뿌리를 둔다. 예언자는 시대정신을 냉철하게 분석하고 비판한다. 그의 예지력이 멸망할 미래를 수렁에서 건져낸다. 하지만 한국교회는 그런 예언자의 역할을 일찌감치 포기한 듯하다. 그것도 모자라 권력과 재력의 뒷배 역할을 자처하고 있으니 이러고도 존재할 필요가 있는지 의문이다. 가톨릭교회의 주교들은 말할 것도 없고 젊은 사제들마저 교회의 기득권—그래 봤자 그리 대단한 것도 아니다—옹호에만 몰두한다. 그것을 위해서라면 마다할 게 없는 듯하다. 저러다 악마와도 기꺼이 손을 잡을 기세다.

사실 여부를 떠나 대구대교구에서 벌어진 "희망원 사건"은 변명하기 어려운 잘못이다. 언론을 통해 보도된 내용에는 약간의 오류도 있을 것이다. 그러나 거기에 한 움큼의 진실만 존재해도 두렵고 무서운 일이라는 사실은 분명하다. 희망원이 처음부터 그렇게 부패하지는 않았을 것이다. 그러나 반복되는 폭력과 야만에 조금씩 익숙해진 사람들은 관행이라거나 교회 사정상 어쩔 수 없다는 핑계로 일관했다. 상황 때문에 편법을 사용할 수밖에 없었다는 변명이 아니라 반성과 사죄가 필요한 시점에도 그들은 입을 다물어버렸다. 사람들이 여러 차례 문제를 지적해왔지만 그럴 때마다 핏대를 세우며 교회를 흔드는 작태라고 비난했다는 사실만으로도 그들은 씻기 힘든 큰 죄를 지은 것이다.

제사장만 횡행하는 교회는 세상의 빛과 소금이 될 수 없다. 시대정신을 알지 못하는 교회와 성직자와 신자는 그 자체로 교회를 욕보이는 것임을 경계해야 한다. 복음서가 다음과 같이 이런 문제를 명확하게 지적한 것은 조금만 방심해도 언제나 어디서나 벌어질 수 있는 일이기 때문이다.

너희는 구름이 서쪽에서 이는 것을 보면 곧 "비가 오겠다"고 말한다. 과연 그렇다. 또 바람이 남쪽에서 불어오면 "날씨가 몹시 덥겠다" 하고 말한다. 과연 그렇다. 이 위선자들아, 너희는 하늘과 땅의 징조는 알면서도 이 시대의 뜻은 왜 알지 못하느냐?(루가 12:54-56)

서슬 퍼런 유신 독재 때도, 무자비한 전두환 군부 독재 시절에도 보호받고자 찾아온 사람들을 내치지 않고 품으며 약자를 대변하던 곳이 바로 한국교회였다. 그러나 지금은 어떤가? 이명박 정권이 온갖 탐욕으로 나라를 망가뜨리고 박근혜 정권이 민주주의를 유린하며 정의를 조롱했을 때 거기 맞서 싸우던 이들이 지금의 한국교회를 외면하고 있다는 사실을 부끄러워하는가?

물론 교회에 찾아온 약자들이 오랫동안 교회의 공간을 점거하며 많은 불편과 불이익을 초래한 것은 어느 정도 사실이다. 하지만 시간이 지나면서 서로 이해하고 보듬으며 예의를 지키고 신뢰를 키워온 것이 약자들과 한국교회의 관계였다는 사실을 잊으면 안 된다. 2015년에 민주노총의 한상균 위원장이 조계사를 피난처로 선택했을 때, 그의 거취를 은연중 반겼던 교회와 사제들이 있었다는 사실을 알 만한 신자들은 다 안다. 그는 왜 명동성당으로 가지 않았을까? 명동성당이 조용하고 깨끗하며 많은 관광객이 찾아오는 명소가 되어 행복한가? 이제 그런 범법자들에게 교회를 내주지 않는 게 자랑스러운가? 약간의 불편과 무례와 왜곡은 어쩌면 모든 인간사에 보편적으로 존재할지도 모른다. 그런데 그 허물을 침소봉대하여 약자를 내치는 건 결국 그를 억압하는 폭력에 가담하는 것과 별반 다르지 않다.

갈수록 사회적 약자들은 늘어만 가는데도 교회는 중산층 교회 운운하며 그들을 외면한다. 착각하지 말아야 한다. 설령 강남이나 분당 같은 지역의 교회는 중산층 교회의 모습을 하고 있더라도 그것을 일반화하는 방향 설정은 매우 어리석은 짓이다. 시대정신을 읽어내지 못할뿐더러 불의에 저항하지 못하고 폭력—정치적 폭력뿐 아니라 경제적 폭력 등을 포함한다—을 방관하는 한 교회는 존재 의미를 가질 수 없다. 복음을 말로만 떠들면서—사실은 복음이 아니라 "천박한 은총"(본회퍼의 표현)의 말을 마구 뿌려댈 뿐이다—정작 이 시대가 읽어내고 실천해야 할 복음 정신에는 무관심한 한 절대적으로 그렇다.

"하늘과 땅의 징조는 알면서도 이 시대의 뜻은 왜 알지 못하느냐?"는 예수님의 질타는 마치 지금 우리를 향하는 듯하다. 나는 이명박 정권하에서 살인적 물대포 직사로 쓰러져 끝내 선종한 백남기 농민의 죽음에 대해서 교회가 침묵하는 모습을 보며 절망했다. 물론 뜻 있는 사제들이 모여 그의 죽음을 애도하고 폭력과 불의를 규탄하는 모습에 위로를 받을 수 있었다. 하지만 주교의 관을 쓰고 침묵하는 모습은 절망 그 자체였다. 오스카 로메로(Oscar Romero, 1917-1980) 주교에는 못 미쳐도 김수환 추기경이 보였던 기개는 흉내라도 내야 하지 않겠는가? 정교분리 운운할 일이 아니다. 사사건건 발언할 수는 없다고 변명할 일도 아니다. 폭력과 불의에 의해 사람이 죽었는데도 교회가 입을 다물어버렸다. 이제는 위기에 처한 그 누구도 교회에 몸을 의탁하지 않을 것이다. 이미 한상균이 그랬고 앞으로 더 많은 한상균이 나타날 것이다.

퇴행하는 교회, 역행하는 교회

1989년 12월, 우리나라에서는 개신교 76개 교단과 19개 기관 및 단체가 모여 연합 사업을 공동으로 수행하기 위한 단체 하나를 설립했다. 그 단체는 한국기독교교회협의회(KNCC)에 맞서기 위해서 설립되었다는 평가를 받았는데, 아무래도 "상대적으로 진보적인" 세계기독교교회협의회(WCC)와 정신을 공유하는 KNCC의 태도가 보수적인 한국의 여러 교회에 못마땅하게 비쳤기 때문이었을 것이다. 그렇게 탄생한 것이 바로 한국기독교총연합회(한기총)다.

한기총은 기독교의 연합, 복음화, 남북교회 협력, 사회와 정부 및 국제적 공동 관심사에 대한 협력, 홍보, 출판, 전문인 양성을 주요 활동으로 내세웠다. 그러나 지금 한기총이 본연의 임무를 잘 수행하고 있다고 믿는 이는 별로 없을 것이다. 한기총은 회장을 뽑을 때마다 구설수가 끊이지 않았고 반복되는 소송으로 조용할 날이 없었다. 그렇게 되니 좋은 뜻으로 참여했던 교단과 기관들이 하나둘 탈퇴하게 되었고 지금은 한국교회를 대표하는 단체로서의 간판이 무색할 지경이다. 하지만 "이름"이 갖는 상징성 때문에 마치 그들이 한국교회를 대변하는 듯한 착각과 착시를 불러일으키는 상황이다.

한기총의 제25대 총회장으로 선출된 이가 전광훈 목사다. 그는 이전부터 여러 구설에 올랐던 인물이다. 기독자유당을 창당하여 정치에 뛰어들었고 대선 때는 특정 후보를 찍으라고 문자를 보내는 등 선거법을 위반하여 법정 구속되기도 했다. 그는 태극기집회에서 정권 퇴진을 주장하면서 문재인 대통령이 간첩으로 의심된다는 무책임한 주장을 여과 없이 내뱉을 정도로 극단적이다.

아무리 한기총이 보수 성향의 연합회라고는 하나 명색이 회장인 사람의 그릇이 이 정도면 더 이상 할 말이 없다. 그런데도 그는 조금도 반성하거나 사과하지 않는다. 어차피 자기네들은 그래야 한다고 생각하는지도 모르겠다. 혹은 그렇게 해야 지지 세력을 집결시킬 수 있다는 황당한 사고가 저변에 깔렸을 수도 있다. 그들이 그처럼 반공 이데올로기에 매달리는 이유는 무엇일까? 그것은 많은 신자가 여전히 반공의 가치에 집착하기 때문이다. 결국 그런 무리수를 고수하도록 부추기는 건 교회와 신자의 무감각, 무지, 편견 등이 여전하기 때문이라고 말할 수 있다.

시대정신에 대한 고민이 보이지 않으니 미래 의제에 대한 복음적 해석도 나올 수 없다. 말로는 새 술을 새 부대에 부어야 한다고 하면서 정작 낡고 구멍 난 부대에 계속해서 술을 붓고 있는데도 교회가 건재하다는 사실이 경이롭기까지 하다. 아무래도 그런 수구적이고 탐욕적인 이들과는 달리 건강하게 복음을 실천하는 신자와 소수의 교회가 있기 때문인 듯하다. 마치 의인 10명만 있어도 소돔과 고모라를 멸망시키지 않겠다는 하느님의 약속처럼 말이다. 우리 주변에는 아직 여린 희망을 버리지 않은 사람들이 있다.

그러나 임계점은 한순간에 온다는 걸 명심해야 한다. 대형교회에서 시작된 세습은 중형교회에서까지 일상화되었다. 교회의 배타적이고 편협한 태도와 독단은 여전하다. 특정 정치인을 대놓고 지지하며 신자들에게 투표를 독려하는 성직자도 부지기수다. 이처럼 교회가 수구의 온상이 되었다는 사실을 냉정하게 성찰하고 환골탈태해야 한다.

한국교회는 무너지고 있다. 불편하고 외면하고 싶겠지만 그게 현실이다. 덩치는 여전히 크다. 교회의 규모는 어쩌면 앞으로도 기형적으로 더 커질지 모르겠다. 하지만 이미 안으로는 중증환자의 처지다. 그게 안타깝고 두렵다. 교회만 바뀌어도 세상의 절반이 바뀔 수 있다. 이 얼마나 놀랍고 위대한 역할인가! 회개해야 한다. 그리고 예언자 정신을 회복해야 한다. 그래야 교회의 미래가, 나라의 미래가 다시 설 수 있다. 교회 지도자들부터 두려운 마음을 가져야 한다.

율법학자들과 바리사이파 사람들아, 너희 같은 위선자들은 화를 입을 것이다. 너희는 겨우 한 사람을 개종시키려고 바다와 육지를 두루 다니다가 개종시킨 다음에는 그 사람을 너희보다 갑절이나 더 악한 지옥의 자식으로 만들고 있다(마태 23:15).

25

다시 시편을
읽으며

구약성경 읽기

솔직히 고백하면 나는 개인적으로 구약성경을 잘 읽지 않는다. 예수
님의 복음이면 충분하다는 생각이 있고 구약성경은 어쩔 수 없이 율
법 중심이라고 판단하기 때문이다. 율법이 싫다거나 틀렸다는 말이
아니다. 거기에도 중요한 의미가 있다. 무엇보다 복음의 원형이 담겨
있기에 읽고 생각하고 실천해야 할 가치들이 가득하다. 그러나 나는
개신교 목사건 가톨릭 신부건 구약성경을 지나치게 자주 인용하는
이는 별로 좋아하거나 신뢰하지 않는다. 복음의 실천은 뒷전으로 밀
어둔 채 자의적이고 편의적인 율법 해석으로 복종과 무비판을 은근
히 강요하는 경우가 너무나 많기 때문이다.

내가 구약성경에서 거의 유일하게 자주 들여다보는 것은 예언서

들이다. 그 예언서들이 구원의 희망을 보여주고 위로와 격려로 힘겨운 현실을 이겨내도록 도와주기 때문이 아니다. 오히려 예언서가 반성과 성찰 그리고 초심에 대한 경계심을 일깨워주기 때문이다.

나는 예언서를 읽으며 겁과 욕망 때문에 진실과 정의를 외면하거나, 혹은 그것을 제대로 응시했더라도 정작 실천으로 이어지지 못하는 부끄러움을 새삼 확인하게 된다. 그럼으로써 내가 진정 무엇을 어떻게, 어떤 자세와 의지로 이겨나가야 할지를 다독이게 된다. 성경에 관한 지식이 많은들 삶으로 복음을 실천하지 않는다면 도대체 그게 무슨 의미인가? 복음 실천은 외면하면서 구약성경의 율법은 줄줄 꿰차는 사람들을 보면 나는 현대의 사두가이파와 바리사이파를 보는 것 같아서 마음이 끌리지 않는다.

차분히 시편을 펼치다

구약성경에서 결코 빠뜨릴 수 없는 게 시편이다. 가톨릭교회의 미사에서 복음서 말고 중요한 성경으로는 시편이 으뜸이다. 그러나 나는 시편에 마음을 온전히 열지 않았다. 아마도 구약성경에 대한 거리감이 작용한 탓이 있을 것이다. 아니면 일방적 찬양이나 구질구질한(?) 간청의 노래들이라고 생각해서 그런 듯도 하다. 그만큼 내 마음이 닫히고 무지한 탓이 클 것이다. 하지만 나는 복음의 실천은 외면하고 율법의 준수만을 강조하거나 복종과 존경을 강요하는 교계 지도자들에 대한 반감의 영향도 전혀 없지는 않다고 늘 변명해왔다.

최근 들어서야 시편을 차분히 다시 읽었다. 모처럼 시편을 읽는구나 싶었다. 하나하나 구절에 매이지 않고 줄기를 염두에 두고 전체를 조망하면서 읽었다. 늘 그렇지만 읽을 때마다 느낌이 다르고 생각이 다르며 의지가 바뀌는 것이 성경이다. 시편도 다르지 않았다. 다시 읽은 시편은 일방적 찬양이나 구차한 간청이 아니었다. 오히려 시편은 자기 존재의 의미와 가치를 하느님과의 관계 속에서 성찰하고 하느님 사랑을 확인함으로써 어떻게 제대로 살아야 하는지를 긴 호흡으로 다지는 주제로 일관한다.

그 사람은 흔들리지 않겠고 영원히 의로운 사람으로 기억되리라…. 그는 너그러워 가난한 자들에게 나눠주니, 그 의로운 행실은 영원히 기억되고, 사람들이 그 영광스러운 모습을 우러르리라(시편 111:6-9).

시편이 일관되게 노래하는 것은 거짓에 휘둘리거나 아부하지 않고 정의의 훼손에 분노하며 의연하게 맞서 싸우는 것이 하느님의 사랑을 담뿍 받는 내가 따라야 할 의무요 의미라는 사실이다. 그 실천이 결코 만만하거나 쉽지 않기에 용기를 구하고 두려움에도 흔들리지 않으려는 의지를 내비친다. 살아오면서 저지른 허물과 패악에 대한 회한을 감추지 않고 뻔뻔하다 싶을 만큼 용서를 애원하는 것이 시편 저자만의 몫일까? 미사 때마다 시편을 노래하지만 그것을 가슴에 품고 살아가지 못하는 몽매함은 한두 사람의 일이 아닐 것이다.

시편이 강조하는 바는 나의 구원과 성공을 위한 간청도, 원수를 내 눈앞에서 거꾸러지게 해달라는 탄원도 아니다. 그 원수는 창과 칼을 들고 내 목숨을 앗아가려는 적들이나 이교도들이 아니다. 그런 해석만 강조하며 우리가 똘똘 뭉쳐야 한다고 윽박지르는 가르침은 혹세무민의 흑심에서 나온다. 우리의 원수는 약자를 억누르고 진실을 질식시키며 거짓과 불의를 제멋대로 행하는 자들이다. 그들과 맞서 싸우는 것이 복음이고 교회다.

이 땅의 교회는 경제를 다 망쳐놓으면서도 온갖 특혜와 비리로 자기 잇속만 차리는 대기업의 불의와 지나친 탐욕은 나 몰라라 한다. 언론들이 나서서 경제를 망치는 것이 마치 노동자들의 지나친 욕심인 양 윽박지르는데도 교회는 입을 다문다. 국가의 안보를 책임져야 할 공적 기관들이 오히려 권력을 위해 시민들의 안전을 위협하는데도 교회는 침묵한다. 정규직은커녕 열정 페이 따위로 착취당하고 있는 이 땅의 청년들이 겪는 불행은 외면하면서 연례행사처럼 집회나 한두 번 하면 다 될 것으로 생각하는 교회는 과연 시편을 제대로 읽는 것일까? 시편을 아무리 읽어보아도 고아나 과부의 삶을 지켜주지 못하면서 제 간청만 내세우는 것은 시편을 욕보이는 짓으로밖에 보이지 않는다.

다시 시편을 찬찬히 읽으면서 나부터 차분히 반성해본다. 거짓과 불의를 꾸짖기는커녕 그 비호 세력을 감싸면서 외롭고 의롭게 들판에 서서 외치는 자들을 악의 세력으로 몰아붙이는 교회라면 나는 사절한다. 불의가 만연한 현실을 외면하는 교회는 과연 누구의 편에 서 있느냐고 묻는 준엄한 비판에 귀를 기울여야 한다. 그러기 위해서 나부터 귀를 열어야겠다. 시편은 우리에게 오늘 현실에 작용하는 악의 축이 무엇인지, 지켜야 할 생명은 무엇인지 묻는다.

야웨께서 너를 모든 재앙에서 지켜주시고 네 목숨을 지키시리라(시편 121:7).

나도 작은 디딤돌을 하나 마련해야겠다. 들에 나가 돌 하나 들고 와서.

26

우리는 어떤
거울을 갖고 있는가?

우리는 모두 타인의 삶에 관심을 두고 살아간다. 나와 관계를 맺은 사람에 관한 관심은 물론이고, 그렇지 않은 사람들에 관해서도 마찬가지다. 어찌 보면 나와 무관한 사람들에 관한 관심이 더 클 수도 있다. 그것은 그 관계가 나에게 직접적인 영향을 끼치지 않으니 혹시 어떤 진실을 알게 되더라도 상처받을 일은 별로 없을 것이라는 믿음 때문이다.

사회관계망서비스(Social Network Service)는 그런 관심의 활로인 엿보기(?)를 가능하게 해주는 엄청난 수단이다. SNS에서는 늘 크고 작은 문제들이 불거지고 그에 대한 비판이나 쏠림 현상도 적지 않게 일어난다. 물론 이런 현상에는 긍정적인 측면이 있다. 예전에는 힘세고 돈 많은 이들이 자신에게 불리한 사항을 철저히 감추거나 왜곡하는 일이 많았기 때문이다. 하지만 이제는 SNS 덕분에 모든 시민이 감시자일 수 있는 네트워크 사회가 도래했다.

감출 수 없는 사회

얼마 전 몇몇 연예인이 호된 홍역을 치르는 사건이 있었다. 그들은 SNS에 남긴 기록들 때문에 덜미를 잡혔다. 자기들끼리 소통하는 일종의 비밀 공간이라고 여기며 할 말 못 할 말 가리지 않았다. 심지어 범죄의 정황까지 거리낌 없이 공유하며 희희낙락했다. 그 순간만큼은 짜릿함을 느꼈을지도 모르겠다. 그들의 눈에는 자신들의 범죄 사실이나 사악함을 모른 채 겉모습에만 열광하는 대중들이 얼마나 우습고 하찮게 보였을까? 그러나 막상 민낯이 모두 드러났을 때 그들이 얼마나 비겁하고 추한지를 조금도 숨길 수 없었다. "자나 깨나 SNS 조심"이라는 말이 그처럼 실감 나는 상황도 별로 없을 것이다.

오늘날 인터넷과 SNS는 민주주의의 발전에 매우 중요한 역할을 한다. 과거에는 소수의 강자가 언론을 쥐락펴락하면서 자신의 치부는 감추고 분칠한 선행은 침소봉대하는 일을 마음껏 저질렀다. 그러나 이제는 모든 시민이 정보의 유통자인 동시에 생산자다. 물론 그런 권리가 있다는 사실은 자신의 삶과 언행 역시 언제든 남에게 노출될 수 있다는 의미이기도 하다.

얼굴을 가리고 이름을 숨겼다고 해서 온갖 심한 말을 쏟아내는 사람은 그것이 언젠가는 부메랑이 되어 자신에게 돌아올지 모른다는 경계심을 상실한 것이다. 당장은 감춰질지 모르겠지만 모든 정보는 공개되기 마련이다. 여러 사람의 다양한 의견이 개진되면서 일단 불이 지펴지면 문제가 된 사건뿐 아니라 그 외의 것들까지 꼬리를 물고 드러난다. 두 연예인이 일으킨 파동이야말로 그 생생한 사례 중 하나라고 할 만하다.

감출 수 없다는 점, 강자라고 해도 자신에게 불리한 것을 감추고 숨길 수 없다는 점에서 시민민주주의의 가능성이 확대될 것이라는 기대가 생긴다. 물론 그걸 악용하는 세력도 있겠지만 어두운 면보다는 밝은 면이 더 크다. 그러니 부작용만 강조하면서 제재 운운하는 것은 시대착오적이다. 인터넷과 SNS가 없었던 시절, 권력자들이 엄청난 비위와 범죄를 은폐하고 거짓을 선전했던 일들을 떠올려보라. 일부의 폐단을 꼬투리 삼아 전체에 재갈을 물리는 일은 비겁한 폭력이다.

인혁당 사건을 기억하고 있는가? 독재자에게 밉보인 그들은 올바른 재판도 받지 못하고 선고 당일 곧바로 사형장의 이슬로 사라졌다. 그런데도 당시 언론은 이런 사건을 제대로 보도하지 않았다. 만약 지금처럼 시민들이 실시간으로 소식을 알리고 의견을 모을 수 있었다면 그런 폭력을 원천적으로 막을 수 있었을 것이다.

지금도 못된 습성을 버리지 못하는 권력층이 있다. 그들은 자신이 무소불위의 힘을 가지고 있다고 착각하며 온갖 추악한 짓을 저지른다. 세간을 시끄럽게 했던 장자연 사건과 김학의 사건은 그 패악을 드러내 준 대표적인 경우다. 추악한 진실이 드러나도 끝까지 버티면서 권력의 그늘로 숨어드는 그들의 모습을 보면 예전 시절을 그리워할지도 모르겠다는 생각마저 든다.

아이돌 출신으로 갑자기 스타가 된 젊은이들도 저럴진대 권력과 재력, 수구 언론의 카르텔 속에서 마음껏 권력을 누리는 자들은 어떨까? 그들이 벌인 쾌락의 난장판에는 힘의 과시가 깔려 있다. 그러나 이제는 더 이상 감출 수 없는 시대가 되었음을 깨달아야 한다. 지금은 하고 싶은 대로, 멋대로 다 하며 살 수 있는 그런 시대가 아니다.

들키지 않으면 그만?

세상을 시끄럽게 만든 그 연예인들의 비뚤어진 성 감수성이나 왜곡된 욕망의 표출이 비단 저들의 책임일까? 들키지만 않으면 된다는 안일함은 어쩌면 우리 모두에게 만연한 부패의 지표일 것이다. 그런 안일함은 아무리 인터넷과 SNS를 통해 폐쇄 사회의 벽이 무너져도 그 틈새마저 통제하고 왜곡할 수 있다는 자만심에서 비롯한다. 그리고 그런 자만심은 방송에서 자랑삼아 범죄 정황을 발설했는데도 그런 내용을 걸러내지 못하고 함께 낄낄대며 소비하는 시스템에 의해 악화한 것이 사실이다.

결국 소비자 주권을 포기하면 문제가 생긴다. 왜곡된 욕망을 선망하거나 미화하는 방식으로 소비하면서 자기 검열의 기본적 인성마저 마비된 사람들이 늘어가고 있다. "막장"이라고 비난하고 손가락질 하면서도 정작 높은 시청률로 반응하는 소비의 방식이 왜곡을 부채 질하는 것이다.

혹자는 인터넷이 민주주의를 촉진한다는 신화가, 신기술이 인간의 미래를 결정할 것이라는 기술 중심적 또는 기술 의존적 믿음의 오도된 가치체계를 기반으로 형성되었다고 비판한다. 사이버 민주주의의 확산이라는 미명으로 새로운 형태의 수탈이 가능할 수 있다는 경고다. 우리는 이런 비판과 경고에 주의해야 한다. 권력과 거대자본, 그리고 타락한 언론은 현실 공간의 지배로도 모자라 사이버 공간으로까지 지배 영역을 확장하려 한다.

모든 것에는 양면성이 있다. 인터넷과 SNS에도 유토피아적 측면과 디스토피아적 측면이 공존한다. 제대로 감시하고 경계하지 않으면 그것들이 민주주의를 촉진할 것이라는 믿음은 허구가 될 수밖에 없다.

가짜 뉴스의 양산과 확산은 인터넷과 SNS가 드러내는 역기능의 대표적 사례로 꼽힌다. 가짜 뉴스의 유행은 경제가 발전하고 교육 수준이 높아지면, 사람들이 매체를 적극적으로 활용할 수 있으면 권위주의 체제를 압박함으로써 사회를 발전시킬 수 있다는 생각을 비웃게 한다. 가짜 뉴스도 최초 유포자가 밝혀지지 않으면, 즉 들키지 않으면 되니 활개를 치는 패악 중 하나다. 들키지만 않으면 된다는 생각부터 씻어내야 할 일이다.

이제는 교회 권력이 두려움을 가져야 한다

권위에 의존하는 사람들의 습성은 종교의 영역에서 더 심각하게 드러난다. 여러 교회가 드러내는 추악한 모습들은 소수의 신자가 알면서도 쉬쉬하거나 관심을 기울이지 않았기 때문이다. 그것을 비판해서 자신의 교회에 먹칠을 하게 될지 모른다는 두려움은 그 그늘에 독버섯이 자라게 한다.

많은 신자가 자기 종교의 부패와 타락, 비합리성과 부조리를 알면서도 인터넷이나 SNS에 고발하기를 꺼린다. 그러나 "아직은" 그럴 뿐이다. 세상에 끝까지 숨겨질 일은 없다. 신·구교를 막론하고 수많은 신자가 교회와 성직자들의 부패와 왜곡된 권위에 신물을 내고 있다. 그들이 지금 언제든 떠날 마음의 준비를 하고 있다는 점에 유념해야 한다.

겨울의 두꺼운 얼음은 아래에서부터 녹기 시작한다. 그래서 녹는 모양이 겉으로는 잘 보이지 않는다. 그러나 봄이 되면 끝내 다 녹아서 남김없이 사라진다. 이제라도 모두 각성해야 한다. 우리 모두 자신을 비춰볼 거울이 필요하다. 높은 자리, 강한 권력, 많은 돈, 선망의 명예를 가진 사람들일수록 더 큰 거울이 필요하다. 호미로 막을 일을 가래로도 막지 못하는 건 바보들이나 하는 짓이다.

지금은 저 웅장한 건물들이 보이겠지만 그러나 저 돌들이 어느 하나도 제자리에 그대로 얹혀 있지 못하고 다 무너지고 말 것이다(마르 13:2).

27

우리는 지금
어디로 가고 있는가?

누구를 위한 병원과 학교인가?

교회는 병원, 학교, 보육원, 양로원, 요양원 등을 운영한다. 그 목적은 이익을 위해서가 아니다. 복음을 실천하고 전파하는 동시에 신자들에게 양질의 기회를 제공하기 위해서다. 교회가 그런 다양한 사회적 가치를 추구하고 실현하는 것에 대해 많은 신자가 자부심을 느낀다. 이를 위해 수많은 신자가 나름의 상황에 따라 헌금과 봉사의 짐을 감당하기도 한다. 이는 "세상의 소금과 빛"으로 표현되는 교회의 사회적 역할을 보여주는 대표적 사례로서 교회의 마땅한 의무라 할 수 있다.

그러나 처음에는 분명 좋은 뜻으로 시작한 이런 사업들이 시간이 흐르면서 타성에 젖어 부작용들이 생기기 시작한다. 그런 시설들도 모두 사람이 운영하는 것이니 문제가 생기는 것도 당연하다. 그러나 우리는 그런 다양한 시설들이 과연 제대로 운영되고 있는지, 복음적 가치를 실현해내고 있는지 거듭 물어야 한다.

실상을 들여다보면 거의 모든 시설이 예외 없이 비정규직 노동자들을 고용하고 있다는 사실이 드러난다. 경영합리화 자체가 나쁜 것은 아니지만 그것을 핑계로 청소나 경비 등의 업무를 외부의 용역업체에 맡기는 시설이 매우 많다. 경영합리화를 내세우고 사회적 흐름 운운하면서 경영진의 이익만을 추구하는 꼼수를 부리는 것이다.

이런 상황에서 피해는 언제나 약자들의 몫이다. 경영자는 불필요한 예산은 최대한 줄이고 돈 관리를 빈틈없이 해야 한다. 그러나 그런 원리가 적용되어야 하는 주요 대상은 약자들이 아니라 강자들이어야 한다. 조직에서 누군가가 불가피하게 고통을 감내해야 한다면 강자들이 먼저 나서는 것이 이치에 맞다. 왜냐하면 강자들은 수입을 조금 줄여도 사는 데 큰 지장이 없기 때문이다. 비용 절감의 부담을 약자들에게 전적으로 떠넘겨 수입이 줄어드는 상황이 되면 그들은 당장 생계 자체가 위험해진다.

우리는 교회가 운영하는 병원이나 학교 등의 시설이 이른바 경영합리화에 관해 얼마나 진지하게 반응하며 복음적인 태도를 보이는지 먼저 살펴야 한다. 물론 학교나 병원이 자선단체는 아니다. 운영을 위해 많은 돈이 계속해서 필요하다. 그러나 비용 절감의 짐을 거의 전적으로 그리고 우선으로 약자에게 떠넘기는 것은 그 자체로 반복음적이다. 만에 하나라도 그런 일이 일상화한다면 교회는 차라리 학교나 병원에서 손을 떼는 게 옳다.

불편한 진실은 외면한다고 해서 지워지지 않는다. 오히려 냉정한 인식 속에서 교회답게 행동하는 것이 무엇인지 생각해야 한다. 오늘날 교회가 운영하는 시설들은 비정규직 노동자들이 생존을 위해 요구하는 일말의 권리도 존중하지 못하는 듯하다. 노동 문제가 불거지면 자신들은 모르는 일이니 용역회사에 따지라고 매몰차게 몰아내거나 미운털이 박힌 사람들을 주저 없이 해고해버린 후 다른 사람들을 고용하는 일이 비일비재하다.

다른 병원이나 학교가 다 그러는데 교회에서 운영하는 곳이라고 해서 달라야 하냐는 질문은 "절대" 하면 안 된다. 그러려면 차라리 때려치우는 게 낫다. 아무리 높은 가치라 하더라도 약자의 불행을 발판으로 삼는 행태는 용납될 수 없다. 그게 최소한의 양심이고 정의다. 그것이 바로 복음과 부합하는 정신이다.

교회에서 출자하고 운영하는 병원이나 학교도 시간이 지나면서 별도의 법인으로 독립하는 경우가 많다. 하지만 그런 까닭에 교회가 일일이 간섭할 수 없다고 변명하는 것도 옳지 않다. 세상이 그렇게 돌아가는 걸 교회라고 어쩌겠느냐고 투정할 게 아니다. 그러려면 해당 재단에 교회와 관련된 직원을 파견하거나 교인을 채용하지 말아야 한다. 비정규직 노동자들이 착취당하고 비인격적 대우를 받으며 불안한 삶을 사는데도 무관심과 무반응으로 일관한다면 성경이 말하는 악인과 무엇이 다른가? 과연 누구를 위한 병원이고 학교인가?

교회는 사회의 모범이어야 한다

정말 교회인들 어쩌겠느냐는 반문이 타당하기는 한가? 도대체 그럴 거면 교회에서 그걸 왜 운영하는지를 먼저 되물어야 한다. 물론 그런 단체나 기관도 경영 현실을 완전히 외면할 수 없다. 말 못 할 어려운 점들이 한둘이 아닐 것이다. 독립한 법인이니 교회와 신자들이 계속해서 지원하기도 어렵다.

심지어 때로는 아니 할 말로 "본때를 보여주고" 싶지만 종교라는 배경 때문에 눈치가 보여 참는다고 말하는 사람도 있다. 그러나 그것은 결코 합당한 변명일 수 없다. 오히려 비합리적인 요소들을 솎아내며 기관을 제대로 경영하는 데 힘써야 한다. 더 나아가 상대적으로 강자의 지위에 있는 사람들이 조금씩 양보해서 구성원 모두를 정규직으로 고용할 수 있다는, 혹은 조금 더 적극적으로 말하자면 그런 고용 관계로 발전할 수 있다는 가치와 신념을 지켜가야 한다.

가난은 나라님도 구제할 수 없다는 말이 있다. 그만큼 어렵다는 말이다. 그러나 달리 생각하면 나라가 못하는 것을 교회가 해야 한다는 말이 성립한다. 그것이 바로 적극적인 "복음 실천의 사회화"다. 교회가 운영하는 병원이나 학교는 불필요한 예산을 줄이고 강자가 조금씩 양보해서 비정규직 직원을 정식으로 채용하는 모범을 보여야 한다. 이로써 "이걸 봐라. 의지와 노력만 있다면 못할 일도 아니다. 당신들도 의지를 갖고 노력해보라"고 말하며 이 모진 사회에 죽비를 내리치고 희망의 등댓불을 밝혀야 한다. 이것은 일종의 "기회"다. 부담이 아니다. 어쩌면 그것이 바로 오늘날 우리의 교회가 운영하는 병원이나 학교가 존재하는 이유가 아니고 무엇이겠는가?

사실 1997년에 벌어진 IMF 사태 이전만 해도 학교나 병원의 청소, 경비, 시설 등을 담당하는 노동자들은 직접 고용된 정식 직원이 대부분이었다. 물론 그들은 그때도 박봉의 저임금 노동자였지만 노동조합의 정식 조합원으로서 승진과 임금 인상의 기회를 보장받았다. 그러던 게 외환위기 이후 이른바 "구조 조정"을 통해 급작스럽게 아웃소싱이 늘어나면서 슬그머니 혹은 불가피하게 변화를 겪었다는 점을 기억해야 한다. 처음부터 그들이 비정규직 노동자들이었던 것은 아니라는 말이다.

솔직히 우리나라가 외환위기를 겪은 것은 노동자들이 게으르거나 서민들이 낭비한 결과가 아니었다. 오히려 사회지도층들이 제 역할을 하지 못해 자초한 위기였다. 그러나 그들은 그 결과를 제대로 책임지지 않았고 고통은 오롯이 노동자 서민들에게 전가되었다. 하지만 우리 사회가 함께 위기를 넘어서서 경제가 정상화되자 거기서 발생한 이익들은 모두 어디로 갔나? 우리 사회의 상위층은 공공의 이익을 제 입으로만 털어 넣기에 바쁘다. 하지만 이제라도 노동자의 지위를 원 상태로 회복하는 것이 그동안 그들이 겪었던 고통에 대한 최소한의 보상이고 의무다.

그런 점에서 삼육대학교는 매우 모범적인 사례로 꼽힌다. 그 대학의 환경미화원과 경비원은 모두 정식 직원으로서 신분을 보장받고 합리적인 급여를 받는다. 노사의 상생이 불가능한 일이 결코 아니라는 점을 확실하게 보여주는 생생한 사례. 왜 다들 그런 예는 본받지 않고 탐욕적인 시장의 논리만 내세우며 비인격적인 일들을 태연하게 자행하는지 모르겠다. 교회와 신자들도 그런 모범적 사례가 있음에도 불구하고 돈 잘 버는 병원이나 등록금 장사하는 학교들처럼 기관들을 운영하려고 하는 것은 아닌지 자문해야 한다. 복음적이지 못한 방식으로 병원이나 학교를 운영하면서 사회적으로나 도덕적으로 옳고 좋은 일을 한다고 스스로 자랑하고 있는 것은 아닌지 성찰해야 한다는 말이다. 그런 것은 자랑할 게 아니라 오히려 부끄러워해야 할 일이다.

정의의 실천이 복음의 못자리다

교회가 시장에서 건강한 기능을 수행해야 사회도 도덕적으로 진화하며 건강해질 수 있다. 그것이야말로 교회가 감당해야 할 시급한 사랑의 실천이고 바람직한 사회적 역할이다. 교회는 복음을 선포하고 실천하는 곳으로서 세상의 "빛과 소금"이다. 그런데 약자의 등에 서린 "소금꽃"을 외면하고 비정규직 노동자를 스스로 양산하고 있다면 그건 이미 교회가 아니다.

예수님이 재림하시면 가장 먼저 어디로 가실까? 교회? 대형병원? 학교? 천만에! 나는 예수님이 곧바로 해고 노동자, 비정규직 노동자, 달동네로 가실 것이라고 확신한다. 처음에 베들레헴의 가장 누추한 마구간에서 태어나신 것처럼 말이다. 우리는 그와는 달리 부끄러움도 모르는 뻔뻔한 교회가 되지 않도록 늘 경계해야 한다.

교회는 세상의 빛과 소금으로서 그 역할과 기능을 제대로 수행해야 한다. 처음에는 좋은 뜻으로 시작했더라도 인간의 욕망이나 사회적 분위기에 휩쓸려 삿된 일을 행하는 교회는 존재의 의미를 잃는다. 교회가 운영하는 병원이나 학교에서 그런 일이 벌어진다면 그것은 득이 아니라 독이다. 그런 독에는 해독제도 없다.

그런데 안타깝게도 교회는 자신이 여전히 세상의 빛과 소금이라고 착각하고 있는 것은 아닌지 의심스럽다. 양의 탈을 쓴 늑대보다 더 위험하고 무서운 건 바로 자신이 양인 줄 착각하는 늑대다. 불행히도 지금 우리 사회의 많은 교회와 종교 지도자들, 그리고 교회가 운영하는 병원과 학교 중 그런 경우가 제법 있는 듯하다.

예수님은 성전에서 상인들을 책망하고 쫓아내셨다. 하지만 예수님이 성스러운 공간에서 "장사를 했다"고 막무가내로 화를 내며 야단치고 엎어버리신 게 아니다. 원래 성전 앞의 시장은 먼 길을 오가는 순례자들에게 도움을 주기 위해 형성되었다. 처음에는 좋은 뜻으로 시작했다는 말이다. 하지만 그 시장은 갈수록 탐욕의 눈을 뜬 사람들에게 큰 이권 사업으로 변질해갔다.

이에 관해 예수님은 "성서에 '내 집은 만민이 기도하는 집이라

하리라'고 기록되어 있지 않느냐? 그런데 너희는 이 집을 '강도의 소굴'로 만들어버렸구나!"(마르 11:17) 하고 책망하셨다. 이 나무람은 지금 우리에게도 고스란히 적용된다. "만민이" 기도하는 집은 모든 이들에게 똑같이 열려 있어야 한다. 우리의 삶 자체도 기도이며 생계를 위한 활동도 기도의 삶에 포함된다. 그런데 약자의 팔목을 가볍게 비틀며 강자의 이익을 꾀하는 곳이라면 그게 병원이건 학교건 "강도의 소굴"과 다를 것이 무엇인가? 제발 우리 모두 심장의 굳은살을 도려내자. 복음서를 줄줄 꿰면서 매일 예배나 미사에 참여한다고 한들 그런 어리석고 못된 짓을 비판하지 않고 그냥 둔다면 우리는 모두 성전에서 쫓겨난 장사꾼과 다르지 않을 것이다.

무엇을 볼 것인가?

몇 해 전 나는 이탈리아 여행을 다녀왔다. 그해 여름은 두 권의 책을
마무리하느라 정신이 없었다.『생각을 걷다』(휴, 2017)라는 책이 인쇄
까지 들어가는 걸 확인하고 모처럼 나 자신에게 선물을 주자는 생각
으로 여행을 떠났다.

　사실 한 번도 이뤄진 적이 없는 꿈이지만, 나는 저작이 10만 권
출고될 때마다 한 달씩 어디론가 훌쩍 떠나 한 도시에 머물면서 생각
을 전환하며 정리하는 시간을 보내고 싶은 바람이 있다. 만약에 그 꿈
이 이뤄진다면 이탈리아의 어느 한적한 지방에 머물고 싶다. 그런 의
미에서 지난 이탈리아 여행은 "앞으로 이뤄질 꿈의 예습"이라고 할
수도 있다.

　확실히 이탈리아는 "조상 잘 둬서" 쉽게 돈 버는 나라였다. 고대

로마 시대부터 중세와 르네상스의 시기를 거쳐 잘 남겨진 문화재를 보기 위해 세계 여러 나라의 관광객들이 제 발로 찾아온다. 굳이 광고하지 않아도, 시민들이 친절하지 않아도, 소매치기로 악명이 높아도 이탈리아를 찾는 사람은 줄지 않는다.

고대 로마의 유물 외에도 이탈리아에는 중세와 르네상스 시기의 유물이 많다. 그 가운데서도 성당이 차지하는 비율은 아주 높다. 유럽인들에게, 특히 이탈리아인들에게 성당은 그 시대를 상징하는 기념물이자 예술품 그 자체다. 오르비에토, 피렌체, 베네치아, 밀라노, 피사 두오모는 말할 것도 없거니와 그밖에도 수많은 성당이 아름다움과 규모를 뽐내며 관광객들의 넋을 빼놓는다.

반성적 성찰이 없으면 맹목만 남는다

그중 압권은 단연 성 베드로 성당이다. 성 베드로 성당과 이어진 바티칸 박물관과 시스티나 경당에서부터 압도당하지 않을 사람이 거의 없을 정도다. 어디를 가도 엄청난 역사를 자랑하는 어마어마한 유물이 가득하다. 성 베드로 성당은 그 입구부터 다른 성당들과는 완전히 다르고 성당 내부에 들어가면 입이 다물어지지 않을 정도다.

내가 성 베드로 성당을 찾았을 때 주변에는 관광객들이 대부분이었지만 성지를 보기 위해 멀리서 찾아온 순례자들도 상당수였다. 한국에서 온 성지 순례단도 여럿이었다. 그들의 표정에는 자랑스러움과 감격의 빛이 역력했다. 솔직히 나도 처음에는 그랬다. 그러나 그런 감흥은 한순간이었다. 물론 성당을 가득 채운 유산들의 예술적 탁월성과 역사적 가치는 높이 살 만하다. 하지만 과연 그 성당의 규모와 화려함이 무슨 진정한 의미를 지닐까?

흔히 고딕 양식은 하늘을 향한 신심의 상징으로서 하늘로 치솟는 높은 상승감을 표현한 것이라고 알려졌다. 하지만 그 실상은 각 도시의 경제적·정치적 위력을 과시하기 위한 속물근성에서 비롯했다는 점을 간과해서는 안 된다. 물론 새로운 건축 양식은 기술의 발전과 새로운 자재의 개발 때문이기도 할 것이다. 하지만 고딕 양식이 유행한 가장 큰 이유는 도시들이 경제적으로 부유해지면서 자신들의 성취를 과시하기 위해 엄청난 규모의 성당을 경쟁적으로 지었기 때문이었다.

실제로 이탈리아에서는 대도시를 제외하고는 고딕 양식 건축물을 찾기 어렵다. 특히 경제적으로 열세에 있던 로마 이남의 지역에서는 고딕 양식의 대규모 성당이 별로 없다. 또한 화려함을 자랑하는 온갖 조각물과 그림들이 엄청난 규모의 성당 안팎을 채우고 있는 이유는 당시에 문맹이 많은 까닭이었다. 말과 글로 가르쳐야 할 것을 시각적으로 전달하려니 화려함과 웅장함이 극치를 이루는 방식이 추구되었다.

사람들의 욕망은 한 도시의 부유함을 과시하는 데 그치지 않았다. 이번에는 각 가문이 경쟁적으로 뛰어들어 대성당 좌우에 카펠라(경당)를 마련했다. 그 카펠라들은 대성당보다 훨씬 더 화려한 금박의 장식들로 가득했다. 겉으로는 하느님의 성전을 꾸미는 데 재산을 바친 것이지만 사실은 가문의 영광을 드러내려는 욕망이 투영된 현장이다. 그 현장을 관광객들이 구경거리로 찾고 있다. 그리고 순례자들도 그 열기에 한몫하고 있다.

지금 그 성당들에서 과연 얼마나 많은 신자가 미사를 드리는지 살펴보라. 나는 운 좋게도 베네치아의 성 마르코 대성당과 성 베드로 대성당에서 시간이 맞아 미사에 일부 참여할 수 있었다. 그러나 솔직히 말해 처음에만 성당의 압도적인 규모와 아름다움에 경이를 느꼈을 뿐, 미사는 전혀 성스럽다거나 감격스럽지 않았다.

물론 나는 빠듯한 시간과 비용을 사용해 그런 성당으로 성지 순례를 떠나는 행위 자체를 타박하고 싶은 생각은 전혀 없다. 그러나 과연 그런 대규모 성당들을 순례—정작 현지 사람들이 미사를 드리는 동네 성당에 가는 경우는 거의 없다—하는 사람들이 스스로 감격하고 대견해하면서 자부심을 느끼는 것이 순수한지 의문스럽다. 사실 "내가 가진 종교가 자랑하는 성전이 얼마나 멋진가!" 하는 것이 자부심이라면 한심한 일이지 않은가? 솔직히 나는 우리나라 순례객들이 귀국해 우리도 그런 멋진 성당을 마련하자는 주장을 하지 않을까 걱정스러웠다.

성 베드로 성당은 교회의 분열을 초래했다

성 베드로 성당의 규모는 어마어마하다. 전 세계 가톨릭교회의 본산이자 사도 베드로의 순교지이며 교황이 계신 곳이니 그럴 만도 하지 싶다. 하지만 과연 그래야만 할까? 온갖 도시들이 경쟁적으로 대규모 성당을 지을 때 교회의 중심에서 그것을 제한하면 어땠을까? 오히려 교황이 계신 바티칸의 성당을 소박하게 건축하면 어땠을까? 그러나 불행히도 바티칸은 그 모든 교회를 압도할 수 있는 당대 최고, 최대의 건물을 원했다. 그것이 자신들의 권위를 드러내 준다고 믿었기 때문이다.

바티칸은 마음에 드는 성당을 짓기 위해 엄청난 재원이 필요했다. 그 재원을 마련하기 위해 온갖 무리수도 마다치 않았다. 이른바 면죄부까지 발행할 정도로 돈에 혈안이 되었다. 가뜩이나 교회와 성직자들의 타락에 신물이 난 사람들은 교회를 외면하기 시작했다. 거기서 "종교개혁"(The Reformation, 1517. 그러나 "종교" 개혁이라는 용어는 위험하다. 중세와 근대 초기 유럽인들에게 종교는 기독교뿐이었지만 다른 곳은 그렇지 않았다. 따라서 "유럽 교회의 개혁과 분열"이라고 지칭하는 것이 옳다)이 시작되었다는 사실은 널리 알려졌다. 만약 교회가 복음서의 가르침대로 겸손하고 소박한 모습이었다면 과연 그런 분열과 갈등, 그리고 그로 인한 후폭풍의 잔인함을 겪었을까? 우리는 이를 먼저 생각해보아야 한다.

불경스럽다고 타박받을지도 모르겠지만 나는 성 베드로 성당에서 성스러움보다 부끄러움과 분노를 더 크게 느꼈다. 잘난 척하는 게 아니다. 그깟(?) 교회 건물을 궁전처럼 지으면 무엇 하는가? 과연 하느님이 보시고 미쁘게 여기실까? 아닐 것이다. 결코!

무조건 비난하거나 딴죽 걸자는 게 아니다. 성 베드로 성당은 가서 볼 가치가 있다. 신앙을 떠나 인간의 예술적 탁월성이 어느 극치까지 다다를 수 있는지, 그리고 인간의 탐욕과 교만이 어디까지 치솟을 수 있는지 확인시켜주는 곳이기 때문이다. 하지만 우리는 냉정하게 역사를 돌아봐야 한다. 그 엄청난 대성당을 짓고 교회가 분열하고 반목하며 서로 물고 뜯으며 종교전쟁까지 불사했던 역사를 기억해야 한다. 반면교사로 삼아도 모자랄 판에 감동과 우월감만 느끼고 돌아온다면 비싼 돈 들여 거기까지 갈 까닭이 없다. 정신 똑바로 차려야 한다.

타락의 임계점은 자각하기 어렵다. 중세와 르네상스 시기의 교회들도 마찬가지였다. 유럽의 교회가 처음부터 타락한 것은 아니었다. 그러나 비대해진 교회는 지상의 권력뿐 아니라 천상 권력의 대리권까지 무소불위로 휘두르면서 세상 위에 군림하기 시작했다. 그리고 거기에 봉사하던 성직자들은 그 권력을 탐했다. 그렇게 끝을 모르고 치달리던 권력 투쟁은 끝내 타락의 경쟁을 낳고 붕괴를 초래했다.

지금이라고 다를까? 어떤 이들은 초대형 개신교회들의 건축 경쟁과 비교할 때 가톨릭교회는 상대적으로 소박(?)하니 그런 비난에서

탐욕을 경계하라

살짝 비켜 있다고 자위할지 모른다. 하지만 교회의 역사 속에서 중세 유럽의 가톨릭교회가 보였던 작태가 온전히 사라졌다고 보기는 어렵다. 교회는 철저하게 겸손해야 한다. 부와 권력의 과시는 경계하고 약자의 불행을 낳는 사회의 구조적 모순에 대해 분노하며 정의를 바로 세우는 데 앞장서야 한다. 그것이 바로 교회와 신자의 몫이다. 겉만 번지르르한 교회에 예수님이 재림하신다면 무어라 하실지 늘 두려워해야 한다.

> 성서에 "내 집은 만민이 기도하는 집이라 하리라"고 기록되어 있지 않느냐? 그런데 너희는 이 집을 "강도들의 소굴"로 만들어버렸구나!(마르 11:17)

성전을 정화하며 통박하신 예수님의 탄식은 그저 복음서에 기록된 "문자"가 아니다. 지금 우리에게 그대로 와서 박히는 살아 있는 질책이다. 나는 개인적으로 이탈리아에서 대성당을 순례하며 이런 성찰에 이른 것이 참 다행스러운 일이었다고 생각한다. 그 화려하고 웅장한 대성당들이 전혀 부럽지 않았고 오히려 탄식과 반성의 거울로 삼을 수 있었으니 말이다.

29

도덕을
실천하지 못하는 교회는
존재의 의미가 없다

개인적으로 만나면 선하고 공정하다고 느껴지는데, 조직 안에서는 경쟁적이다 못해 폭력적으로 변하는 사람들이 있다. 이율 배반이다. 그런 사람을 직접 겪으면 누구나 절망하고 분노하게 된다. 그런데 나에게는 그런 모습이 없는가? 자신은 합리적이고 이성적인 존재라고 확신하는 사람도 집단 속에서는 일관성을 유지하지 못하는 경우를 우리는 너무 자주 보게 된다. 어쩌면 이는 인간이 사회 속에서 드러내는 보편적 특성인지도 모른다.

이 문제에 관해 본격적으로 다룬 사람은 신학자이자 정치학자인 동시에 철학자인 라인홀드 니부어(Karl Paul Reinhold Niebuhr, 1892-1971)였다. 그는 『도덕적 인간과 비도덕적 사회』에서 인간 개개인이 모두 도덕적인 건 아니지만 얼마든지 도덕적일 수 있다고 말하면서 그런 개인들이 모여 집단을 이룰 때는 전혀 다른 양상이 드러난다고 지적했다. 집단의 이익을 추구하는 새로운 논리와 생리가 작동하면서 비도덕적인 사회가 형성된다는 것이다.

사회적 존재이자 개인인 인간의 모순적 현실은 무엇인가?

니부어의 고민과 주제는 "20세기에 도덕과 이성은 과연 존재할 수 있는가?" 하는 매우 묵직한 질문을 축으로 한다. 그는 만약 그것이 존재할 수 있다면 어떠한 방식으로 존재해야 하는지를 탐구한다. 니부어의 책이 출간된 1932년, 제1차 세계대전의 악몽을 경험한 지 오래 지나지 않은 서구 세계에는 또다시 전쟁의 그림자가 드리워지고 있었다. 패전 후 혼란을 극복하지 못한 독일에서는 사회민주당 정권이 무너지고 폭력 사태가 전국적으로 번진 상황에서 나치당이 승기를 잡기 시작했다. 1930년 의회 선거에서 107석을 얻은 나치당은 1932년에는 230석을 얻어 원내 제1당이 되었다. 이탈리아에서는 무솔리니(Benito Andrea Amilcare Mussolini, 1883-1945)의 파시스트 정당이 정권을 장악하고 반유대주의를 노골화하고 있었다.

미국은 제1차 세계대전 이후 표면적으로는 경제적 번영을 누리는 것처럼 보였다. 하지만 실상을 들여다보면 만성적 과잉생산과 그로 인한 대량 실업으로 미래를 전혀 낙관할 수 없는 상황이었다. 1929년 10월 24일, 뉴욕의 주가가 대폭락하면서 촉발된 대공황으로 근로자의 30%가량이 실업자로 전락했다. 그 영향으로 유럽의 은행들도 줄을 지어 도산하는 등 금융공황이 세계로 번져나갔다. 각 국가는 대공황으로 인한 경제 침체에서 회복할 힘을 상실했다. 그러한 상황에서 인간의 합리적 이성에 대한 회의는 불가피했다.

니부어는 이성과 과학의 시대에 팽배하던 순진한 낙관주의에 도전했다. 기존의 혹은 당대의 낙관주의에 따르면 인간은 이성적으로, 과학적으로 따지고 또 따져서 모든 문제를 해결할 수 있었다. 하지만 니부어는 인간의 본성을 비판의 준거로 삼아 그런 주장에 이의를 제기했다. 그에 따르면 인간은 본성적으로 비극적이고 죄악적인 상황에 처해 있다. 그렇다고 그런 상황의 타개가 불가능하다거나 노력을 포기하자는 것이 아니다. 다만 현실을 정확히 인식해야 실제와 이상의 간극을 줄여나갈 수 있다는 말이다.

탁월한 신학자였던 니부어는 종교적으로 인간의 본성적 한계를 지적했다. 그러나 정치적인 면에서 그는 철저한 실용주의자였다. 유토피아주의자 또는 지나친 이상주의자에 대한 그의 비판은 그런 인식에서 비롯했다. 또한 그는 당시에 많은 사람을 매혹 혹은 현혹시켰던 마르크스주의나 과학에 대한 맹목적 신뢰의 이유가 악의 근원이 인간의 외부 어딘가에 있다는 그릇된 믿음 때문이라고 날카롭게 지적했다.

지금 우리는, 교회는 도덕적인가?

이러한 니부어의 지적은 안타깝게도 21세기 현재에도 그대로 적용된다. 21세기 대한민국은 겉으로는 멀쩡할지 모르지만 사회적 도덕과 정의의 최후 보루인 사법, 언론, 검찰이 오히려 부패와 이익의 거래를 통해 막강한 삼각 카르텔을 형성하고 있다. 기득권을 쥐고 있는 사람들은 집단의 이익과 자신의 이해관계가 맞아떨어지면 쉽게 비도덕적인 일을 저지르면서도 재빨리 인지부조화에 빠져 자기를 합리화하거나 정당화한다.

이에 관해 "정당화란 일반적으로 권력을 가진 사람들이 자기 탐욕의 적나라함을 숨기기 위하여 조작하는 것이고, 또 사회가 인간 생활의 야만적인 사실을 은폐하려는 데서 생겨난다"는 니부어의 지적은 예리한 진실이다. 정당화는 약자보다 강자가 자신을 보호하고 이익을 고수하기 위해 사용하는 경우가 더 많다. 그런 경우 그 사회의 구성원들은 자신이 도덕적일수록 불리하고 비도덕적 카르텔에 합류할수록 이익이라는 판단을 따르기 쉽다.

이럴 때일수록 냉정하게 현실을 분석하고 비판할 수 있어야 한다. 합리적이고 공정한 사회의 수립을 가로막는 것은 개인의 도덕적 타락이 아니라 비도덕적 사회가 더 우월적인 힘을 과시하는 환경이라는 점에 주목해야 한다. 니부어는 강력한 비즈니스 집단의 제도적 장애 요인을 인식하지 못하기 때문에 공정하고 도덕적인 사회의 실현이 어렵다고 지적했다. 그의 지적은 아무리 개인이 도덕적이어도 국가가 집단 이익의 요소에 함몰될 때 필연적으로 도출되는 결론이라는 점에서 여전히 섬뜩한 사실이다. 따라서 니부어가 개인과 집단 이익의 모든 요소를 인식하려면 이상과 함께 냉철한 현실주의 시각이 필요하다고 주장한 건 매우 의미심장하다. 우리는 과연 그런 주장을 귀담아듣고 있는가?

니부어는 당대의 고통에 강력한 신념과 열정으로 맞서 싸웠다. 그리고 그의 예언은 불행하게도 곧 현실로 확인되었다. 집단의 도덕이 개인의 도덕에 비해 열등한 까닭은 합리적인 사회 세력을 형성하기가 그만큼 힘들기 때문이다. 그것은 자연적 충동들이 강력하게 작동하기 때문이고 사회에는 이 자연적 충동들에 의한 응집력이 작용하기 때문이다. 결국 그것은 개인들의 이기적 충동으로 이루어진 집단이기주의로 표출된다. 그런데도 우리는 사회와 국가를 합리적 이기주의자로 가정한다. 그 가정 자체가 지나치게 낙관적이고 유약한데도 말이다.

인간은, 특히 개인으로서의 인간은 합리적이고 도덕적일 수 있다. 인간의 합리성과 도덕성은 교육과 계몽을 통해 신장된다는 말도 사실이다. 그러나 인간은 근본적으로 이익과 권력을 추구하는 존재이며 충동에 지배당하는 존재다. 인간의 이성조차 충동에 봉사할 수밖에 없다. 니부어가 정치에 관해 많은 지면을 할애하는 건 이러한 특성이 정치 집단 간 관계의 본질이라는 점을 깨우쳐주기에 충분하다. 따라서 합리주의와 과학적 실증주의가 내세우는 객관성은 그런 점을 간과함으로써 오류를 범하게 된다고 말할 수 있다. 그 간극을 종교가 메워야 한다.

니부어는 신학자답게 인간의 본성에 대한 성찰을 토대로 인간을 근본적으로 변화시키는 종교적 노력을 강조한다. 인간은 이기적인 존재이지만 동시에 자기를 초월하고자 하는 욕구를 품고 있다. 그것이 사회적 부조리와 불의에 대해 저항할 수 있는 종교적 신념과 실천으로 이어져야 한다. 인간 사회는 단순히 사랑에 대한 희망 속에서 조정과 타협을 통해 개선되는 게 아니다. 따라서 정치와 역사 속에서 종교적 희망이라는 중요하고 어려운 과제를 기꺼이 실현해야 한다. 이러한 니부어의 주장에 대해 과연 지금의 한국교회가 어떻게 대답할 수 있을까.

『라틴어 수업』(흐름출판, 2017)의 저자 한동일은 한 인터뷰에서 종교를 정원에 비유했다. "자연에는 잡풀이나 잡목이 없어요. 그런데 정원에 들어가는 순간 어떤 것은 잡풀이 되고, 잡목이 되어버리죠. 종교가 사람들이 쉬어가는 정원의 역할을 하고 있지만, 정원 안의 것만 인정하죠. 성경에도 들꽃만큼 아름다운 것이 없다고 했는데 종교는 정원일 수밖에 없는가 하는 생각이 들었어요." 사제이자 한국 최초의 바티칸 변호사이며 교수인 그의 말은 그냥 스치듯 하는 말이 아니다. 진지한 고민과 성찰에서 내놓은 탄식이다. 문제는 그 잡풀과 잡목을 교회 밖에서까지 뽑아야 한다고 으르렁대는 사람들이다. 자신들만 옳다는 독선으로 무장한, 정작 전혀 도덕적이지 못한 자들과 그들을 추종하는 신자들로 이루어진 교회가 얼마나 많은가?

개인도 비도덕적일 수 있다. 사회도 인간의 본성에 대한 냉정한 반성과 이를 근본부터 고치려는 철학적·종교적 노력으로 도덕적이 될 수 있다. 교회는 바로 그 점에 주목해야 한다. 교세를 과시할 게 아니라 니부어의 주장처럼 집단적 힘이 약자를 압박할 때 함께 맞서 싸우고 대항할 세력의 형성이 도덕적 사회를 가능하게 한다는 사실에 귀를 기울여야 한다. 그게 교회의 역할이다.

옳은 일을 하다가 박해를 받는 사람은 행복하다. 하늘 나라가 그들의 것이다(마태 5:10).

30

종교를
욕되게 하는 자들을
물리쳐라!

사회가 종교를 심각하게 걱정하는 세상에서 반대로 종교가 사회를 걱정하고 있다고 착각하는 사람들이 있다. 우리나라에서 수구와 극우를 오가며 탐욕과 무지를 공공연하게 드러내는 자들이 내로라하는 대형교회를 이끄는 건 참 신기한 현상이다. 그들의 되먹지도 않은 설교를 들으며 "아멘! 할렐루야!"를 외치고 눈물까지 글썽이는 신자들을 보면 마치 자동응답기 같다. 목회자가 어떤 말을 해도 그 외침을 자동으로 반복 재생하기 때문이다. 더 희한한 건 그런 교회에 "멀쩡한" 신자들이 참 많다는 점이다. 최소한의 이성을 갖고 있다면 무언가 말이 되지 않는다는 사실을, 더 나아가 그런 독설들이 반복음적이라는 사실을 알 만한 사람들조차 교회에서는 별 차이 없이 똑같아지니 신기할 따름이다.

협박인가, 조롱인가

교회가 나라와 국가 지도자를 위한 기도회를 여는 걸 탓할 수는 없다. 좋은 뜻으로 볼 수도 있다. 하지만 지금까지 "국가조찬기도회" 등이 보여준 모습은 그리 탐탁하지 않았다. 수많은 사람을 무참히 죽이고 정권을 찬탈한 전두환의 통치 시절에도 조찬기도회는 아부와 야합의 모습으로 일관했다. 물론 좋은 뜻으로 모인 자리에서 조직의 수장을 대놓고 비난하기는 힘들 수 있다. 하지만 적어도 예언서를 읽어본 성직자라면 하다못해 에둘러, 은유적 수사로라도 비판의 말을 정문일침으로 가했어야 한다. 지금까지 그런 모습은 찾아볼 수 없었다. 그뿐 아니라 그 기도회를 주최한 지도자급 목회자들의 면면을 보면 부끄럽다 못해 한심스럽기까지 하다.

지난 2018년 국가조찬기도회에서 행해진 한 목사의 설교가 화제에 올랐다. "목사는 정치를 하고 대통령은 설교를 했다"는 평가가 딱 들어맞는 풍경이 펼쳐졌다. 설교 전체의 맥락을 짚어보면 설교자의 메시지가 오해를 받았다고 두둔하는 이들도 있다. 하지만 그는 분명히 정치적인, 그것도 시대착오적인 정치적 메시지를 던졌다. 거기에는 현실에 대한 교회의 진지한 성찰이나 반성은 전혀 찾아볼 수 없었다. 그저 일방적으로 교회가 바라는 사항들만 나열하는 모양새였다.

그 목사는 "정의도 지나치면 잔인함이 된다"고 말했다. 또 "적폐청산이 또 다른 적폐를 낳으면 안 되고 미래지향적으로 나아가야 한다"고 권했다. 이런 메시지는 겉으로 보면 균형 잡히고 자비에 근거한 것처럼 보인다. 하지만 이는 적폐를 눈감아달라는 요구였을 뿐이다. 우리는 청산해야 할 적폐에 교회의 적폐도 포함되어 있음을 간과해서는 안 된다. 그런 설교가 "교회 현안과 교계의 목소리를 성경의 가치관에 맞게 차분히 잘 전달한 것 같다"는 다른 목사의 평가를 보고 있자니 답답함을 넘어 울화가 치밀었다. 한국교회가 불쌍할 지경이다.

그런데 그의 설교에서 정말 웃기는 건 갑자기 차별금지법을 반대한다는 대목이었다. 그는 교회는 동성애를 반대하기 때문에 그걸 허용하는 차별금지법이 잘못되었다고 말했다. 그러면서도 교회는 동성애자를 차별하지 않는다고 방어했다. 분명히 모순된 발언이지만 방점은 분명히 동성애 반대에 있었다.

사실 교회가 갑자기 동성애 반대에 집착하는 이유는 눈에 훤하게 보인다. 우리나라에서 자칭 보수우파는 예전부터 빨갱이 타령을 전가의 보도처럼 휘둘러왔다. 안보와 국방을 핑계로 빨갱이 타령, 그 변주곡인 종북 타령을 못되게 써먹어 온 것이다. 하지만 이런 극단적 주장들은 약효가 떨어지면서 시민들이 별다른 반응을 보이지 않게 되었다. 이는 보수의 탈을 쓴 수구 세력의 민낯을 보여준 "이명박근혜" 정부의 타락과 무능이 자초한 일이었다.

우리 사회에서 보수 세력의 모판이 되어버린 교회가 마치 사회를 구원하는 듯 착각하며 써먹은 게 빨갱이 타령과 그 변주곡이었다. 그런데 그게 더는 통하지 않으니 교회가 써먹을 미끼가 사라지게 된 셈이다. 교회의 정치적 위력이 감소할 수 있다는 위기감 속에서 교회가 그 대안으로 찾아낸 것이 바로 동성애 문제다. 하지만 그것이 정말 우리 사회를 붕괴시킬 만한 악의 문제라면 왜 지금까지는 들고 일어난 적이 없었는지 대답해야 한다. 그런 허술하고 비겁한 전술을 마치 비책인 듯 들고 나왔으니 가련하게 느껴질 뿐이다.

그 조찬기도회에서 "희년"의 의미를 상세히 서술한 것은 오히려 대통령이었다. 대통령은 50년마다 돌아오는 해에 종으로 팔렸던 사람들이 자유를 얻고 가난한 사람들이 빚을 탕감받는다는 희년의 정확한 의미를 되새겼다. 거기 있는 목사들이 그걸 모를까 봐 그리 말하지는 않았을 것이다. 나에게 대통령의 발언은 교회가 정치적 발언을 하려면 기본적인 성경적 지향부터 점검하고 가르쳐야 하는 것 아니냐는 질책으로 들렸다. 대통령은 이어 "약자는 속박으로부터, 강자는 탐욕으로부터 해방돼 건강한 공동체를 만드는 것이 성경 속 희년입니다"라고 말했다. 교회는 희년을 통해 포용과 화합의 정신을 강조한 대통령의 메시지를 깊이 새겨들어야 한다.

더 나아가 대통령은 대북특사단의 평양 방문을 언급하며 한반도 평화와 민족의 화해에 관한 교회의 역할을 당부했다. 사실 인도적 대북 지원과 이탈 주민 지원 분야에서 한국교회는 이미 중요한 역할을 감당하며 크게 이바지하고 있다. 대통령은 앞으로 한반도에 평화가

종교를 욕되게 하는 자들을 물리쳐라!

정착되면 교회가 더 많은 역할을 해야 한다고 당부한 것이다.

대통령이 포용과 화합으로 드러나는 예수님의 사랑에 주목하고 교회의 역할을 언급한 것은 매우 의미심장하다. 그런데 이른바 한국을 대표하는 어떤 대형교회의 얼빠진 목사라는 자가 남북회담 실패를 위해 전교인이 기도해야 한다고 교인들을 선동했다고 한다. 이런 이야기가 들려오니 이게 교회인지 극우세력의 모임인지 분간이 어렵다. 그걸 듣고 "아멘!" 하는 자들도 해괴하기는 마찬가지다.

대형교회의 해묵은 문제들은 민폐와 적폐의 수준을 넘어선 지 오래다. 세습은 공공연하고 끊이지 않는 추문과 돈 문제도 여전하다. 국민이라면 당연히 부담해야 하는 납세의 의무조차 끝까지 반대하면서 종교와 사회의 분리를 말하는 것을 보면 코웃음이 절로 난다. 그날 조찬기도회를 주관하고 설교까지 맡았던 목사가 공적인 장소에서 드러내놓고 이제 교회가 이중장부를 만들어야 한다고 팻대를 올린 것은 더 이상 가십거리도 되지 않는다. 그들은 교인의 수를 정치적 유권자 수로 치환해 정부의 과세 정책에 개입했다. 그들은 자신들이 승리한다고 착각하는 듯하지만 그 착각의 값을 치르게 될 시간은 그리 많이 남지 않았다.

잇속에 따라 예수 이름을 외치지 말라

개신교회가 드러내는 이런 추악한 민낯이 가톨릭교회에는 없다고 착각하는 건 더 웃기는 일이다. 세간을 시끄럽게 한, 수원교구 한만삼 신부의 성추행 사건과 그 이후에 보인 교회의 처신을 되새겨보라. 또한 다른 여러 교구에서 폭로되는 유사한 사건들은 교회가 뼈를 깎는 노력을 기울여야만 한다는 준엄한 경고다.

그러나 교회가 과연 그런 인식을 하고 있는지 의심의 눈길을 거두기 어렵다. 겉으로는 사죄한다고 공표하면서 내부에서는 사흘쯤만 지나면 지나갈 것이니 당분간 자중하라고 사제들에게 지침을 내리는 교회를 보면 아연하기까지 하다. 물론 지금까지 교회와 주교들, 사제들이 보인 권위주의적 태도와 보수적 시선이 극적으로 바뀌기는 쉽지 않은 일이다. 가톨릭 사제들이 일부 개신교 목사들보다는 권력과 부에 대한 탐욕이 훨씬 덜한 듯도 하다. 하지만 교회에 만연한 권위주의와 교계 제도에 순치된 사제들의 눈치 보기는 교회의 쇄신을 방해한다. 주교에 대한 고언이 반역처럼 치부되는 관행적 태도는 숨이 막힌다.

2018년에 대구대교구에서 벌어진 사태는 그 대표적 사례다. 정은규 몬시뇰의 충언은 마치 조선왕조 시대의 상소문과도 같았다. 고령의 몬시뇰은 교구에서 오랜 기간 문제가 되어온 추악한 요소들을 지적하며 쇄신을 요구했다. 하지만 교구는 절절한 충언을 겸손하게 받아들이기는커녕 오히려 그에게 정직이란 징계를 내렸다. 그리고 대주교는 뻔뻔하게도 몬시뇰의 나이를 핑계 삼아 공식 은퇴의 길을 강요했다. 도대체 대주교는 문제의 본질을 어떻게 이해하고 있는지, 그걸 무기력하게 바라보는 교구의 사제들은 어떤 심리인지, 교구의 진짜 주인인 신자들은 이 사태를 어떻게 바라보고 있는지 이해하기 어려운 사안이 한둘이 아니다.

더 나아가 교구에서 발행하는 신문—심지어 「평화신문」이나 「가톨릭신문」처럼 종교와 선교를 표방하는 것이 아니라 일반신문이다—의 논조는 또 어떤가? 가히 TK의 「조선일보」라 할 만하다. 아무리 대구-경북 지역의 보수 색채가 짙다 하더라도 최소한의 진실성조차 무참하게 짓밟는 이 신문은 사회의 소금이 아니라 독이다.

신자들은 교회와 주교들, 사제들의 이런 시대착오적이며 반사회적인 행태에 오불관언(吾不關焉)의 태도를 보였다. 복음 정신에 비추어 반성을 거듭해도 모자랄 판에 사제들에 대한 무비판적 순응으로 일관한 것이다. 이러면서 복음을 어찌 전하고 무슨 낯으로 사회에 명함을 내밀겠는가?

물론 소수의 일탈은 어느 조직에나 존재한다. 그러나 우리가 교육자나 성직자, 언론인에게 상대적으로 높은 도덕성을 요구하는 데는 그만한 이유가 있다. 사회가 타락한 나머지 일반 시민들이 두려워서, 혹은 악인들을 방조한 죄업의 탓으로 함구하는 최악의 상황에서도 때가 덜 묻은 그 사람들이 준엄하게 사회를 비판하고 심판할 수 있어야 정상적인 상태로의 복원이 가능하기 때문이다. 그러나 오늘날 교회의 작태를 보고 있자니 그런 역할을 감당하기 어렵겠다는 생각이 절로 든다.

예수의 이름을 팔아서 예수님이 하지 말라고 명하신 짓들을 골라서 하는 한국교회는 양적으로 성장하고 있을지는 몰라도 시민들이나 신자들은 이미 교회에 대한 기대와 희망을 조금씩 거두고 있다. 우리는 이 사실을 뼈아프게 받아들여야 한다. 변화를 위해서는 단순히 교회와 성직자들만 바라보면 안 된다. 그보다는 신자들이 깨어 부당한 억압에 맞서 비판하며 싸워야 한다. 악의 방조자는 결국 악의 일부가 된다. 가만히 있는 사람은 아무런 죄가 없는 것이 아니라 악의 세력이 발호할 수 있는 환경을 조성한다. 이제 더 이상 교회의 썩어 문드러진 작태가 반복되어서도 안 되고 그저 시간이 지나면 잊힐 것이라 착각해서도 안 된다. 이제 종교를, 교회를, 복음을 욕되게 하는 자들을 쫓아내야 한다. 더 늦기 전에!

> 성실함이 종적을 감추고
> 악에서 발을 뺀 자가 도리어 약탈당하는 세상,
> 이다지도 공평하지 못하여
> 야웨께서 눈을 찌푸리시지 않을 수 없는 세상,
> 그의 눈엔 사람다운 사람 하나 보이지 아니하고,
> 중재하는 사람 하나 보이지 않으니 기막힐 수밖에,
> 그리하여 야웨께서는 당신의 팔만 믿고,
> 당신의 정의만을 짚고 일어서신다(이사 59:15-16).

종교를 욕되게 하는 자들을 물리쳐라!

31

교회에서
가짜 뉴스를 쫓아내라!

만주의 실험

아침에 눈을 뜨자마자 스마트폰을 켠다. 간밤에 무슨 일이 있었는지 궁금하다. 조간신문이 배달되려면 아직 두어 시간이 남았다. 인터넷에는 실시간 뉴스가 쏟아진다. 하지만 뉴스의 홍수 속에 살면서도 늘 갈증을 느낀다.

파하드 만주(Farhad Manjoo)는 「뉴욕타임스」의 IT 분야에서 일하는 스타 기자다. 누구보다 빠른 뉴스에 촉각을 세워야 하는 그는 늘 스마트폰을 켜고 살았을 것이다. 그런 그가 두 달 동안이나 온라인 뉴스를 보지 않았다. SNS도 사용하지 않았다. 그 대신 그는 주요 일간지와 지역 신문 등 세 종류의 신문을 매일 아침 40분씩 읽었다.

초기에는 엄청나게 답답했다. 암흑 속에 혼자만 갇혀 있는 느낌이 들 정도였다. 그러나 그는 조금씩 익숙해지면서 오히려 온라인에 쏟아지는 뉴스 가운데 상당수가 "가짜 뉴스"라는 사실을 깨달았다. 그리고 자신이 그런 가짜 뉴스에 많은 시간을 허비하고 있었다는 자각이 일었다. 온라인 뉴스를 보는 시간을 줄이니 독서 시간이 늘었다. 이어서 삶이 바뀐 느낌, 자신을 망치는 괴물에서 풀려난 느낌이 찾아왔다.

그는 "온라인에서 접하는 뉴스 중 엄청난 양이 실은 진짜 뉴스가 아니라 끝없이 이어지는 논평에 불과하다. 이런 논평은 현상을 명확하게 보도록 해주는 게 아니라 오히려 독자들의 이해를 왜곡시킨다"고 말한다. 그의 지적은 경청할 만하다. 신문은 어떤 사건을 보도할 때 객관적 사실과 더불어 거기에 담긴 의미를 정리한 해설 기사를 나란히 싣는 경우가 많다. 그러나 온라인에는 사건에 대한 "의견"만 난무한다.

사실 우리가 숱하게 접하는 온라인 뉴스는 논평이 "팩트"를 앞지르는 경우가 많다. 소셜미디어에는 수많은 사람이 사건이나 기사의 내용은 자세히 읽어보지도 않고 떠드는, 자기가 하고 싶은 대로 쏟아내는 말들이 가득하다. 가짜 뉴스는 교활한 작성자가 있고 시민들이 멍청한 소비자가 되어야만 생성되는 것이 아니다. 우리의 문제의식과 비판의식이 미치지 않는 틈이 있다면 가짜 뉴스는 언제고 생겨날 수 있다.

교회에서 가짜 뉴스를 쫓아내라!

교회가 생산해내는 가짜 뉴스들

일부 개신교 대형교회가 이른바 "태극기(모독?)집회"로 불리는 수구 집회를 독려하고 신자들이 예배 후 곧장 그 집회장으로 몰려간 경우가 있었다고 한다. 나는 그 소식을 듣고 분노 대신 참담한 마음이 들었다. 자신들만 나라를 위하고 구원할 수 있다는 오만한 태도는 그렇다 치자. 누구나 신념에 따라 사는 법이니까. 그러나 그들의 판단은 적절한 현실 인식과 객관적 지식에 근거할까? 시대정신을 왜곡하면서까지 자신들이 누리던 기득권을 유지하고 새로운 방식으로 사람들을 "위협"하는 전략을 선택하는 것은 자신들이 책임지면 될 일일지 모르겠다. 하지만 교회나 기독교 전체가 욕먹을 짓을 하는데도 왜 다른 교회나 종교가, 그리고 신자들이 비판하거나 가로막지 않는지 알다가도 모를 일이다.

종교가 사회적 문제에 대해 왈가왈부하는 것 자체가 불경하다고 여기는 탓도 있을 것이다. 하지만 무엇보다 그들이 토대로 삼는 가짜 뉴스가 생산되어 유통·소비되는 방식을 정확하게 파악하고 정식으로 문제를 제기하지 않는 것은 그 자체로 직무 유기다. 그런데 일부 종교 세력이 자신들이 누리는 권력을 지키기 위해 온갖 거짓과 술수로 자기 무덤을 파는 것만이 문제의 전부가 아니다.

개신교회는 물론이고 가톨릭교회를 비롯한 모든 종단이 언론 기관을 가지고 있다. 현대사회에서 선교의 활성화와 사회적·종교적 공익을 도모하고자 언론 기관을 활용하는 것은 피할 수 없다. 다만 언론 기관을 운영하면서 기득권을 지키기 위해 비판을 노골적으로 억누르거나 폐쇄적인 기조로 일관할 때는 문제가 된다. 우리는 지금 그런 문제가 공공연하게 드러나는 현실을 묵과해서는 안 된다.

갖가지 핑계로 검열과 통제가 일상적으로 이루어지는 언론 기관은 이기가 아니라 흉기다. 사이비 언론은 늘 권력의 나팔수 역할을 하면서 자신들의 이권을 보호하는 대신 사회를 병들게 한다. 그들은 조금만 불편한 지적이 나와도 펄펄 뛰며 상대를 억압한다. 게다가 그런 일을 조금도 부끄러워하지 않고 오히려 그것이 교회를 지키는 것이라고 착각한다. 인지부조화의 극치가 아닐 수 없다.

신부나 목사가 퍼뜨리는 가짜 뉴스는 다른 사람들이 유포하는 그것과는 근본적으로 다르다. 그것을 접하는 많은 사람—특히 신자들은 거의 맹목적으로 신뢰한다—이 성직자란 그래도 충심과 소명으로 가득한 사람이니 거짓말을 하지 않을 것이라고 믿기 쉽다. 하지만 일부 성직자 중에는 알면서도 일부러 거짓말을 하는 부류가 있다. 또한 많은 경우는 거짓말인 줄 모르고 다양한 온라인 가짜 뉴스를 근거로 비분강개하여 목소리를 높인다. 슬픈 일이다. 교회와 성직자가 가짜 뉴스를 생산하는 근원지가 되었다면 거기에는 더 이상 희망이 없다는 사실을 모두가 준엄하게 인식해야 한다. 이제부터라도 무슨 뉴스를 접하든지 심사숙고하면서 최소한의 "팩트체크"를 하기 위해 노력해야 할 것이다.

교회에서 가짜 뉴스를 쫓아내라!

온라인 뉴스의 최대 강점은 "속도"다. 그러나 현실은 느리다. 실제로 무슨 일이 있었는지 확인하는 데는 절대적 시간이 필요하다. 시간을 들여 진짜인지 가짜인지 확인도 하지 않고 뉴스를 다른 사람에게 전하는 사람은 무엇인 줄도 모르고 마약을 수송하는 전달책과 다르지 않다. 앞서 말한 「뉴욕타임스」의 파하드 만주 기자는 이렇게 말한다.

내가 신문을 축복으로 여기는 이유도 이 때문이다. 나는 하루 늦게 뉴스를 읽긴 하지만 사건이 발생하고 내 문 앞에 도달하기까지의 시간에 수백 명의 전문가가 나를 대신해 무슨 일이 벌어진 것인지 확인해준다. 덕분에 나는 "이것이 혹시 터무니없는 거짓 주장은 아닐까?" 걱정하는 대신 뉴스 그 자체에 집중할 수 있다.

물론 이 말에는 신문이 진실에 충실하다는 기본적 전제가 작동하지만 우리는 이 말을 곰곰이 생각해봐야 한다. 가짜 뉴스를 생산하는 자도 문제지만 그것에 휩쓸리는 소비자나 독자에게도 큰 책임이 있다.

가짜 뉴스를 극복하기 위해서는

나는 우리나라 신문이나 방송─종교계 언론도 마찬가지다─의 고질적 문제 가운데 하나가 1면이나 머리기사를 거의 무조건 정치 이슈로 채운다는 점이라고 생각한다. 물론 우리의 삶의 방식과 사회적 시스템에 직간접적으로 큰 영향을 미치는 정치는 매우 중요하다. 그러나 세계 속에서, 그것도 온갖 강대국의 틈바구니에서 살아가야 하는 우리가 정작 세계의 흐름과 현실에 대해 주목하지 않는다면 심각한 위기를 맞을 수 있다. 어색할지 모르겠지만, 어쩌면 그래서 더 의식적으로 1면이나 머리기사는 국제 이슈 혹은 세계 뉴스로 채워야 한다고 본다. 그렇지 않다면 적어도 매일 두세 꼭지는 그런 내용에 할애해야 한다.

종교계가 운영하는 언론도 나라 밖 종교 소식은 자화자찬, 아전인수식의 홍보 차원으로만 다루는 것이 현실이다. 가톨릭교회의 언론들은 아무래도 보편교회의 특성이 있기에 다른 종교계 언론들보다 외국의 뉴스를 조금 더 다루는 듯하다. 하지만 냉정한 시선으로 보자면 그들은 여전히 자기 교회에 유리한 방식으로 접근할 뿐이다. 예를 들어 교회의 추문이 불거질 때, 사회적 이슈가 떠오를 때 유럽의 교회들이 어떤 방식으로 고민하고 반응하는지 보도한 적이 있는가? 또한 남미나 아프리카의 교회가 안고 있는 문제에 대해 교회 전체가 어떻게 접근하고 고민하며 개선해가야 하는지 논의한 적이 있는가?

한국 가톨릭교회는 로마교회에만 속한 것이 아니다. 여러 대륙의 교회들과도 연대감을 키워가야 한다. 그러기 위해서는 각지의 현실과 현안을 파악하고 배우고 따라야 할 점들을 축적해가야 한다. 그러나 그런 관점 자체가 쉽지 않다. 가짜 뉴스가 아니더라도 판에 박은 듯한 보도 행태는 진짜 뉴스를 가릴 수도 있다. 이런 점에서 굳어진 뉴스의 시각이 가짜 뉴스의 동맹이 된다는 사실을 늘 경계해야 한다.

우리나라 개신교회 언론도 크게 다르지 않다. 아니, 오히려 더 심각하다. 선교지에 관한 소식 말고는 세계보편교회의 문제에 관해서는 별 관심이 없기 때문이다. 게다가 그나마 관심을 두는 것이 미국교회의 동향이다. 그러니 독일의 성직자들이 어떻게 활동하는지, 그 교회의 신자들이 어떤 신앙생활을 하며 복음을 실천하고 있는지에는 무관심하다. 개신교 신자들을 만나 디트리히 본회퍼(Dietrich Bonhoeffer, 1906-1945)를 알고 있는지 물어보면 열에 아홉은 모르는 게 현실이다. 이런 무지와 편향적 사고들이야말로 가짜 뉴스가 교회에 기생하게 하는 요인들이다.

이제 신자들이 깨어나야 한다. 책임 있는 뉴스 소비자가 되어야 한다. 일방적이고 교조적이며 권위적인 해석과 끝없는 논평이 아니라 진짜 뉴스를 구별하고 가짜 뉴스는 퇴출시켜야 한다. 일반 언론에 대해서뿐 아니라 종교 언론에 대해서도 마찬가지다.

서두를 필요는 없다. 진실에는 시간이 필요하다. 그러나 방관하거나 너무 많은 시간을 주면 가짜 뉴스는 절대 사라지지 않는다. 복음서를 늘 가까이 두고 읽으면서 성직자들이 자의적으로 또는 정치 편향적 태도로 해석하지는 않는지, 가짜 뉴스로 복음 정신을 훼손하지는 않는지 감시해야 한다. 늘 공부하고 깨어 있어야 한다.

자, 이제 내가 걸림돌 하나를 시온에 놓으리니 사람들이 걸려 넘어

질 바윗돌이라. 그러나 그를 믿는 사람은 수치를 당하지 않으리라

(로마 9:33).

교회에서 가짜 뉴스를 쫓아내라!

32

불안의 시대

지금 이 시대를 관통하는 현실의 언어를 하나 꼽자면 아마도 "불안"
이 아닐까 싶다. 모두가 불안하다. 일자리를 얻지 못한 사람은 삶이
늪으로 빠지고 있다는 불안을, 다행히 직장을 잡은 사람도 언제 해고
될지 모른다는 불안을 안고 살아간다. 자식을 가진 부모는 자식들이
힘겹게 공부해서 좋은 대학을 나와도 변변한 일자리 하나 제대로 얻
지 못하는 현실에서 오는 안타까움과 불안이 가득하다. 미래는 장밋
빛이 아니다. 흙빛을 띠는 사람들의 미래에는 어둠의 그림자만 짙게
드리워 있다.

　이런 상황에서는 누구나 남이 어떻게 사는지, 세상이 어떻게 돌
아가는지 관심을 두기가 어렵다. 그래서 오로지 자신과 자기 가족

의 삶만 지켜내는 것에 몰두하는 사람이 많다. 각자도생이라지만 연대가 깨지고 공감이 사라진다면 우리 사회는 과연 어찌 될 것인가? 내가 이웃을 챙기지 않으면서 이웃이 나를 챙겨주기를 바랄 수는 없다. 내가 먼저 좋은 이웃이 되어야 한다.

착한 사마리아인

"착한 사마리아인의 비유"는 우리에게 여러 가지 생각할 거리를 던져준다. 예수님을 곤경에 빠뜨리기 위해 온갖 궁리를 다 했던 사람들 가운데는 율법학자를 빼놓을 수 없다. 어떤 율법 교사가 예수님을 찾아와 "누가 저의 이웃입니까?" 하고 물었다(루가 10:29). 예수님은 그에게 예루살렘에서 예리고로 가던 어떤 사람이 강도를 만난 이야기를 전해주셨다. 그 이야기에서 사제와 레위인은 그를 외면하고 지나친다. 이 두 부류는 유대 민족의 지도자를 자처하는 사람들이었다.

사제는 교회의 지도자이며 율법의 전문가로서 최고 권위자로 인정받는 사람이었다. 입으로는 온갖 율법을 논하고 하느님의 사랑을 떠들던 그는 정작 도와줘야 할 사람을 만나자 고개를 돌려버린다. 괜히 자기가 떠안게 될지도 모르는 불편함이 떠올랐을 것이다. 그는 율법을 알고 있는 사람인지는 몰라도 실천하는 사람은 아니었다. 그는 어떻게 강도를 당해 생명이 위태로운 사람이 자신의 이웃이 아니라고 생각했을까?

이 이야기에서 레위인 역시 뜬금없이 등장하는 인물이 아니다. 레위인들은 그들을 불쌍히 여긴 모세의 축복으로 이스라엘 민족 가운데서 말씀을 가르치고 제사를 돕는 직분을 맡게 되었다. 유대교의 율법 교사인 랍비 중에도 레위인 출신이 가장 많았다. 그래서 예수님 당시에 지식인이나 유지쯤 되는 이들의 상당수가 바로 레위 지파에 속한 사람들이었다. 그런데 이 레위인도 강도당한 사람을 피해 지나간다. 괜히 엉뚱한 일에 연루되어 곤경에 처할지도 모른다고 염려한 듯하다. 그 역시 입으로만 떠들면서 자신의 권리를 누리는 것에만 익숙한 사람이었다.

강도를 당한 사람을 구한 이는 다름 아닌 사마리아인이었다. 당시 사마리아인은 유대인들이 불구대천의 원수나 불가촉 천민쯤으로 여기는 사람들이었다. 물론 현실적으로 사마리아인들은 유대인들보다 경제적으로나 정치적으로 더 유복했을지 모른다. 유대인들과 달리 바빌론으로 끌려가지 않은 그들은 그 지역에서 어느 정도의 기득권을 확보할 수 있었기 때문이다. 그러나 유대인들은 자신들이 사마리아인들보다 도덕적으로 우월하다고 여기며 배타적이고 억압적인 태도로 일관했다. 그런 사마리아인이 강도당한 사람을 구한다. 여기서 핵심이 복음서에 그대로 드러난다.

그런데 길을 가던 어떤 사마리아 사람은 그의 옆을 지나다가 그를 보고는 가엾은 마음이 들어(루가 10:33).

가엾은 마음! 맹자식으로 말하자면 그것은 바로 측은지심이었다. 가엾다고 여기는 마음은 나보다 못한 사람에 대한 공감과 연대의 감정적 발현이다. 그것이 바로 사랑의 바탕이다.

지금도 힘들고 어려운 처지에 있는 이들, 고통받고 멸시받는 사람들이 많다. 우리는 그런 사람들을 가엾게 여기며 따뜻한 손길을 내밀고 있는가? 오히려 그들의 고통을 외면하면서 그들이 받는 냉대와 멸시를 당연한 몫으로 생각하지 않는가? 오늘날 우리 사회에는 앎이 삶으로 체화하지 못한 반쪽짜리 지성이 넘쳐난다. 조금만 눈을 뜨면 술수와 이해관계를 사회적 질서와 안녕으로 포장하는 권력자들이 저지르는 횡포를 볼 수 있지만 다들 눈을 가리고 살아간다. 사제와 레위인은 바로 그런 허위의 가면을 쓴 사람들을 대표한다. 그들은 권위를 내세우면서 정작 자기 자신만 챙기기에 급급했다. 그리고 그것은 지금 나의 모습과 다르지 않다.

유다의 지도층 인사들이 드러낸 표리부동과는 달리 겸손한 사마리아인은 강도를 만난 사람을 "기꺼이" 돕는다. 복음서가 직접 언급하지는 않지만 글의 문맥과 상황을 짚어보면 강도를 당한 사람은 아마도 유대인이었을 것이다. 사마리아인은 이민족인데도 출신이나 배경 따위는 조금도 개의치 않고 그를 돕기 위해 나선다. 그저 "가엾은 마음이 들어" 그렇게 한다. 그것이 바로 공감과 동정과 소통의 마음이다.

사마리아인이라고 바쁘지 않았을까? 그 역시 바쁘고 귀찮았을 것이다. "길을 가던" 그 사마리아인은 한가한 여행자가 아니라 출장 중인 사업가였을지도 모른다. 조바심을 누르고 기름과 포도주로 강도당한 사람의 상처를 씻어주는 모습을 보면 그는 어딘가 멀리 가던 중이었던 것 같다. 그러니 그런 것들을 나귀에 싣고 있었을 것이다.

하지만 그는 자신의 용품을 아끼지 않고 아무 조건 없이 강도당한 이에게 내준다. 응급처치만으로는 모자랐는지 그는 환자를 나귀에 태우고 여관으로 데려가 보살핌을 받게 한다. 나귀를 환자에게 내주고 험한 길을 걸어간 그는 이미 충분히 선한 일을 했음에도 불구하고 여관 주인에게 두 데나리온의 돈을 맡기며 환자의 간호를 부탁한다. 보상을 바라고 그랬을까? 그런 의도는 드러나지 않는다. 오히려 그는 자신이 손해를 보더라도 불쌍한 그 사람을 끝까지 챙기기 위해 추가되는 비용을 이후에 주겠다고 약속한다.

예수님의 사랑과 가르침에 가장 가까이 다가선 이는 바로 그 사마리아인이었다. 모두가 외면하고 천시하던 바로 그 사람이 가장 도덕적이며 가장 복음적인 사람이었다. 그는 예수를 믿는다고 떠드는 사람이 아니었다. 그러나 예수님의 가르침을 가장 정확하게 실천한 사람이었다.

사랑을 베푼 사람

말로는 예수님을 들먹이면서 정작 그 사랑은 실천하지 못하는 편협한 우리의 모습이 이 비유에서 적나라하게 드러난다. 부당하게 해고된 노동자, 일하고 싶어도 일자리를 구하지 못하는 청년, 죽어라고 일해서 우리가 지금 누리는 풍요의 바탕을 마련했지만 이제는 철저하게 외면받으며 천덕꾸러기 신세가 된 가난한 노인들이 바로 길에서 강도를 만난 그 사람들이다. 우리는 그들을 외면하는 것도 모자라 때로는 그들을 윽박지르지 않는가?

예수님은 율법 교사에게 "이 세 사람 중에서 강도를 만난 사람의 이웃이 되어준 사람은 누구였다고 생각하느냐?" 하고 물으신다(루가 10:36). 율법 교사가 "그 사람에게 사랑을 베푼 사람입니다" 하고 대답하자 예수님은 그에게 이르셨다. "너도 가서 그렇게 하여라"(루가 10:37).

이 말씀은 고통받는 이들을 외면하고 자신의 이익 추구에만 몰두하는 우리에게 다가오는 준열한 가르침이다. 아무리 교회에 열심히 나가서 기도에 열을 올리고 온갖 행사에 적극적으로 참여해도 소용없다. 정작 우리 주변의 고통받는 이들을 외면하면서 살아가는 한 우리는 가짜고 엉터리다.

많은 이들이 불안에 휩싸여 전전긍긍하며 살아간다. 그들에게 다가서서 손을 내밀고 따뜻하게 안아주는 것만으로도 큰 위로를 줄 수 있다. 아래의 고통을 외면하고 위의 열매만 바라보는 건 부끄러운 일이다. 나부터 참된 이웃이 되어야겠다. 가서 그들을 힘껏 껴안고 등을 토닥이는 것부터 실천해야겠다. 그들이 바로 교회다.

33

품고,
기다리고,
함께 살며

함께 산다는 건

마음에 맞는 사람들과 지내다 보면 참 행복하고 정겹다. 그래서 사람
들은 그런 이들과 담을 맞대며 살고 싶어 한다. 그러나 막상 그렇게
이웃으로 살다 보면 뜻하지 않은 사소한 일로 감정이 틀어지고 의가
상하는 일이 허다하다. 사랑하는 사람과 부부의 연을 맺고 살아도 그
런 일은 일상적인 삶의 일부가 된다. 함께 산다는 건 생각처럼 쉬운
일이 아니다.

대다수 신자의 눈에는 신앙공동체에서 수도 생활을 하는 이들이
대단해 보인다. 나름대로 그들의 삶이 얼마나 아름다울지 그려보면서
부러워하기도 한다. 때론 과도한 평가와 기대 때문에 그들의 사소한

허물만으로도 상처를 입는 사람이 있다.

하지만 어쩌면 가장 날카로운 유리 조각을 지니고 사는 이들이 수도자들일지도 모른다. 하나의 믿음 아래 오로지 하느님께 헌신하는 영혼으로 함께 사는 것이지만 그래서 더 상처가 깊고 아릴 때가 있다. 저잣거리에서라면 셈을 따지다가 관계가 심하게 틀어지거나 꼬이면 갈라서고 안 보면 그만이다. 하지만 "거룩하고 성스러운" 삶에서 그런 세속적인 속성들을 그대로 드러내기는 어렵다. 그래서 곪은 상처를 도려내지 못한 채 그냥 속으로만 삭이면서 안고 살게 된다. 하지만 서로 살아온 방식이나 태도, 이해의 틀이 모두 다르기에 아무리 공동체 생활이라 하더라도 서로 받아들이기 쉽지 않은 면이 있기 마련이다.

하물며 일상의 삶에서 우리가 느끼는 갈등과 번민은 더 말할 것도 없다. 그러니 작은 상처에도 펄펄 뛰고 사소한 비판에도 분노를 느낀다. 이런저런 연으로 묶이거나 같은 뜻으로 연대해 마음이 통하는 관계에서도 그렇다. 오히려 교회 공동체에서의 관계가 때론 더 큰 상처를 주기도 한다. 그런 상처가 쌓이거나 옹이가 맺혀 교회를 떠나는 경우도 적지 않다. 그럴 때마다 나는 예수님의 제자들이 보여준 깊은 연대와 신뢰를 새삼 떠올린다.

품고, 기다리고, 함께 살며

제자 공동체의 모범

예수님의 제자들은 고달픈 삶을 살았다. 세속적 영예와는 애당초 거리가 먼 사람들이었지만 막상 겪는 제자로서의 삶은 힘들고 어려웠다. 제대로 먹지 못했을 뿐만 아니라 사람들의 따가운 시선을 받을 때도 잦았다. 우리는 그 제자 공동체를 동경의 마음으로 바라보지만 그들의 삶은 맵고 시렸을 것이다.

제자들 가운데 특별히 나의 관심을 끄는 이는 토마다. 예수님의 부활 소식을 전해 들었을 때 그가 보여준 행동은 제자 공동체에 찬물을 끼얹는 것이었다. 예수님의 죽음은 제자들에게 엄청난 충격과 심리적 고통을 안겨주었다. 그런 와중에 스승이 부활했다는 소식은 그들의 판단이 옳았음을, 그들의 믿음이 보상받았음을 확인시켜주었다. 그 소식을 들은 제자들의 안도감과 승리감은 이루 말할 수 없이 컸을 것이다.

그러나 토마는 그 소식을 받아들이지 않았다. 심지어 토마는 예수님이 다른 제자들 앞에 나타나셨다는 말을 전해 듣고도 달라지지 않았다. 자신이 직접 확인하지 않고는 믿을 수 없다는 것이었다. "나는 내 눈으로 그분의 손에 있는 못 자국을 보고 내 손가락을 그 못 자국에 넣어보고 또 내 손을 그분의 옆구리에 넣어보지 않고는 결코 믿지 못하겠소"(요한 20:25)라고 그가 말했을 때 다른 제자들은 얼마나 기가 찼을까! 토마의 김 빼는 태도에 다른 제자들은 또 얼마나 허탈

했을까? 아마도 우리라면 우격다짐을 하거나 토마를 대화에서 소외시켰을 것이다. 하지만 제자들은 토마를 탓하지 않았다. 그렇게 초 치는(?) 토마를 미워하지도 않았다. 오히려 그들은 토마를 감쌌다.

왜 제자들은 토마를 비난하거나 탓하지 않고 오히려 품어주었을까? 그것은 부활의 확인이 준 기쁨이 더 컸기 때문이었을 것이다. 부활의 소식은 토마의 투정조차 품을 수 있는 넉넉한 마음을 주었다. 또한 그들은 예수님께 배운 만큼 기본적으로 동료에 대한 믿음과 사랑을 품고 있었을 것이다.

우리는 여기에 집중해야 한다! 공동체의 힘은 바로 소소한 허물을 덮어주고 감싸주며 기다릴 줄 아는 데서 비롯한다. 그런 신뢰와 사랑이 없다면 때때로 희망을 꺾고 염장을 지르는 동료를 포용할 수 없다. 사람들이 교회 공동체에서 쉬이 상처받고 아파하며 급기야는 공동체를 원망하거나 떠나는 것은 남의 허물만 보기 때문이다. 또한 그 허물을 다른 이들에게 전하면서 갈등이 눈덩이처럼 불어나도 정작 아무도 거기에 책임지지 않는 비겁 때문이다.

예수님의 제자들조차 처음부터 온전한 확신을 가졌던 것은 아니었다. 그중에는 세속적 영광을 꿈꾼 이들도 있었고 하늘나라에서의 보상을 바란 이들도 있었다. 예수님이 겟세마네 동산에서 간절히 기도할 때 제자들은 모두 자고 있었다. 수석 제자라는 베드로도 스승이 체포되자 세 번이나 스승을 부인하고 말았다.

하지만 그들은 예수님의 가르침과 사랑의 실천을 목격하고 체감

품고, 기다리고, 함께 살며

하며 그 뜻과 가치를 공유하고 있었다. 제자들이 예수님의 마음에 공감하며 겪었던 변화가 공동체의 힘이 되었다. 그것은 쉬운 일도, 당연한 일도 아니었다. 제자들의 공동체였으니 당연히 그 정도는 되어야 하는 것 아니냐고 말할 문제가 아니다.

동료라고 생각했던 사람이 자기 뜻에 반대하거나 자기 생각에 동의해주지 않으면 누구나 섭섭함을 느낀다. 하물며 그가 자신을 비난하는 뒷말을 했다는 사실을 알면 화를 참기 어려울 것이다. 그런데 어느 공동체라도 그런 일은 있기 마련이다. 수도 공동체라고 해도 다르지 않다. 수도사들의 삶은 분명 고결하지만 그렇다고 그들이 모두 성인인 것은 아니기 때문이다.

그들의 삶이 우리의 세속적 삶과 본질에서 크게 다르지 않다는 것은 오히려 매력적이다. 때론 거기서 위로가 느껴지기도 한다. 앞서 말한 것처럼 수도 생활을 함께 하는 이들은 보기 싫어도 같이 살아가야 하기에 더 상처가 깊을 수도 있다. 우리는 관계에서 생기기 마련인 상처를 덧나지 않게 하면서 서로의 허물을 품을 수 있어야 한다. 수도사들도 그렇게 해야 궁극적으로 공동체적 삶의 가치가 더욱 깊어짐을 알기에 어려움을 견디면서 버텨내는 것 아니겠는가?

공감과 연대의 공동체

사람 사는 모습은 아주 다른 것 같으면서도 본질에서는 비슷하다. 사람들은 결이 같을 때는 정겹고 결이 어긋나면 아파한다. 그리고 사람들의 결이 매번 같을 수는 없다. 하지만 어쩌다 큰 문제가 불거지면 다른 결의 차이는 그리 대단한 것도 아님을 깨닫게 된다. 서로의 장점만 보며 닮아가기에도 짧은 생이다. 애써 남의 단점을 덧내서 크게 키우며 살기에는 시간이 아깝다. 그리고 시간이 지나면 기다리고 품는 만큼 보상을 받게 된다는 사실을 알게 된다. 그게 삶이다.

비판과 비난은 다르다. 그런데도 사람들은 그 둘을 구별하지 못해 이런저런 상처를 주고받는다. 교회 공동체의 일이어서 그 상처가 더 도드라지게 느껴지는 경우도 적지 않다. 어떤 사람은 심지어 남의 작은 허물을 캐내 부풀리고 다른 사람들에게 퍼뜨리면서 그를 탓하고 따돌리기까지 한다. 그러면서도 그것은 비판이지 비난은 아니라고 뻔뻔하게 자신을 방어한다.

우리는 예수님의 제자 공동체에서 서로 품고 기다리며 함께 살아가는 데 필요한 공감과 연대의 능력을 키우는 방법을 배워야 한다. 그것을 배우지 못하는 수도 공동체나 교회 공동체는 그저 속은 텅 비고 껍데기만 멀쩡한 일개 동아리로 전락할 위험이 크다. 제자들은 야속한 토마조차 품고 기다렸다. 제자들에게 그런 마음부터 배워야 하지 않을까? 그런 넉넉함이 우리 삶으로 이어질 때 우리의 믿음은 성숙해지고 우리가 사는 사회는 사랑으로 채워져 갈 것이다.

34

본회퍼를
기억하라

전 세계의 대형교회(메가처치)들 가운데 절반 이상이 우리나라에
있다. 각 교단에서 세계 최대를 자랑하는 교회도 거의 다 대한민국에
있다. 웃어야 할지 울어야 할지 모를 일이다. 그런데 그런 교회마다
공통적인 문제를 안고 있다. 바로 "세습"의 문제다.

　세계 최대의 단일 교회인 여의도순복음교회는 다행히도(?) 전 담
임 목사의 아들들이 목사가 아니어서 세습의 여지가 없었다. 물론 다
른 문제들로 시끄럽기는 마찬가지지만 말이다. 한쪽에서는 가톨릭교
회의 사제들이 결혼하지 않아서 세습의 문제가 없는 게 다행이라는
"웃픈" 이야기가 들려온다. 교회가 세상을 걱정하는 게 아니라 세상
이 교회를 걱정하는 지경이 되었으니 하느님 보시기에 어떨지 참 민
망한 노릇이다.

한국교회, 자랑만 할 수 있을까?

빠른 성장을 거친 한국교회는 치명적인 문제를 안고 있다. 고도비만에 가까운 교회들은 몸집을 줄이기보다는 세습을 당연시한다. 그러면서 어떻게 기업의 부도덕한 경영권 승계나 북한 정권의 치졸한 권력 세습을 비판할 수 있는지 알다가도 모를 일이다. 대형교회와 구멍가게 수준의 교회가 빚어내는 양극화의 문제 역시 일상사가 되었다.

많은 이가 교회의 병폐적 모습을 안타까워한다. 하지만 큰 교회들은 오불관언의 태도로 일관하며 그것이 "하느님 뜻"이라고 외려 핏대를 세운다. 도대체 어디서 어떤 하느님의 뜻을 받았는지 모르겠다.

신·구교를 막론하고 한국교회의 문제는 크게 세 가지 정도로 압축할 수 있다. 첫째, 근본주의와 교조주의에 대한 지나친 집착이다. 근본주의란 본질적인 것의 절대성을 강조하는 종교운동으로 성경에 근거한 신앙의 근본적인 측면을 강조한다. 물론 이는 다른 종교들도 비슷하게 드러내는 특성이다. 하지만 고도의 경직성과 배타성을 드러내는 근본주의적 신앙은 시대의 흐름이나 변화에 상관없이 자신들의 권위에만 집착한다는 점에서 우려스럽다. 반면 교조주의는 과학적 해명이나 이성의 비판 없이 교리 또는 신조를 따르는 신앙의 모습이다. 이는 자칫 무비판적 독단주의로 빠질 수 있다. 한국교회는 열성적인 신앙이 근본주의나 교조주의의 산물인 것처럼 착각한다.

둘째, 지나치게 성직자 중심적이다. 우선 성직자들은 신학을 독점한다. 반복되는 교육을 통해 체제에 순응하는 것에 익숙해진 신자들은 성직자들에게 따지거나 대들지 못한다. 성서를 읽을 때도 문맥이나 역사적 환경 따위는 고려하지 못하고 성직자들이 골라준 구절을 그저 "아멘" 하고 받아들일 뿐이다. 그런 맹종을 신에 대한 순종으로 착각한다. 그런 태도는 근본주의와 교조주의, 권위와 복종, 순응과 무비판의 악순환을 강화한다.

셋째, 여전히 서구 중심주의적인 사고다. 좀 심하게 말하면 제국주의적 사고가, 학문적으로 말하자면 오리엔탈리즘의 성향이 여전하다. 우리가 서구인들을 통해 기독교를 전해 받았으니 어느 정도 그럴 만도 하다. 하지만 상황이 심각하다. 오죽하면 한국의 가톨릭교회는 로마보다 더 로마적이며 한국의 개신교회는 미국의 복음주의 교회보다 더 미국적이라는 말이 나올까? 그러니 우리의 신학과 교회 운영이란 한쪽은 로마 중심적이며 다른 한쪽은 미국 의존적일 수밖에 없다. 이런 악순환의 원천적 고리가 깨지지 않는 한 한국교회의 문제는 철옹성처럼 느껴질 것이다. 우리는 그런 문제들이 끝내 교회를 망하게 하는 걸림돌이 될 것임을 명심해야 한다.

예언자는 없고 제사장만 난무하는 교회

성직자의 역할은 크게 두 가지로서 제사장과 예언자의 역할이다. 그러나 불행히도 한국교회의 성직자들 가운데 예언자 역할을 수행하는 이들은 많지 않다. 물론 소수나마 그 역할을 의연히 그리고 묵묵히 수행하는 이들이 있어서 교회에 대한 신뢰가 완전히 사라지지는 않았다. 하지만 권력과 재력을 탐하며 신자 수 늘이기에만 혈안인 교회는 과연 사회적 정의와 진실에 대해 무슨 말을 어떻게 할 수 있을지 걱정이다. 아니, 오히려 권력과 재력의 편에 서서 반복음적인 작태를 거리낌 없이 저지르는 모습을 보면 절망감을 감출 수 없다.

한국의 교회와 성직자, 그리고 신자 가운데 디트리히 본회퍼를 알고 있는 이들이 얼마나 될까? 그는 "목사, 신학자, 순교자, 예언자"였으며 동시에 나치에게는 "반역자"였던 사람이다. 20세기가 남긴 기독교 최고의 유산을 꼽으라면 나는 주저하지 않고 요한 23세와 본회퍼를 꼽는다. 신앙과 행위가 일치하는 삶을 살았던 본회퍼는 복음을 실천하지 않으면서 기복에만 매달리는 신앙은 싸구려 은총을 추구하는 천박한 종교일 뿐이라고 통박했다. 그는 정의와 평화를 위한 그리스도인의 책임을 강조하면서 스스로 실천했다.

본회퍼는 1906년 독일에서 의사의 아들로 태어났다. 그의 가정은 유복한 중산층으로서 루터교회에서 신앙생활을 해온 전통적인 개신교 가문이었다. 그의 할아버지는 프로이센 왕실의 궁정 목사였지만 아버지는 신앙에 무관심했다. 본회퍼가 목사가 되려 하자 형제들과 부모는 종교란 부르주아에게 어울리지 않는다고 반대했다. 그러나 디트리히는 "그렇다면 내가 그 종교를 바꾸겠습니다"라며 뜻을 굽히지 않았다. 가족들도 그의 뜻을 존중할 수밖에 없었다.

튀빙겐 대학교와 베를린 대학교에서 공부를 마친 본회퍼는 역사신학에 관심이 많았다. 그는 스페인과 뉴욕에서 목회와 공부를 병행하기도 했다. 그러다 1933년에 나치가 정권을 잡았다. 본회퍼는 히틀러(Adolf Hitler, 1889-1945)와 나치 정권을 비판하면서 반유대주의를 공격했다. 그러나 정작 독일교회는 갈수록 왜곡된 민족주의로 기울어갔다.

당시 독일교회는 예언자의 역할을 일찌감치 포기하고 오히려 히틀러를 그리스도로 숭배했다. 그들은 "경제적·사회적 구원을 위해 하느님이 히틀러를 보내주셨다"는 말을 공공연히 했을 정도였다. 본회퍼는 라디오 방송에서 히틀러를 우상으로 숭배하는 행위의 위험성을 경고했고 그 방송은 곧 중단당했다. 그러나 그는 나치의 탄압에 굴복하지 않았고 비판을 멈추지 않았다.

본회퍼는 갈수록 전체주의로 변해가는 독일에 항거하는 독일교회의 실상을 알리기 위해 미국, 영국 등지에서 에큐메니컬 활동에 적극적으로 참여했다. 1938년에 그가 가담한 히틀러 암살 음모는 실패로 돌아갔다. 그는 미국 망명을 권유받았지만 독일에 남아 저항운동을 계속해갔다. 그리고 결국 1943년에 체포되어 2년간 여러 수용소를 전전했다. 이때 가족과 친구들에게 보낸 편지들이 『옥중서간』으로 출간되었다.

여전히 감옥에 있던 1944년, 그는 히틀러 암살 음모에 가담했다는 증거가 발견되어 사형 판결을 받는다. 그리고 나치 패망 직전인 1945년 4월에 처형되었다. 그는 "죽음은 끝이 아니라, 영원한 삶의 시작이다"라는 유언을 남겼다. 그의 묘비에는 "디트리히 본회퍼, 그의 형제들 가운데 서 있는 예수 그리스도의 증인"이라고 새겨졌다. 그는 진정한 예언자이자 행동가였다.

그의 신학은 고난을 함께 나누는 삶의 실천으로 압축된다. 그가 체포될 위험에 처했을 때 미국 유니온 신학교의 교수 라인홀드 니부어는 신학 교수 자리를 마련하고 초대장을 보냈다. 하지만 그는 독일 국민과 고난을 함께하지 않는다면 나중에 전쟁이 끝났을 때 어떻게 독일교회를 재건하는 일에 동참할 수 있겠느냐며 거부했다.

복음의 실천이 없는, 즉 그리스도의 제자로서의 삶이 없는 신앙은 싸구려 신앙에 불과하다는 본회퍼의 비판과 지적은 지금 한국교회와 지도자들에게도 그대로 적용되지 않는가? 우리는 "값싼 은총은 우리 교회의 치명적인 적이다"라는 그의 말을 두고두고 곱씹어야 한다. 제사장의 권위나 존경을 탐하기보다 거친 들판으로 나서야 한다. 거기서 우리는 불의와 불공정에 대해 비판하면서 들판에 내던져진 약자들을 감싸고 도닥이며 복음의 희망과 용기를 전해야 한다.

세상의 불의와 거짓에 맞서 싸우는 교회

흔히 교회가 사회의 문제에 대해 발언하면 정치와 종교의 분리를 운운하며 교회의 중립성을 요구하는 목소리가 높아진다. 그러나 우리가 교육자나 성직자에게 높은 도덕성을 요구하는 것은 그들이 사회가 타락했을 때, 그리고 대다수 사람이 그 타락에 일조했거나 자신의 낮은 도덕성 때문에 그것을 비판하지 못할 때 마지막으로 그런 말을 할 수 있는 최후의 보루라는 점 때문임을 기억해야 한다. 교회가 사회나 정치에 관해 무관심한 것은 정당한 일이 아니다. 본회퍼는 단호하게 말한다.

> 그럼에도 교회는 국가에 극히 중요한 역할을 해야 한다. 교회는 국가를 향해 이런 질문을 끊임없이 던져야 한다. "국가의 행위는 적법하게 이루어졌다고 책임 있게 대답할 수 있는가? 국가의 행위는 법과 질서를 낳았는가?" 바꿔 말하면, 국가를 국가답게 만드는 것이 교회의 역할이다.

본회퍼에 따르면 교회는 국가가 성경이 규정하는 대로 법과 질서의 환경을 조성하지 않을 때 국가의 결함을 지적하고, 국가가 법과 질서의 환경을 과도하게 조성할 때 국가의 과도함을 지적해야 한다. 더 나아가 그는 국가가 법과 질서를 과도하게 집행한다면 그 국가는 국가의 권력을 신장시켜 기독교의 선포와 기독교 신앙으로부터 권리를 박탈하고 말 것이라고 경고했다. 그의 지적을 지금 한국 사회에 그대로 적용해보자. 과연 지금 한국의 교회들은 거기에 뭐라 대답할 것인가?

본회퍼가 히틀러 암살 계획에 참여한 것은 교회가 국가의 폭거에 대처할 수 있는 방법, 즉 "바퀴에 짓밟힌 희생자들을 싸매어줄 뿐 아니라 바퀴 자체를 저지하는 것"이었다. 국가가 저지른 악행에 희생당한 이들을 돕는 것만으로는 충분하지 않고, 어떤 면에서는 교회가 직접 국가를 고소하여 그런 범행을 저지르지 못하게 해야 한다는 것이다. 고 김수환 추기경이 지금도 존경을 받는 건 군사정권과 유신으로 대표되는 암흑 시대에 그런 역할을 의연하게 수행했기 때문이었다. 지금 가톨릭에 그런 추기경과 주교가 있는가? 세습에만 골몰한 개신교 대형교회의 목사들이 그런 행동의 의향을 갖고 있는가? 오히려 싸구려 은혜를 내세워 세력의 확장에만 힘쓰면서 뻔뻔하게 복음을 운운하고 신의 뜻을 팔면서 오히려 "예수가 하지 말라는 짓을 예수의 이름으로" 저지르고 있지 않은지 스스로 물어야 한다.

본회퍼가 할머니에게 보낸 편지에는 그의 고뇌와 결기가 그대로 드러난다.

지금 기독교는 보시는 바와 같이 너무나 서구화되었고 문명화된 사고의 영향을 너무나 깊이 받은 상태입니다. 그래서 우리는 기독교 본래의 정신을 거의 잃어버렸습니다. 안타깝게도 저는 교회 저항 세력을 그다지 신뢰하지 않습니다. 그들의 일 처리 방식이 마음에 들지 않거든요. 저는 그들이 책임을 지겠다고 할 때가 두렵습니다. 기독교의 끔찍한 타협을 또다시 목격할 수밖에 없을 것 같아서요.

뜨끔하지 않은가? 그는 종교만으로 사악한 히틀러를 물리칠 수 없다고 생각했다. 그래서 칼 바르트(Karl Barth, 1886-1968)가 히틀러를 만나 설득하려고 시도할 때도 별다른 동의를 하지 않았다. 독재자들 앞에서 불의를 비판하고 설득하기는커녕 그들을 "위대한 지도자"로 칭송하며 앞다퉈 "조찬기도회"를 개최하고 그것을 주관하는 일에만 열심이었던 우리의 교계 지도자들이 여전히 교회를 지배하는 모습을 그가 본다면 과연 뭐라 말할까 두렵다.

처형당하는 날 마지막으로 인도한 예배에서 그가 인용한 성경 구절은 예언서인 이사야서와 베드로 사도의 서간문인 베드로의 첫째 편지였다. 그것은 매우 상징적이다. 그는 끝까지 예언자이자 사도였다. 그의 유언을 부탁받은 베스트(Sigismund Payne Best, 1885-1978)는 본회퍼의 가족에게 보내는 편지에서 이렇게 말했다.

그는 훌륭한 사람이자 거룩한 사람이었습니다. 그는 내가 이제껏 만난 사람 중에서 가장 훌륭하고 가장 사랑스러운 사람이었습니다.

이런 평가를 받을 수 있는 성직자들이 얼마나 될까. 아니, 얼마나 많은 이들이 디트리히 본회퍼와 그의 삶 그리고 그의 신학에 관해 관심이 있을까?

교회와 성직자 그리고 신자들 모두 싸구려 은혜와 천박한 신앙의 틀을 과감히 벗어야 한다. 싸구려 은총으로는 절대로 삶을 바꿀 수 없다. 복음의 본질을 회복해야 한다. 지금 우리가 본회퍼를 읽어야 하는 까닭이다. 그의 삶은 우리에게 긴장과 감동을 줄 것이다. 그리고 이 시대를 사는 우리의 발걸음을 돌아보게 할 것이다. "악을 보고도 침묵하는 것은 그 자체가 악이다. 하느님은 그런 우리를 죄 없다 하지 않으실 것이다!" 디트리히 본회퍼의 말이다.

맺는 글

기꺼이
돌을 들어라!

나는 지난 2013년에 『눈먼 종교를 위한 인문학』(시공사, 2013)을 쓴 뒤 다시는 종교나 교회에 관한 책을 쓰지 않기로 마음먹었다. 나의 신앙이나 학식, 혹은 위치가 그런 책을 쓸 처지가 아니라는 생각이 들어서였다. 그때 용기를 냈던 것은 실천적 의미에서 복음서를 어떻게 바라보고 성찰해야 할지 고민하며 우리 교회가 안고 있는 문제를 다루어보기 위함이었다. 그런데 응원과 지지도 많았지만 불만을 품은 이들의 왜곡된 비판도 많았다. 당시 나는 평신도로서 내 할 바를 다했다고 생각했고 다시는 이쪽 분야를 건들지 않기로 마음을 굳혔다.

하지만 그러면서도 교회—가톨릭교회를 말한다—의 여러 매체를 통해 칼럼을 쭉 써왔다. 지난 7, 8년 동안 「성서와 함께」, 「가톨릭일꾼」, 「경향잡지」, 「영성생활」, 「가톨릭평론」 등에 보낸 원고가 두껍게 쌓였다. 그중 책으로 낼 만한 것들을 가려내 이번에 다시 출간하려니 걱정이 앞선다. "네가 뭔데 감히!", "너무 교회에 비판적이고 삐딱한 것 아냐?", "밖에서 떠들기는 쉽지, 안에 들어와서 보면 달라" 하는 등의 비판들이 줄을 이으리라 예상되기 때문이다. 나도 솔직히 상처받고 싶지 않다. 그러나 그러기에는 우리의 일부—사실 일부를 넘어 이미 다수다—교회가 너무 비겁하고 무력한 것도 모자라 부패와 타락의 길로 치닫고 있다. 이런 상황을 나 몰라라 외면할 수만은 없는 노릇이 아닌가?

우리의 신앙은 교회 안과 밖에서 너무 큰 차이를 보인다. 복음서를 그토록 읽고 듣지만 정작 복음이 우리에게 요구하는 실천적 삶에 관해서는 무관심으로 일관한다. 종교가 사회를 걱정하는 게 아니라 사회가 종교를 걱정하는 상황이 되었는데도 눈 하나 깜짝하지 않는다. 신·구교를 포괄해 우리나라에서 기독교 신자의 수를 다 합치면 인구의 절반쯤이 된다. 그렇다면 신자들이 바뀌어서 복음을 제대로 실천하기 시작하면 우리의 국가와 사회가 획기적으로 나아질 수 있다는 말이 아닌가? 우리에게는 그런 각성이 절실히 필요하다! 맹목적으로 교회나 성직자에게 충성하며 추종하는 것이 능사가 아니다. 오히려 그런 태도가 교회를 망가뜨렸다는 매서운 성찰이 있어야 한다.

우리는 끊임없이 물어야 한다. 진리가 왜곡되고 정의는 짓밟히며 복음 역시 외면받고 있는 현실 속에서 우리는 과연 무엇을 위해 살아가는가? 복음은 과연 우리에게 무엇을 요구하는가? 예수님은 "이

독사의 족속들아! 그렇게 악하면서 어떻게 선한 말을 할 수 있겠느냐?"(마태 12:34) 하고 준엄하게 꾸짖으신다. 세례자 요한도 "이 독사의 족속들아! 닥쳐올 징벌을 피하라고 누가 일러주더냐? 회개에 합당한 열매를 맺어라"(루가 3:8) 하고 따끔하게 질책한다.

그런 비난과 질책은 단순히 사두가이파나 바리사이파의 몫이 아니다. 지금 우리 앞에 던져진 우리의 몫이다. 사태가 이 지경까지 된 것은 우리가 모두 진실을 외면하고 자신의 이익만을 위해 거짓과 타협하며 불의에 동조하거나 가담했기 때문이다. 내가 직접 저지른 일이 아니라고 손사래만 칠 일이 아니다. 적극적으로 가담하지 않았다고 문제가 없을까? 뻔히 알면서 모른 척한 사람들도 책임을 면할 수 없다. 어쩌면 정말 위험한 부류는 사회가 그토록 타락하고 망가지는데도 자신은 성경을 읽고 열심히 기도하니 선하고 정의롭다는 착각 속에 사는 사람들일지 모른다. 그들은 자신들이 단지 인지 부조화의 증세를 나타낼 뿐이라는 사실을 전혀 알지 못한다.

요한의 복음서에서 율법학자들과 바리사이파 사람들은 간음하다 붙잡힌 여자를 끌고 온다. 그리고 "우리의 모세 법에는 이런 죄를 범한 여자는 돌로 쳐 죽이라고 하였는데 선생님 생각은 어떻습니까?"(요한 8:3-5) 하고 예수님께 묻는다. 그들은 예수님을 시험하여 고소할 구실을 만들려는 속셈이었다. 진퇴양난의 딜레마다. 율법을 따르자니 여자가 죽게 되고, 여자를 살리자니 율법을 어겨야 한다. 하지만 그때 예수님이 그들에게 대답하셨다. "너희 중에 누구든지 죄

없는 사람이 먼저 저 여자를 돌로 쳐라"(요한 8:7). 그러자 사람들은 하나둘 떠나고 예수님과 여자만 남았다. 그때 예수님은 "나도 네 죄를 묻지 않겠다. 어서 돌아가라. 그리고 이제부터 다시는 죄짓지 마라"(요한 8:11)고 명령하셨다.

율법학자들과 바리사이파 사람들은 한 사람을 도구로 삼아 예수님을 함정에 빠뜨릴 궁리뿐이었다. 그런데 죄 없는 사람이 어디 있겠는가? 그러니 예수님의 말씀을 액면 그대로 해석하면 그 누구도 다른 사람을 단죄할 수 없다는 의미다. 당연히 어떤 개인도 자신의 판단만으로 타인을 응징하거나 체벌해서는 안 된다. 법치 국가에서 그 결정은 법률에 따라 심리하는 법원이 내린다.

나는 복음서의 이 대목을 읽을 때마다 마음을 다지곤 한다. 나는 자신들의 목적에 따라 예수님의 말씀을 편의적으로 끌어다가 방어 수단으로 삼는 자들, 특히 교회 안에서 예언자의 역할은 피하고 제사장 노릇만 하면서 온갖 허위와 불의를 부끄러워하지 않고 탐욕에 물든 언행을 일삼는 종교인들의 논리에 대해 기꺼이 돌을 들어 던질 것이다. 물론 나는 죄가 없는 사람이 아니다. 허물도 많고 미욱한 점도 많으며 탐심과 시기심도 여전히 꿈틀대는 부족한 인간이다. 도덕적이려고 노력하고 수양하며 기도로 성찰하고 반성하지만 결코 완벽하게 깨끗할 수 없는 사람이다. 그건 내 한계이자 숙명이다. 그러나 적어도 나는 교회를 욕보이거나 복음을 외면하거나 사회 불의에 입을 다무는 죄는 짓지 않았다. 그리고 내가 그런 죄에 대한 단죄를 요구하는 것은 나의 편의나 이익을 위함도 아니요, 복수의 쾌감을 얻기 위함도 아니다. 잘못된 지도자에게 마땅히 죗값을 요구할 뿐이다. 그래야 다음 세대가 살아갈 세상의 제대로 된 바탕을 마련할 수 있지 않겠는가? 그러기에 나는 기꺼이 돌을 들어 던질 것이다.

물론 나의 허물과 죄에 대한 비난은 내가 그대로 감수할 수밖에 없다. 하지만 죄에 경중이 있느냐고 따지는 건 양비론보다 더 교활하고 미욱한 질문이다. 더 이상 비겁해도 안 되고 피해서도 안 된다. 나보다 훨씬 큰, 게다가 교회를 망가뜨리고 사회를 병들게 하는 죄를 지은 자들이 "죄 없는 자가 돌을 던지라"고 말하며 고개를 빳빳이 쳐든다면 나는 주저하지 않고 그들을 돌로 칠 것이다!

우리는 앞뒤 상황에 관한 고려 없이 성경의 어떤 구절을 편의적으로 도려내 사적인 방어 논리로 삼는 행태를 절대로 가볍게 넘겨서는 안 된다. 그것이야말로 교회가 안으로 곪는 지름길이다. 비판할 것은 비판하고 응징할 것은 응징해야 한다. 나도 죄가 있기에 이런 주장을 펴기가 두렵다. 그러나 내 죗값을 치르게 되더라도 전체를 썩게 하는 거악에는 철퇴를 가해야 한다고 믿는다. 그러니 주저하지 말고 돌을 들어 힘껏 던져라.

돌을 맞기에 마땅한 자들이 부끄러움을 국민의 몫으로, 신자들의 몫으로 넘기지 못하게 해야 한다. 우리는 부끄러움을 넘어설 용기와 신념이 희망의 발판이 되도록 서로 손을 잡아야 한다. 새로운 마음으로 새로운 날을 맞이하는 쇄신의 시간을 마련해야 한다. 절대적으로 복음은 희망이다! 그저 천국 간다는 희망이 아니다. 모든 불의와 부정이 깨끗하게 정화될 수 있다는 희망이다. 이제 교회는 부끄러움이 아니라 자랑스러움으로 뿌듯한 시간을 기대하며 희망으로 안을 채우자. 지금이 마지막 기회라는 절박함으로! 그리고 돌을 들어야 할 때는 기꺼이 돌을 들자. 우리는 바보가 아니다. 노예도 아니다. 하느님의 귀한 자손이다.

원문의 출처

여는 글 "죽으러 온 예수, 죽이러 온 예수". 「성서와 함께」. 2016년 4월호.

1장   "삼성 주변, 부끄러움을 가르칩니다". 「가톨릭일꾼」. 2017년 08월 24일.

2장   "사랑은 측은지심이다". 「성서와 함께」. 2016년 7월호.

3장   "인간을 인간으로 대하는 것이 사랑이다". 「경향잡지」. 2018년 6월호.

4장   "성탄절, 아무도 주님께 여관방을 양보하지 않았다". 「가톨릭일꾼」. 2016년 12
       월 20일.

5장   "본질적인 것은 단순하다". 「경향잡지」. 2017년 4월호.

6장   "비판은 최고의 대안이다". 「경향잡지」. 2017년 3월호.

7장   "겁과 비겁 사이". 「경향잡지」. 2017년 5월호.

8장   "타락한 두려움, 아름다운 용기". 「가톨릭일꾼」. 2018년 8월 30일.

9장   "60대는 권리의 삶을 재시도하는 나이". 『앞으로 10년, 대한민국 골든타임』. 들
       녘, 2017.

10장   "마음을 헤아리고 공감을 얻어야". 「경향잡지」. 2018년 1월호.

11장   "이병헌만큼 소중한 스태프가 있다 '강자가 먼저 나서야'". 「가톨릭일꾼」. 2018

년 10월 31일.

12장 "행운과 불운은 누구의 몫인가?".「경향잡지」. 2018년 9월호.

13장 "역사를 배워야 할 시간".「경향잡지」. 2019년 2월호.

14장 "토머스 모어, 6시간 노동으로 충분히 행복한".「가톨릭일꾼」. 2018년 10월 8일.

15장 "학교에서 노동의 법과 권리를 가르쳐라".「경향잡지」. 2017년 2월호.

16장 "학생들에게 교복을 입혀야 한다고? 그럼 어른은? 교회는?".「가톨릭일꾼」. 2018년 7월 30일.

17장 "어른들이 깨어나야 한다".「경향잡지」. 2019년 6월호.

18장 "교회든 세상이든 리모델링 말고 리셋이 필요해".「가톨릭일꾼」. 2018년 6월 25일.

19장 "어른들은 청년을 이해하는가".「경향잡지」. 2019년 4월호.

21장 "다수가 소수를 존중하고 소수가 다수를 수긍할 때".「가톨릭일꾼」. 2017년 2월 13일; "'당신의 자녀가 LGBT라면'-우리 시대의 야만과 폭력에 관하여".「가톨릭일꾼」. 2018년 1월 22일.

297
원문의 출처

22장 "판관의 타락". 「경향잡지」. 2018년 10월호.

23장 "모차르트에서 혁명을 떠올린다". 「가톨릭일꾼」. 2016년 7월 27일.

24장 "교회, 천박한 은총의 장사치인가?". 「가톨릭일꾼」. 2016년 10월 17일.

25장 "다시 시편을 읽으며". 「가톨릭프레스」. 2015년 8월 13일.

26장 "거울이 필요한 시기". 「경향잡지」. 2019년 5월호.

27장 "교회, 삼육대학교나 위생병원에서 배워라". 「가톨릭일꾼」. 2016년 7월 5일.

28장 "거룩함보다 부끄러움 일어나는, 성 베드로 대성당". 「가톨릭일꾼」. 2017년 9월 25일.

30장 "목사는 정치를 했고 대통령은 설교를 했다". 「가톨릭일꾼」. 2018년 3월 19일.

31장 "가짜 뉴스를 쫓아내자". 「경향잡지」. 2018년 5월호.

32장 "누가 진정한 이웃인가?". 「가톨릭일꾼」. 2016년 5월 31일.

34장 "본회퍼를 기억하라, 싸구려 신앙을 버리고". 「가톨릭일꾼」. 2017년 11월 21일.

죽으러 온 예수 죽이러 온 예수

교회가 바뀌면 세상이 바뀐다

Copyright © 김경집 **2019**

1쇄 발행 2019년 11월 22일

지은이	김경집
펴낸이	김요한
펴낸곳	새물결플러스

편 집	왕희광 정인철 박규준 노재현 한바울
	정혜인 이형일 서종원 나유영 노동래
디자인	윤민주 황진주 박인미 이지윤
마케팅	박성민 이원혁
총 무	김명화 이성순
영 상	최정호 조용석 곽상원
아카데미	차상희

홈페이지	www.holywaveplus.com
이메일	hwpbooks@hwpbooks.com
출판등록	2008년 8월 21일 제2008-24호
주 소	(우) 04118 서울시 마포구 마포대로19길 33
전 화	02) 2652-3161
팩 스	02) 2652-3191

ISBN 979-11-6129-131-4 03230

책값은 뒤표지에 있습니다.

이 도서의 국립중앙도서관 출판예정도서목록(CIP)은 서지정보유통지원시스
템 홈페이지(seoji.nl.go.kr)와 국가자료공동목록시스템(nl.go.kr/kolisnet)
에서 이용하실 수 있습니다. CIP2019045588